"十二五"职业教育国家规划教材

经全国职业教育教材审定委员会审定

供高等职业教育医学相关专业使用

卫生法律法规

（第3版）

主　编　李志强

副主编　万　婷　何晓彬　王　雪

编　者　（按姓氏汉语拼音排序）

何晓彬　（梧州职业学院）

李淑香　（鄂尔多斯应用技术学院）

李志强　（江汉大学）

刘一凡　（南阳医学高等专科学校）

万　婷　（长沙卫生职业学院）

汪　祎　（济南护理职业学院）

王　雪　（山东中医药高等专科学校）

姚中进　（广州中医药大学）

科学出版社

北　京

内 容 简 介

《卫生法律法规》是在中国特色社会主义进入新时代，推动医疗卫生和健康促进事业及职业教育事业高质量发展，全面建设健康中国和社会主义现代化强国的背景下，为了培养具有现代医护技术和法治理念的高素质的实用型、技能型、复合型医学人才，在科学出版社的精心组织下编写而成。本教材共 16 章，由总论（1～5 章）和分论（6～16 章）两部分构成，总论阐述了卫生法律法规的基本原理，主要包括卫生法律法规的含义、特征、研究对象、作用与责任；卫生法律关系的基本内涵、构成、类型及演变；医疗法律行为、医疗过失与医疗事故；医疗损害赔偿等法律规定。分论分章节介绍了我国目前主要的卫生法律法规，主要包括我国基本医疗卫生与健康促进法律制度、医疗机构和护士执业管理法律制度，以及传染病防治、母婴保健、血液、药品、食品安全、公共卫生监督管理法律制度；医疗纠纷预防与处理法律制度，以及医疗与健康促进新技术应用法律制度。

本教材可供高等职业教育医学相关专业使用，也可供法学专业学生和教师学习参考。

图书在版编目（CIP）数据

卫生法律法规/李志强主编. —3 版. —北京：科学出版社，2023.6
"十二五"职业教育国家规划教材
ISBN 978-7-03-075404-2

Ⅰ. ①卫… Ⅱ. ①李… Ⅲ. ①卫生法–中国–高等职业教育–教材
Ⅳ. ①D922.16

中国国家版本馆 CIP 数据核字（2023）第 068244 号

责任编辑：张立丽/责任校对：周思梦
责任印制：吴兆东/封面设计：涿州锦辉

科学出版社 出版
北京东黄城根北街 16 号
邮政编码：100717
http://www.sciencep.com
天津市新科印刷有限公司印刷
科学出版社发行　各地新华书店经销
*
2013 年 5 月第　一　版　开本：850×1168　1/16
2023 年 6 月第　三　版　印张：12
2025 年 8 月第二十六次印刷　字数：357 000
定价：39.80 元
（如有印装质量问题，我社负责调换）

前　言

我国正处在全面建成社会主义现代化强国,以中国式现代化全面推进中华民族伟大复兴的新征程。希望与困惑,机遇与挑战,创新与风险并存。党的二十大报告明确指出:"人民健康是民族昌盛和国家强盛的重要标志。把保障人民健康放在优先发展的战略位置,完善人民健康促进政策。"健康是促进人的全面发展的必然要求,是经济社会发展的基础条件。新征程上国家实施健康中国战略,普及健康生活,优化健康服务,完善健康保障,建设健康环境,发展健康产业,提升公民全生命周期健康水平。这是实现国家富强、民族振兴、人民幸福的必然要求,也是全国各族人民的共同愿望。如何推动医疗卫生和健康促进职业教育高质量发展,着力培养具有现代医护技术和法治理念的高素质的实用型、技能型和复合型医护人才,有效保障国民健康长寿,满足人民对美好生活的需要,依然是新时代卫生高等职业教育的初心和使命。

"卫生法律法规"作为医疗护理等专业学生必修的一门专业基础课程,重在培养学生的法律思维,提高学生运用法律来解决实际问题的能力。全书从现代法律的一般理论知识到卫生法律法规的具体条文,从医疗卫生与健康促进体制的宏观改革到医护实践的具体部门,自始至终都贯穿着现代法治精神和课程思政理念,充满着浓郁的人文关怀气息。本教材的创新点在于着重探讨卫生法律法规的基本理论和基本学科体系,关注医患法律关系发展等方面的前沿问题;同时,注意吸收卫生法律法规的最新成果,如《中华人民共和国民法典》(以下简称《民法典》)《中华人民共和国基本医疗卫生与健康促进法》(以下简称《基本医疗卫生与健康促进法》)《中华人民共和国中医药法》(以下简称《中医药法》)《中华人民共和国疫苗管理法》(以下简称《疫苗管理法》)《医疗纠纷预防与处理条例》等法律条例。此外,还专章梳理了医疗风险和医疗纠纷的防范与管理,成为本教材的一大亮点。

本教材立足于我国基本医疗卫生与健康促进事业发展的新阶段、新理念、新格局,采取理论讲授与实训教学,通过精心挑选的章节案例和自测题,让学生用卫生法律法规的理论知识来分析和解决医疗卫生实践中的现实问题。总之,编者力求将理论与实践相结合,立足实际职业岗位的需要,努力使本教材具有科学性、指导性和实用性。

本教材的出版得到了编者所在学校领导和老师的大力支持,在此一并表示衷心感谢。由于编者水平有限,教材中难免存在不足之处,真诚希望各位学界专家、同仁和读者不吝赐教。

编　者

2023 年 3 月

配 套 资 源

欢迎登录"中科云教育"平台，**免费**数字化课程等你来！

"中科云教育"平台数字化课程登录路径

电脑端

- 第一步：打开网址http://www.coursegate.cn/short/RQXTZ.action
- 第二步：注册、登录
- 第三步：点击上方导航栏"课程"，在右侧搜索栏搜索对应课程，开始学习

手机端

- 第一步：打开微信"扫一扫"，扫描下方二维码

- 第二步：注册、登录
- 第三步：用微信扫描上方二维码，进入课程，开始学习

PPT课件，请在数字化课程中各章节里下载！

目　录

第**1**章
卫生法律法规导论

　　在人类漫长的历史长河里，法律和道德始终相伴而行，成为规范人们社会行为的两种最基本的方式。法律对社会关系的调整是强制的，充满力量的，也是很广泛的。在对基本医疗卫生和健康促进社会关系的调整中，不仅要依靠医疗道德规范，更需要借助卫生法律法规的力量来完成。当我们用法律法规来调整基本医疗卫生和健康促进关系时，卫生法律关系和卫生法律法规就应运而生。卫生法律法规是用来调整医疗机构及其医护人员的医疗行为，目标是有效维护人的生命健康利益。众所周知，人的生命健康利益是人类社会的最高价值，通过卫生法律法规来有效地调整医疗卫生与健康促进的社会关系，保障现代社会个人生命健康利益的最优化，正是卫生法律法规的价值取向。在依法治国和现代医学模式背景下，广大医护工作者必须认真地学习卫生法律法规，深刻体会卫生法律法规中所蕴含的公平正义的价值取向，自觉履行法律义务，充分尊重患者的权利与尊严。如何培养广大医护工作者的这种崇医尚法的情感和品格是卫生法律法规课程所肩负的神圣职责。

第1节　概　　述

 案例1-1

　　口腔科医生张某乘坐火车回家探亲，碰巧在16号车厢中有一位孕妇早产。张某听到列车员的求救广播后，立即赶到16号车厢。除张某外，整列火车中再没有医务人员及时来到16号车厢。张某见孕妇情况危急，面色煞白，四肢厥冷，由于胎位不正，难以正常分娩。于是凭借其以往的经验，帮助孕妇分娩。在分娩中，由于胎盘剥离不彻底，导致孕妇大出血，最终因失血性休克死亡。

　　问题：1. 口腔科医生张某的行为属于医疗行为吗？
　　　　　2. 口腔科医生张某对孕妇的死亡有责任吗？

　　学习卫生法律法规，首先要弄懂什么是法、法律或者法规；法的产生和发展；法的作用和责任；法的制定和实施等方面的法理知识。关于什么是法，古今中外有不同的理解。马克思主义法学认为，法是由国家制定或认可并由国家强制力保证实施的行为规范的总和。这些行为规范以规定人们的法律权利和法律义务为内容，通过法的作用来调整人们的各种社会关系，构建和谐的社会秩序。法是一个历史的范畴，它与国家一样，不是从来就有的，而是人类社会发展到一定历史阶段的产物，是阶级社会特有的社会现象，法是统治阶级意志的体现。法有广义和狭义之分。广义的法是指代表统治阶级利益和意志，由国家制定或认可并由国家强制力保证实施的所有行为规范的总和，包括宪法、法律、行政法规、部门规章、条例、决定、判例、习惯法等各种法律法规。狭义的法是仅指国家立法机关制定的具体的法律规范，也就是部门法。法对人们之间的社会关系能够产生一定的影响，具有规范人们行为和调整社会利益关系的作用。法是国家机关依照法定的权限和程序来制定的，法一旦制定和颁布，就需要全社会全体公民通过法的实施和法的遵守来实现。卫生法律法规是法律法规在基本医疗卫生和健康促进活动中的具体实践。

一、卫生法律法规课程

卫生法律法规课程是从法律学科中细分出来的一门独立的学科。卫生法律法规课程无论是在学科概念、课程性质、学科地位和主要任务等方面都有明确的基本理论和基本界定。

（一）卫生法律法规课程特点

卫生法律法规课程以其独立的学科地位被纳入到医学教育课程体系之中，显示了其学科地位的重要性。卫生法律法规课程既属于部门法律学科，同时又属于医学人文学科，它是一门运用医学和法学基本理论和方法，调整卫生法律关系，规范医疗行为的医学教育基础课程，因而它具有以下几个方面的特性。

1. 医学专业性　卫生法律法规课程是以法学的视野来审视人类生命健康领域，探究医疗卫生领域的权利与义务关系，规范医务人员的医疗行为，保障医患双方的合法权益。从这一点来看，卫生法律法规具有很强的医疗卫生专业性。学习卫生法律法规，必须熟悉医疗卫生的基本理论和基本知识；熟悉生命运动的基本规律；熟悉医疗卫生实践过程与环节等。具体地说，一个人必须有对医学临床实践的认识基础，才能更好地学习卫生法律法规。因此，医学专业性是学习卫生法律法规课程的基础。

2. 法律专业性　卫生法律法规课程是以现代法学的一般理论和方法来认识和分析卫生法律法规这一部门法律规范的学科，因而它首先应当具有法律专业性、法律学科性特点。也就是说，它首先是一门法学课程，是一门随着卫生立法不断发展而兴起的部门法学课程。从我国目前的卫生立法与执法来看，它主要属于行政法范畴。随着社会不断发展和尊重人的价值的需要，在医疗损害赔偿等诸多方面，卫生法律法规呈现向民事法律化发展的趋势。

3. 人文知识性　在现代生物-心理-社会医学模式的大背景下，对人的健康利益的思考不再是一个单纯的生物学观察，而是必须将其置于自然和社会环境互动中进行全方位考虑的一种综合性的社会生命现象的探讨。它要求广大医护工作者必须具备全面而深刻的社会学、心理学、人际沟通、行为科学等方面的知识。因此，卫生法律法规课程又属于人文学科，是医护人员必须要学习的基本人文知识，它重在培养医护人员的法律人文素质，是一门非常有情怀的课程。从这一角度来看，卫生法律法规课程具有人文知识性。

4. 客观实践性　卫生法律法规课程具有客观实践性，原因在于：医疗卫生实践是客观的社会实践活动，是一种客观现实。医疗卫生实践是发展的，是动态的活动过程。卫生法律法规是一种对卫生法律关系的强制性规范，其调整的医疗行为本身是丰富的、具体的，尤其是在高新科学技术的影响下，新的医疗行为层出不穷地涌现出来，提出了新的挑战。卫生法律法规课程是开放的知识体系。它一方面要不断吸取现代法学的最新理论成果，不断加强学科的理论基础；另一方面，它要不断地联系医疗卫生实际，不断吸收现代医学发展的新知识、新理念。

（二）卫生法律法规课程任务

卫生法律法规课程的任务可以依据其课程性质和课程作用的对象及培养目标来确定。总的来说，应从以下两个方面来分析。

1. 传播卫生法学理论知识，传承人类文明成果　卫生法律法规是一门交叉法学，是法学发展的一个重要组成部分。作为一门科学，其首要的任务是传播法学理论知识，传承人类法学文明的成果，具体表现在如下方面。

（1）科学地阐明卫生法律法规的基本含义和本质　卫生法律法规作为一种社会意识，其本质反映了统治阶级的意志。我国的卫生法律法规反映了中国工人阶级和广大人民群众的意志，而且这一意志是由我国现有的物质生活条件来决定的。广大医务工作者要自觉维护卫生法律法规的权威和原则，提高履行卫生法律法规的自觉性。

（2）充分宣传卫生法律法规的科学价值和作用　卫生法律法规的价值是由其本质来决定的，它的价值主要体现在两个方面，一个是对个人的价值，另一个是对社会的价值。对个人来说，通过学习卫生法律法规，可以对个人，特别是广大医务工作者起到指引、评价、教育、预测和强制的作用；对社会来讲，卫生法律法规可以有效地维护我国的医疗卫生秩序，提升医疗卫生公共事务职能，促进医疗卫生事业的科学发展。

（3）依法推进基本医疗卫生与健康促进实践　学生通过对卫生法律法规的学习，一方面，充分了解我国卫生法律法规的产生和发展过程；了解我国现有的卫生法律法规体系；掌握卫生法律法规的基本知识、基本原则、基本范畴、基本作用和基本责任；熟悉我国常见的具体的卫生法律法规。另一方面密切关注我国医疗卫生与健康促进实践与卫生立法、司法、执法和守法之间的相互关系，牢固树立卫生法律法规意识，自觉坚持依法行医，依法推进基本医疗卫生与健康促进实践。

2. 培养合格的医学人才，建设社会主义法治国家　开设卫生法律法规课程，其核心的任务是要对广大医学生开展法学教育培训活动，不断提高学生的卫生法治观念和法律意识，培养社会主义基本医疗卫生和健康促进事业合格的建设者和可靠的接班人，倡导依法行医，建设社会主义法治国家。

（1）增强学生的法律思维能力，提高学生守法素质　国家法治现代化水平的高低关键在于人的法律素质。开设卫生法律法规课程，加强医学生卫生法律法规的学习，培养学生依法行医的法律观念，提高他们的法律思维水平，增强其人文素质，这样才有利于促进我国医疗卫生事业的科学发展，有利于保护公民的生命健康利益。

（2）提高卫生立法司法执法水平，建设社会主义法治国家　从宏观上来讲，一个国家的法治现代化水平还需要良好的立法和司法执法环境来保障。通过学习卫生法律法规课程，让学生明确卫生立法、司法和执法的重要性，将有利于进一步提高他们的法律思维能力，有利于建设社会主义法治国家。

二、卫生法律法规的研究对象

在我国法学界，通常都是以卫生法学来统称各类卫生法律法规课程的。而对于卫生法的研究对象，说法不一致，如赵同刚等认为，卫生法学是以卫生法律现象及其发展规律为研究对象的一门学科；杜仕林等认为，卫生法学是研究卫生法律规范及其发展规律的一门法律科学。本书编写团队认为卫生法学是研究和调整卫生法律关系及其发展规律的科学。而调整卫生法律关系主要是依靠卫生法律规范，因此，从某种意义上来说，卫生法学是关于卫生法律法规规范的制定和实施的一门法律科学。

案例 1-2

> 5岁男孩盼盼在医院住院。一天傍晚，盼盼听见楼外传来音乐声，遂从病床上爬起。为了找到音乐声来源，盼盼趴在窗台上向外张望，一不小心重心失控从二楼摔下，导致重伤。盼盼的父母要求医院赔偿。医院提出家长是其监护人，医院不应给予赔偿，但出于同情，同意免费为盼盼治疗。盼盼的父母认为，孩子住院，父母没有陪住，孩子的监护权自然转移给了医院，孩子受伤完全是因为医院疏于看护，责任应由医院承担。
>
> 问题：1. 医院对孩子的受伤有责任吗？
>
> 　　　2. 医院对患者的人身财产安全负有管理和注意的义务吗？

卫生法律法规是由国家制定或认可，并由国家强制力保证实施的，调整在基本医疗卫生和健康促进活动中的各种社会关系的法律规范的总称。卫生法律法规有狭义和广义之分。狭义的卫生法律法规，仅指由全国人民代表大会及其常委会制定的卫生法律。广义的卫生法律法规，除包括狭义的卫生法律外，还包括卫生行政法规、地方性卫生法规、卫生规章、卫生自治条例、单行条例等。

卫生法律法规是我国社会主义法律体系的一个重要组成部分，它除了具有一般法律法规的共性。还具有一些个性，具体表现如下所述。

1. 保障健康利益的根本性　卫生法律法规以保障和促进公民生命健康权为根本宗旨。卫生法律法规的制定和实施要从广大人民群众的根本利益出发，使每个公民都依法享有改善卫生条件、获得基本医疗保健的权利，以增进身体健康。这正是它区别于其他部门法律的根本标志。

2. 调整规范的专业技术性　医学科学的发展为卫生法律法规的发展奠定了坚实的科学基础，而卫生法律法规又为医学科学的发展提供保护和导向。国家通过一定程序将卫生技术规范加以法治化，形成卫生法律法规，体现了卫生法律法规的专业技术性。

3. 调整内容的全面广泛性　卫生法律法规不仅涉及人们在劳动、学习和生活中的卫生条件和居住环境，而且涉及对疾病的治疗、预防和控制；不仅关系到优生优育和社会保障事业的发展，而且还关系到公民自身的健康权益等方面。

4. 调节手段的复杂多样性　卫生法律法规调整内容的广泛性，决定了其调节手段的多样性，既要采用行政手段来调整卫生行政组织管理活动中产生的社会关系，又要采用民事手段来调整卫生服务活动中的权利义务关系，同时为解决医疗过失或其他危害人的生命健康等的犯罪行为，还要借助《中华人民共和国刑法》（以下简称《刑法》）的规定予以惩处，以有效保护公民的健康权利。

5. 满足社会需求的国际性　卫生法律法规的目的就是要通过各种手段和方式来保护人体生命健康权益，这是全人类的根本利益和长远利益之所在。尽管各国社会制度有所不同，但是疾病流行没有地域和国界限制，疾病防治方法和手段也不会因为社会制度不同而不能相互借鉴和学习。在经济全球化的背景下，一些共同性的卫生要求被各国政府载入本国和国际卫生法律法规，推动了国际卫生法的发展。

三、卫生法律法规的学科关系

卫生法律法规作为一门应用性很强的法律学科分支，它必然与法学、医学等学科有着千丝万缕的联系。主要表现在：一方面，它以一般的法学理论为指导，来阐述医疗卫生领域里的社会关系和医疗卫生现象；另一方面，它受医学发展的影响，要遵循医学的一般规律。因此，科学地阐明卫生法律法规的学科关系，有利于学生更好地学习和掌握卫生法律法规的产生及发展的一般规律，深刻把握卫生法律关系的基本内容，揭示卫生法律现象的本质。

（一）卫生法律法规与法学学科的关系

卫生法律法规与法学学科的关系主要包括两个方面：一是，要明确卫生法律法规在我国法律学科体系中的地位和作用；二是，要明确卫生法律法规与我国基本的法律法规之间的渊源关系。

1. 卫生法律法规与法学学科体系是局部与整体之间的关系　一般来说，法学学科体系的构成主要由理论法学、部门法学、技术法学等主要部分组成。从目前来看，卫生法律法规属于部门法学中的行政法范畴，是行政法中的一个重要分支，但随着市场经济体制改革的不断深入，医疗损害赔偿民事化趋势在加强，卫生法律法规在医疗损害赔偿这一方面已经纳入民法范畴。因此，卫生法律法规也属于部门法学中的民法范畴，形成了自己独特的法律地位，发挥着不可替代的作用。

2. 卫生法律法规与法学是个别与一般之间的关系　这种关系表现在：①卫生法律法规将以法学的基本理论为指导，运用法学的基本原则、基本范畴、基本规范来阐明卫生法律现象，揭示卫生法律关系的本质和规律。因此，要学好卫生法律法规，必须先学习法学的基本理论，具备一定的法学理论基础。②卫生法律法规的渊源是我国现存的宪法、基本法，以及除基本法以外的法律、法规、部门规章及国际条约等。

（二）卫生法律法规与医学的关系

卫生法律法规与医学的关系是卫生法学理论与卫生实践之间相互联系且不可分割的关系。两者的区别在于，卫生法律法规属于社会科学的范畴，而医学属于自然科学的范畴。医学发展是卫生法律法规产生和发展的前提和基础，卫生法律法规是医学发展的必然结果。

1. 研究对象的特定性　卫生法律法规是讲授医疗卫生领域里的卫生法律关系与卫生法律现象，它要求学习者熟悉医学知识，了解医疗实践环节与过程，必须结合医学临床的特点来掌握卫生法律法规的本质与特征。

2. 科学发展的依赖性　卫生法律法规的发展依赖于医疗卫生实践发展的客观要求，尤其是医学技术的不断更新，如人工生殖技术、器官移植技术和基因工程技术等导致的一系列新的法律问题促进了卫生法学的发展，丰富了卫生法律法规课程的内容。

（三）卫生法律法规与医学伦理学的关系

卫生法律法规和医学伦理学都是研究行为规范的学科，它们既相互联系又相互区别。两者的联系在于：卫生法律法规本质上体现着道德的要求，是培养、传播和实现道德的基础与保证；道德反映了卫生法律法规的善良意愿，是维护、加强和实施卫生法律法规的精神支撑，两者相互渗透、互为补充、相辅相成。两者的区别在于调整范围、行为方式、作用和对象等方面都是不同的，在规范人们的行为上发挥着各自的作用。

除此之外，卫生法律法规由于涉及面广，还与社会学、管理学、经济学、心理学等有着千丝万缕的联系，因此，在学习和研究卫生法律法规时，也应该特别注意这些方面。

四、学习卫生法律法规的意义

对于医学生来说，学习卫生法律法规，首先要明确学习目的，端正学习态度，认清学习意义，只有这样，才能提高学习的自觉性，激发学习的热情，提高学习的质量和效率。

我国关于《"健康中国 2030"规划纲要》中，要求坚持以人民为中心的发展思想，牢固树立和贯彻落实新发展理念，坚持正确的卫生与健康工作方针，以提高人民健康水平为核心，以体制机制改革创新为动力，以普及健康生活、优化健康服务、完善健康保障、建设健康环境、发展健康产业为重点，把健康融入所有政策，加快转变健康领域发展方式，全方位、全周期维护和保障人民健康，大幅提高健康水平，显著改善健康公平。要实现这一宏伟目标，应加强卫生立法、司法和执法；完善社会主义卫生法治体系；加强卫生法制教育，提高全民守法意识。因此，广大医学生学习卫生法律法规意义重大，具体表现在如下几方面。

1. 有利于协调医患关系，建设和谐社会　卫生法律法规是用来调整医疗卫生法律关系的基本规范，医疗卫生法律关系是社会关系的重要组成部分，其中医患关系是医疗卫生法律关系的核心。运用卫生法律法规来协调医患之间的健康利益与物质利益关系，必将有利于充分发挥医患双方的主观能动性，解决医患纠纷，缓解医患矛盾，协调医患关系，从而有利于建设社会主义和谐社会。

2. 有利于促进医学科学事业的发展　现代医学发展面临巨大挑战，一方面，人类社会影响人体健康的不良因素日益增多，不良因素会对人体健康造成严重危害。另一方面，由于现代医学新技术如克隆技术、生物工程技术、基因工程技术等的发展，也带来了新的社会问题，要解决这些问题，仅仅依靠医学自身的力量还不够，还需要依靠社会和法治的力量。

3. 有利于树立依法行医的法律观念，建设法治国家　学习卫生法律法规要求广大医护工作者在医疗卫生实践过程中，严格依法办事，保障患者的生命健康权利，维护患者的生命健康利益，树立依法行医的现代法律观念。与此同时，卫生法律法规不仅规定了医护人员的权利与义务，而且也规定了患者的权利与义务。只有这样，才能有效地保护医患双方的合法权益，促进建设社会主义法治国家。

五、学习卫生法律法规的方法

俗话说"工欲善其事，必先利其器"，学习卫生法律法规，要根据其性质和特点，采取有效的学习方法，才能达到预期的效果。

1. 马克思主义哲学是学习卫生法律法规的根本方法　哲学是关于自然、社会和人类思维发展的一般规律的科学，哲学既是世界观又是方法论。它不仅告诉我们如何去认识世界，而且告诉我们如何去改造世界。马克思主义哲学是科学的世界观和方法论，尤其是唯物主义的辩证法是我们学习卫生法律法规，有效解决医患纠纷的科学指导。它要求我们在医疗实践过程中，要始终坚持从实际出发，实事求是；坚持理论联系实际的原则；坚持历史与逻辑辩证统一的原则。

2. 学习卫生法律法规的具体方法

（1）社会调查法　社会调查法是通过对现实社会中存在的各种现象和问题进行搜集、整理与分析，并力求找到某些共同点与规律的分析方法。通过社会调查，可以掌握大量第一手资料。学习卫生法律法规，必须要深入到医疗卫生实践的第一线，将理论与实际相结合，才能及时地发现问题，有效地研究问题，最后找到解决问题的方法。

（2）历史考察法　任何社会现象都有它产生和发展的历史。卫生法律法规是人类社会发展到一定阶段的产物。它同一定的社会经济、政治、文化等方面有着密切的联系。因此，学习卫生法律法规要运用历史考察法，系统考察卫生法律法规产生和发展的历史沿革，深入分析卫生法律法规与其他社会意识形态之间的相互关系，只有这样才能揭示卫生法律法规的本质及其发展规律。

（3）比较分析法　比较分析法是指通过论证不同事物之间的异同点，并分析其原因与条件，来揭示该事物本质与规律的方法。学习我国的卫生法律法规，一定要坚持同国外、同历史相比较的方法，既不断总结前人的优秀成果，同时又广泛吸收国外成功的经验。这样才能更好地制定和完善卫生法律法规，充分发挥卫生法律法规的实效性。

第2节　卫生法律法规的作用

卫生法律法规的作用是指卫生法律法规对个人以及社会所产生的积极的影响。卫生法律法规的作用一般分为规范作用和社会作用两种。

一、卫生法律法规的规范作用

卫生法律法规的规范作用主要是指卫生法律法规对个人的行为所起的作用，具体包括以下几方面。

1. 指引作用　指引作用是指卫生法律法规通过规定权利、义务以及违法责任来指引人们行为的作用，包括确定性指引和选择性指引。确定性指引一般是规定义务的规范所具有的作用，即规定人们必须这样做和不能这样做；选择性指引一般是规定权利的规范所具有的作用，即规定人们可以这样做、也可以不这样做。通过卫生法律法规的这种指引作用，把社会主体的活动纳入法律范围内，指引人们权衡得失，自觉守法。

2. 评价作用　评价作用是指卫生法律法规作为一种行为标准和尺度，对他人行为所起的判断和衡量作用。卫生法律法规的评价作用可以分为专门的评价和一般的评价。专门的评价是经法律专门授权的国家机关、组织及其成员对他人的行为所作的评价，这种评价具有国家强制力，能产生法律的拘束力。一般的评价是普通主体以舆论的形式对他人行为所作的评价，不产生法律拘束力。通过这种评价，影响人们的价值观念和是非标准，从而达到指引人们行为的效果。

3. 预测作用　预测作用是指人们根据卫生法律法规的规定可以事先估计到当事人双方将如何行为以及行为的法律后果，从而对自己的行为做出合理的安排。预测作用可以减少行动的偶然性和盲目性，提高行动的实际效果。例如，根据《民法典》第三编关于合同的法律规定，经济活动的主体可以预见到什么样的合同是有效的或无效的，违反合同将会遇到什么样的法律后果。正是法律的预测作用，人们可以根据法律来合理地做出安排，以最小的代价和风险取得最有效的结果。

4. 教育作用　教育作用是指通过卫生法律法规的实施对人们今后的行为所产生的直接或间接的影响。法律的教育作用主要通过以下方式来实现。①反面教育：即通过对违法行为实施制裁，对包括违法者本人在内的一般人均起到警示和警戒的作用；②正面教育：即通过对合法行为加以保护、赞许或奖励，对一般人的行为起到表率、示范作用。

5. 强制作用　强制作用是指卫生法律法规为保障自己得以充分实施，运用国家强制力制裁、惩罚违法行为的作用。法律的强制作用是任何法律都不可或缺的一种重要作用，是卫生法律法规生存的最后屏障。如果没有强制作用，法律的指引作用就会降低，评价作用就会在很大程度上失去意义，预测作用就会产生疑问，教育作用的实效就会受到影响。

二、卫生法律法规的社会作用

卫生法律法规的社会作用是指卫生法律法规为实现维护社会整体生命健康权益和促进社会卫生健康事业发展而发挥的作用，主要体现在以下五个方面。

1. 有利于促进我国医疗卫生健康事业的发展　在社会主义现代化建设事业中，医疗卫生工作占有重要的地位，它关系到提高人民健康水平和促进民族繁衍。在依法治国的今天，医疗卫生健康事业也需要法治的保障。目前，我国已经制定了一系列有关医疗卫生、医药、卫生检疫等方面的法律法规，保证了我国卫生健康事业发展的需要。也就是说，国家通过卫生立法确保了国家卫生政策的有效实施和卫生健康事业的有序、稳定发展。

2. 有利于促进社会经济持续健康发展　人类社会的发展离不开具有一定体力和脑力的劳动者，他们是生产力中最活跃、最能动的因素。因此，发展医疗卫生事业，保护人民身体健康，为经济的发展提供健康的劳动力资源，有利于促进社会经济的持续健康发展。

3. 有利于推动医学科学的发展与进步　医学科学的发展同样也离不开卫生法律法规保障。特别是当代医学科学向卫生立法提出了一系列的新课题，如人工授精和体外受精的临床应用、安乐死的出现、人体器官和组织的移植、克隆技术的实验等问题都需要法律做出明确规定，用法律手段加以调整。这样才能确保医学科学新技术、新成果用以造福人类而不是被滥用，为医学科学的发展创造良好的社会条件，并推动医学科学的持续发展和不断进步。

4. 有利于促进医疗卫生领域的国际交流与合作　随着我国对外开放的步伐加快，国际的医疗卫生事务交往也频繁起来。为预防传染病在国际传播，我国陆续颁布了《中华人民共和国国境卫生检疫法》《艾滋病监测管理的若干规定》《外国医师来华短期行医暂行管理办法》等一系列涉外的卫生法律、法规和规章。同时，我国政府正式承认或者参与缔结的国际卫生条约如《1961年麻醉品单一公约》和《1971年精神药物公约》等法律文件，这些均有利于促进国际医疗卫生领域的交流与合作。

5. 有利于为实现和谐社会提供法律支撑　医疗卫生事业关系到人人的身体健康，家家的生活美满。医院的设立、医护人员的准入制度、医药价格的高低、医护人员的道德品质、医学教育的质量、计划生育政策等，都关系到和谐社会的建设。

✚ 医者仁心

李时珍与《本草纲目》

明代伟大医药学家李时珍（1518—1593），字东璧，号濒湖，湖广蕲州（今湖北省蕲春县蕲州镇）人。医中之圣，倾毕生心血，跋山涉水，寻方采药，尝遍百草，历时27年编著《本草纲目》，记载药物1892种，附药方11 096个，附药物形态图1160幅。《本草纲目》闻名世界，被译成拉丁文、英文、日文、德文、法文、俄文和朝文，在世界各国出版。英国著名的生物学家达尔文称它是"中国古代的百科全书"。李时珍的一生，是伟大的一生。他不畏险阻，排除万难，勇攀医药高峰；他不为名利，不畏权贵，为百姓治病；他尊重科学，实事求是，修正本草；他百折不挠，勇往直前，为人类科学发展作出了不可磨灭的贡献，为祖国文化事业建立了不朽功勋。

第3节　卫生法律法规责任

法律责任有广义和狭义之分。广义的法律责任就是一般意义上的法律义务的同义词，即任何组织和个人都有遵守法律、维护法律尊严的义务。狭义的法律责任则是指由违法行为所引起的应当承担的不利法律后果。这里所指的法律责任是指狭义的法律责任。

一、卫生法律法规责任概述

卫生法律法规责任（以下简称卫生法律责任）是法律责任中的一种。规定卫生法律责任有利于调整卫生法律关系主体的行为，确保公民的生命健康权益。

1. 卫生法律责任的概念　卫生法律责任是指违反卫生法律规范的行为主体对自己的违法行为所应承担的具有制裁性和否定性的法律后果。违法行为是法律责任的核心构成要素，行为主体没有实施违法行为，就不能承担法律责任。凡是实施了某种违法行为的人，包括自然人和法人，都必须承担相应的法律责任。

2. 卫生法律责任的特点　①它以存在卫生违法行为为前提；②它必须是违反了卫生法律法规和规章的明确规定的行为；③它具有国家强制性；④它必须由国家授权的专门机关在法定职权范围内依法予以追究。

二、卫生法律法规责任分类

根据违反卫生法律规范的性质和社会危害程度不同，卫生法律责任一般分为卫生行政责任、卫生民事责任和卫生刑事责任三种。

1. 卫生行政责任　卫生行政责任是指卫生法律关系主体违反卫生行政法律规范，但尚未构成犯罪时所应承担的法律后果。包括卫生行政处罚和卫生行政处分两种形式。①卫生行政处罚：是指卫生行政机关对违反了卫生法律法规的行政相对人所实施的一种行政制裁。卫生行政处罚的种类主要有警告、罚款、没收违法所得、没收非法财物、责令停产停业、暂扣或吊销有关许可证等。②卫生行政处分：是指卫生行政机关或企事业单位依据行政隶属关系，对有违法、违纪或失职行为的人员给予的一种行政制裁。卫生行政处分主要包括警告、记过、记大过、降级、降职、撤职、留用察看、开除8种。

2. 卫生民事责任　卫生民事责任是指卫生法律关系主体因违反卫生法律规范而侵害了公民、法人或其他组织的财产或人身利益，所应承担的损害赔偿责任。承担民事责任的方式主要有停止侵害，排除妨碍，消除危险，返还财产，恢复原状，修理、重做、更换，支付违约金，消除影响，恢复名誉，赔礼道歉等10种。卫生法律法规所涉及的民事责任以赔偿损失为主要形式。

3. 卫生刑事责任　卫生刑事责任是指卫生法律关系主体违反法律规定，实施了侵犯卫生管理秩序及公民生命健康权的犯罪行为所应承担的法律后果。承担刑事责任的方式是刑罚，分为主刑和附加刑。主刑有管制、拘役、有期徒刑、无期徒刑、死刑。附加刑有罚金、剥夺政治权利、没收财产。与卫生有关的刑事犯罪，如引起传染病传播罪，引起传染病菌种、毒种扩散罪，违反国境卫生检疫罪，传播性病罪；生产销售假药罪，生产销售劣药罪，生产销售不符合卫生标准的食品罪，生产销售有毒有害食品罪；非法组织他人卖血罪，强迫他人卖血罪，非法采血制血供血罪，医疗事故罪等。

自测题

1. 关于卫生法律法规的产生，以下说法不正确的是
   A. 卫生法律法规在人类发展中和道德相伴而行
   B. 卫生法律法规的作用是强制的、广泛的
   C. 卫生法律法规是因为有了道德调整而产生的
   D. 卫生法律法规是因为用法律调整医疗卫生关系而产生的
   E. 卫生法律法规是法律科学在医疗领域的应用
2. 以下属于卫生行政责任的是
   A. 警告
   B. 赔礼道歉

   C. 恢复原状
   D. 赔偿损失
   E. 恢复名誉
3. 以下属于卫生民事责任的是
   A. 开除
   B. 停止侵害
   C. 记过
   D. 警告
   E. 撤职

（李志强）

第 **2** 章
卫生法律关系

健康的个体是社会赖以存在和发展的基础。人的本质是一切社会关系的总和，要实现人的生命健康利益，我们就必然要研究人的健康利益是在什么样的社会关系中实现的，也就是说患者的健康利益是在什么样的医疗卫生法律关系中实现的。因此，我们探讨公民的卫生健康利益，就应当从研究医疗卫生法律关系开始，尤其是从研究医患关系开始。

案例 2-1

黄某与妻子婚后 7 年一直未孕。经检查，黄某精子活力极低，他们决定在市妇产医院做试管婴儿手术。术后院方告知，手术彻底失败。试管婴儿手术分为第一代和第二代两种，第一代主要是针对女方排卵堵塞，男方精子活力较好的夫妇；第二代主要适用对象是女方正常，男方精子活力不好的患者。黄某和医院术前曾约定做第二代手术，且缴纳了做第二代手术的费用，但医院却擅自施行了第一代手术，从而导致手术的彻底失败。黄某为此提出要医院双倍赔偿医疗费用，并赔偿其精神损失费。

问题：黄某与医院的纠纷适用《中华人民共和国消费者权益保护法》吗？

第1节 概 述

学习卫生法律法规，必须先弄清楚卫生法律法规关系（以下简称卫生法律关系）的概念、性质及其构成。

一、卫生法律关系的概念

卫生法律关系是指由卫生法律法规所调整的国家机关、社会组织和公民之间在基本医疗卫生和健康促进过程中所形成的权利和义务关系。卫生法律关系是一种存在于不同的平等的卫生主体之间的法律关系。首先，存在于平行关系的平等主体间的卫生法律关系被称为横向卫生法律关系，如医疗机构及其医护人员与就医人员之间形成的医患法律关系，预防保健机构及其工作人员与接受服务人员之间形成的健康服务法律关系等。其次，存在于垂直关系的平等主体间的卫生法律关系被称为纵向卫生法律关系，如国家卫生健康主管机关在实施卫生管理活动中与企事业单位、社会组织和公民之间发生的组织、计划、指挥、调节和监督等隶属关系。主要包括卫生行政机关与企事业单位、社会组织和公民，即与行政管理相对人之间的外部行政关系，卫生健康主管机关与其工作人员之间、医疗卫生专业机构与工作人员之间形成的内部关系。

二、卫生法律关系的构成

卫生法律关系同其他法律关系一样，其构成包括卫生法律关系主体、卫生法律关系客体和卫生法律关系内容三个要素。

1. 卫生法律关系主体 卫生法律关系的主体是指卫生法律关系的参加者，即在卫生法律关系中享有权利并承担义务的当事人。享有权利的一方称为权利主体，承担义务的一方称为义务主体。大致可以分为以下几类：①国家卫生健康管理机关。包括各级卫生健康管理机关、被授权的其他国家机关和企事业单位、社会团体。②医疗企事业单位。主要指各级医疗卫生服务单位以及与医疗卫生工作有关的食品、药品、化妆品生产经营单位，公共场所及工矿企业和学校等。③社会团体。分为卫生社会团体和一般社会团体。④自然人。自然人是具有民事权利能力和民事行为能力的个人。此外，在我国领域的外国人和无国籍人也可以成为我国卫生法律关系的主体。

2. 卫生法律关系客体　卫生法律关系的客体是指卫生法律关系主体的权利和义务所指向的对象。主要包括：①公民的生命健康权益。生命健康是每一个公民正常生活和从事各种活动的前提条件，保障生命健康权益是我国卫生法律法规的根本宗旨。因此，卫生法律关系最高层次的客体是人的生命健康权益。②医疗行为。它是指卫生法律关系主体行使权利和履行义务的活动，如卫生许可、医疗服务等。它包括合法行为和违法行为两种形式。③物。它是指能够满足个人和社会对医疗保健的需要的，具有一定价值和使用价值的物质财富。包括进行各种医疗服务和卫生管理活动中所需的生产资料和生活资料，如食品、药品、化妆品、医疗器械、血液制品等。④智力成果。它是指主体从事智力活动所创造的成果，又称精神财富，如医学著作、论文、医疗软件、各种医疗发明、实用新型设计及专利技术等。

3. 卫生法律关系内容　卫生法律关系的内容是指卫生法律关系主体依法所享有的权利和承担的义务。①卫生权利：是指卫生法律法规规定的，卫生法律关系主体能够做出或者不做出一定行为，以及要求他人相应做出或不做出一定行为的许可与保障。主要表现在：患方的权利主要有安全保障权、平等医疗保健权、知情同意权、自主选择权、人格受尊重权、损害赔偿请求权、医疗监督权等；医方的权利主要有安全保障权、人格受尊重权、自主治疗权、医疗强制权、医学研究权、依法结社权、损害赔偿请求权等。②卫生义务：是指卫生法律关系主体依照卫生法律法规规定，应该这样行为或不能这样行为的一种限制或约束。对承担义务者来说，应该这样行为是一种行为的义务，即必须为；不能这样行为是一种不行为的义务，即不能为。主要表现在：患方的义务主要有支付医疗费的义务、配合治疗的义务、遵守医院规章制度的义务、尊重医方人格的义务、接受强制治疗的义务等；医方的义务主要有依法执业的义务、提供合适医疗服务的义务、强制缔约的义务、高度注意的义务、及时告知的义务、积极预防的义务等。

> 链 接　智能医学：建数字版的孪生患者
>
> 　　智能医学工程是指以现代医学与生物学理论为基础，融合先进的脑认知、大数据、云计算、机器学习等人工智能及相关领域工程技术，研究人的生命和疾病现象的本质及其规律，探索人机协同的智能化诊疗方法和临床应用的新兴交叉学科。它按照"医教研一体，医理工融合"的建设思路，紧密结合医疗健康与人工智能、机器人、大数据等新兴产业，把临床需求作为出发点和落脚点，布局医学与智能的交叉融合、转化创新，打通医学从"实验室"到"手术台"的通路桥梁。智能医学工程在智慧医疗、智能医学影像、智能诊断、智能医学仪器、手术机器人、智能健康管理系统、智能药物挖掘、医学研究等方面具有广泛的应用前景，同时也带来了新的伦理和法律的思考。

三、卫生法律关系的类型

　　人们根据引起卫生法律关系发生的法律事实和产生的结果不同，将卫生法律关系分为侵权型卫生法律关系、合同型卫生法律关系、无因管理型卫生法律关系和强制型卫生法律关系。

1. 侵权型卫生法律关系　侵权型卫生法律关系是指在医疗实践过程中，医方违反医疗卫生管理法律、行政法规、部门规章和诊疗护理规范、常规，过失造成患者人身损害而形成的民事关系，即因医疗损害导致的医方对患方的过失侵权法律关系。在该种情况下，医方主观上有过失，客观上违反了法定的专家义务并造成患方的明显人身损害以及医方行为与损害后果之间存在直接的因果关系。《民法典》第一千二百一十八条已明确规定，患者在诊疗活动中受到损害，医疗机构或者其医务人员有过错的，由医疗机构承担赔偿责任。医疗损害是民事侵权行为，承担过错责任。绝大多数的卫生法律关系，都是过失侵权型卫生法律关系。

2. 合同型卫生法律关系　合同型卫生法律关系是医患双方因缔结医疗服务合同而发生的。通常患者因疾病到医疗机构就诊构成要约，医疗机构同意接受患者就诊构成承诺，医疗服务合同成立。因此，医疗机构有义务为患方提供医疗服务，患方有义务支付医疗费用，从而构成合同型卫生法律关系。医疗损害发生时，双方按合同约定或者法定依法追究违约责任。合同型卫生法律关系主要适合于卫生双方的特别约定场合，如医学美容、医学变性、试管婴儿等健康促进服务都是合同型卫生法律关系。

3. 无因管理型卫生法律关系　无因管理是指管理人没有法定的或约定的义务，为避免他人利益受损失而管理他人事务的行为。医患关系也会基于无因管理行为而发生。例如，某人因遭遇交通事故而受伤导致不省人事，肇事者逃逸，路人将其送到医院，医院施加治疗，应认为医院与患者之间形成无因管理型法律关系。此种情况下，医院基于救死扶伤的人道主义精神而对患者施加救治，而非基于法定的或约定的义务。如患者苏醒后或由其亲属表示接受医院的治疗，即可认定为无因管理型医患关系转化为医患合同关系。

4. 强制型卫生法律关系　国家为了维护全民健康利益的需要，要求全体公民接受基本医疗、预防、保健、计划生育服务，特别是在法定传染病流行的时候，强制要求人们履行隔离和疫苗接种的义务，从而形成强制型卫生法律关系。例如，根据《中华人民共和国传染病防治法》（以下简称《传染病防治法》）第三十九条规定，医疗机构发现甲类传染病时，应当及时采取下列措施：①对病人、病原携带者，予以隔离治疗，隔离期限根据医学检查结果确定；②对疑似病人，确诊前在指定场所单独隔离治疗；③对医疗机构内病人、病原携带者、疑似病人的密切接触者，在指定场所进行医学观察和采取其他必要的预防措施。拒绝隔离治疗或者隔离期未满擅自脱离隔离治疗的，可以由公安机关协助医疗机构采取强制隔离治疗措施。医疗机构发现乙类或者丙类传染病病人，应当根据病情采取必要的治疗和控制传播措施。这些都构成了强制型卫生法律关系。强制型卫生法律关系广泛适用于强制性计划免疫、医疗卫生保障福利制度、处理突发性公共卫生事件等方面。

人们也可以根据卫生法律关系调整的主体来划分，将卫生法律关系划分为医患法律关系、医护法律关系、医技法律关系、医社法律关系等。

第 2 节　医患法律关系

医患法律关系是卫生法律关系中最基本、最常见的关系。良好的医患法律关系有利于提升人民生命健康水平和促进社会和谐稳定。

一、医患法律关系的概念

医患法律关系是由卫生法律法规调整的在基本医疗和健康促进活动过程中医患双方之间形成的权利义务关系。医患法律关系简称医患关系，它有广义和狭义之分。狭义的医患法律关系，仅指医师护士与患者之间因疾病的诊疗而形成的法律关系。广义的医患法律关系，所谓"医"不仅指医师，还包括护理人员、医疗技术人员、管理人员以及他们所在的医疗机构和其他有联系的医疗卫生服务机构。所谓"患"，即患方，不仅指患者，还包括患者的近亲属、监护人及他们所在的单位。总之，广义的医患法律关系是指医方和患方在诊疗、预防、保健、美容等基本医疗服务和健康促进过程中产生和发展的所有的权利与义务关系。

二、医患法律关系的性质

从我国目前的医疗卫生事业发展状况来看，医患法律关系是一种复合型的法律关系，它不仅是一种民事法律关系，而且也是一种行政法律关系。

1. 医患法律关系首先是民事法律关系 民事法律关系是一种平等、公平、意思自治和等价有偿的法律关系。医患法律关系从总体上来说，它应当归属为民事法律关系，这符合当代社会发展的大趋势。我国目前颁布的《民法典》已明确将医疗损害看作是侵权法律关系，一般适用过错责任原则。因此，从医疗损害赔偿上来看医患法律关系已经明确为民事法律关系。医患法律关系之所以主要是民事法律关系，是因为以下几方面。

（1）医患双方在法律地位上是平等的 在医疗服务过程中，医患双方的法律地位平等。尽管在治疗过程中明显存在着医患双方的权利与义务并不完全对等的情况，但不能因此否定医患法律关系在法律上的平等性。医疗机构是独立的法人，具有平等的民事权利能力和行为能力。只要其参加民事活动，就和自然人具有平等的法律地位，平等地享有权利与义务，其合法权益平等地受到法律的保护。

（2）医患双方的意思表示是自愿的 医患双方自愿原则贯穿于医患关系的全过程。它是指医患双方在从事医疗活动过程中，应当充分表达意志，根据自己的意愿设立、变更和终止医疗卫生法律关系。这包括两重含义：一是医患双方在医疗服务活动中的意思表示要真实，并且与内心意愿相一致；二是当事人有权根据自己的意愿和利益，决定是否参加或不参加某种医疗服务活动，他方不得对这种自由加以干涉。医院可以自主开展和选择医疗服务项目；在权限范围内自主决定患者医疗费用的减免；自主真实地表达自己提供医疗服务的意愿。患方也可以自主选择医方和医方的服务档次。因此，医患双方在医疗服务的内容、数量和质量的选择，医疗后果的承担等方面均是自愿的。

（3）医患双方是等价有偿的关系 医疗机构被划分为营利性和非营利性两类，即使非营利性的医疗机构，也是在核算医疗成本的基础上进行医疗收费，患者享受免费医疗服务的机会很少。因此，等价交换的原则已经在我国医疗服务领域中形成，特别是在基本医疗卫生服务以外的其他医疗卫生服务更为明显。患者支付相应的对价，是获得医疗服务的必要条件。在一般情况下，患方不支付对价，也就得不到其所需要的诊疗活动。医方的主要义务则是为患者提供及时、有效、安全、方便的诊疗活动。一方的权利是他方的义务，一方的义务则是他方的权利。

案例 2-2

某医院主治医生为一位住院患者开具进口药物进行治疗。该药物不属于公费医疗范围，主治医生要求护士告知患者，护士因工作繁忙忘记告诉患者。在接受药物治疗时，患者从护士处得知自己换了治疗药物并知道了该药物的名称和性质，当时并未提出异议。此后一直接受该药物治疗痊愈出院。出院时患者发现医疗费用太高，提出复查医疗费用，并对该药的使用费用不予认可，结果产生纠纷。

问题：1. 护士的行为合法吗？

2. 护士的行为是否侵犯了患者的权利？

2. 医患法律关系也具有行政法律关系属性 由于基本医疗和健康促进具有国家和社会福利性质，医疗卫生服务机构的性质和任务具有特殊性，其公益性的地位始终是第一位的，因此不可能完全市场化。医疗卫生服务机构在社会管理中有时充当着管理者的身份，承担着医疗卫生服务管理的职能，是国家卫生健康主管部门授权的机构。因此，医患关系也具有行政法律关系属性。表现在：

（1）强制性计划免疫和治疗活动　国家为了公众的健康利益，对适龄人口进行强制性的计划免疫活动，要求人人参加。这是一种行政法律关系式的医患法律关系。《疫苗管理法》第六条规定：国家实行免疫规划制度。居住在中国境内的居民，依法享有接种免疫规划疫苗的权利，履行接种免疫规划疫苗的义务。政府免费向居民提供免疫规划疫苗。

（2）处理突发性的公共卫生事件　国家为了处理突发性的公共卫生事件，要求各医疗卫生服务机构和居民广泛参与，全力以赴，严防死守，居家隔离，核酸检测，疫苗接种，他们承担着卫生管理和预防的职责。《突发公共卫生事件应急条例》第三十六条规定，国务院卫生行政主管部门或者其他有关部门指定的专业技术机构，有权进入突发事件现场进行调查、采样、技术分析和检验，对地方突发事件的应急处理工作进行技术指导，有关单位和个人应当予以配合；任何单位和个人不得以任何理由予以拒绝。

（3）国家承担着公民的基本医疗保障任务　国家对人民实行医疗卫生保障是社会主义的福利制度之一。国家授权各级医疗卫生机构为百姓提供基本的医疗保健服务，疾病治疗，预防接种，康复保健，协助国家履行医疗卫生管理的职责。《基本医疗卫生与健康促进法》第五条规定，公民依法享有从国家和社会获得基本医疗卫生服务的权利。国家建立基本医疗卫生制度，建立健全医疗卫生服务体系，保护和实现公民获得基本医疗卫生服务的权利。

三、医患法律关系分类治理

医患法律关系分类治理就是在对医患法律关系科学区分的基础上，对不同类型的医患法律关系通过不同的专家团队，采取不同的方式和方法，有领导、有计划、有组织、有目标、有监督地维护与协调，加强双方的互动与沟通，彼此达成共识，有效化解医患之间的隔阂与纠纷，树立医疗机构良好的社会形象，从而构建和谐医患关系与和谐医院。从现代卫生健康治理实践和医患关系反映的内容来看，医患法律关系可以划分为技术型医患法律关系和人文型医患法律关系。

技术型医患法律关系是指医患双方在医疗卫生实践中形成的技术合作与技术服务的关系。对于技术型医患法律关系，应当采用以技术标准来进行治理的体系，依靠医学专家团队的介入方式与方法，精心设计，规范管理，确保以最佳的医疗技术效果来满足患者的疾病治疗与健康保健的需要。人文型医患法律关系是指医患双方在医疗卫生实践中形成的道德、法律、价值、利益、文化、心理等社会关系。对于非技术型医患法律关系，应当采用以人文标准来进行治理的体系，通过人文专家团队的介入方式与方法，全程科学布局，精心管理，以获得医患之间最佳的人文氛围和人文状态。

实行医患法律关系分类治理必然要求加强临床两支队伍建设。临床两支队伍是指临床技术队伍与临床人文队伍的简称。它们是现代医学发展的两支基本力量。临床技术队伍是以医学技术专家为主体，涵盖了医学检查技术人员、医学预防保健技术人员、临床医学研究人员等的技术专业团队。而临床人文队伍则是以医学人文专家为主体，涵盖了包括医护专家在内的医务社工师、心理咨询师、人际沟通师、健康管理师、律师、志愿者等的人文专业团队。

临床技术队伍和临床人文队伍在医学实践中相辅相成，它们既相互联系，相互合作，又相互区别，各自承担着不同的专业职能，在患者疾病的诊治和健康促进上发挥着不同的作用。主要表现在：①专业目标不同。临床技术队伍的专业目标旨在解除患者的生理疾病，恢复和增强患者的身体健康；临床人文队伍的专业目标旨在发掘患者潜能，增强患者自信心，整合有效社会资源帮助患者克服困难，最终战胜疾病。②专业手段不同。临床技术队伍的专业手段是各种医学诊疗技术和方法，是外在的和物质性的；临床人文队伍的专业手段是各种社会人文思想观念与方法，是内在的和精神性的。③考核评价不同。临床技术队伍的工作成效考核评价方式和标准是各种技术操作规范和流程，主要是直接的、客观的评价；而临床人文队伍的工作成效考核评价方式和标准是各种社会心理指标，主要是间接的、主观的评价。

总之，医患法律关系分类治理是现代管理科学在临床实践中的制度创新。两种不同类型医患法律关系治理的原则、方法、指标体系、考核评价与监督机制完全不同，这更加有利于提高管理效率，保证管理质量。

四、医患法律关系演变

医患法律关系的演变，即医患法律关系的产生、变更和消灭。任何一个医患法律关系自产生以后都可能在一定的条件下发生变更或消灭。这种变更或消灭或者是主体的变更或消灭，或者是客体的变更或消灭，或者是医患双方权利与义务的变更或消灭。医患法律关系的产生和存在都是需要从两个方面来考量的。

1. 以卫生法律法规为前提和准绳 卫生法律关系的产生首先都是以有关卫生法律规定为前提的，也就是说医患法律关系是依据卫生法律法规而结成的医患之间的一种权利和义务关系。一种情况是医患法律关系的产生是由卫生法律法规直接规定结成的，如《医疗机构管理条例》直接规定了医疗机构的设立或撤销，《中华人民共和国医师法》（以下简称《医师法》）《护士条例》直接规定了医师和护士的考试、注册、执业的要求等，这些卫生法律规范是关于医患法律关系主体合法性的相关规定，同时也规定了医患法律关系的内容即医生和护士执业时的权利和义务；《中华人民共和国传染病防治法》《中华人民共和国药品管理法》《中华人民共和国献血法》《中华人民共和国母婴保健法》（以下简称《母婴保健法》）《中华人民共和国食品安全法》等直接规定了医患法律关系客体关于各种医疗行为等方面的合法性要求；我国《民法典》第七编侵权责任中第六章关于医疗损害责任更是直接明确规定了医疗损害的一般过错责任原则、医护人员的告知义务、紧急救助义务、医疗技术损害责任、推定过错责任、医疗产品损害责任、医疗损害免责事由、病历资料的制作、保管和查阅的规定、泄露患者隐私和个人信息责任、医疗机构及其医务人员过度检查和保护医疗机构及其医务人员合法权益的规定。另一种情况是医患关系的产生是由法律法规间接规定结成的，法律法规只是为这种法律关系的产生提供了前提或模式。如我国《民法典》中关于自然人民事权利能力和民事行为能力、监护、失踪和死亡的规定，涉及患者住院期间的监护权和有关死亡的权利义务法律规定；关于合同和准合同的规定，涉及医疗合同的成立、生效和撤销的法律规定；关于生命权、身体权和健康权、肖像权、隐私权和个人信息保护的规定，与患者的这些人格权的保护有密切的关系；关于产品责任的规定与临床药品和生物制品的使用有密切关系等，这些法律规范和法律条文都间接地规定了医患法律关系调整的基本原则、基本条件和基本模式。

2. 以医患法律事实为依据 法律事实就是引起医患法律关系发生变化的一定情况和条件，医患法律事实一般分为两类：一种是法律事件。它是不以人们意志为转移的事件。在实际生活中，导致医患法律关系变化的法律事件有很多，如突发公共卫生事件、气候和环境的突变、地震洪水自然灾害、传染病流行等，当事件发生时，国际社会和一国政府必然要采取措施进行人道主义救助和强制性管理，从而导致强制性卫生法律关系或者医患法律关系的产生。例如，在新型冠状病毒感染疫情发生时，中国政府依据国家基本法律的相关规定和有关卫生法律法规的规定采取了居家隔离、集中收治、分类管理、疫苗接种、核酸检测、流调排查等一系列强制性措施，有效阻止了疾病的传播，创造了新型冠状病毒感染防治的中国模式。另一种是法律行为。包括医患之间的合法行为和违法行为。在临床实践中，医患之间的合法行为是普遍存在的，如门诊挂号或者网上预约、就医缴费、住院治疗、临床会诊、转介治疗、签订手术或治疗知情同意书、住院陪伴、出院指导、网上就医、康复保健、药品研发、医学实验、医学美容、人工生殖等，这些行为一旦实施，医患法律关系就产生了。医患之间的违法行为也时有发生，如因违反医疗常规和诊疗规范给患者造成的医疗损害，因侵犯患者的肖像权和隐私权而导致的医疗侵权，因医护过失而造成的医疗事故，因管理不善造成患者的财产损失而导致的损害赔偿等。

第3节 其他卫生法律关系

在基本医疗和健康促进活动过程中，除了最基本的医患关系需要正确处理外，还有其他的卫生法律关系，如医护法律关系、医技法律关系、护技法律关系、医社法律关系等，也需要正确对待，多方协调，减少失误，少走弯路，形成合力，才能更好地为公民的基本医疗与健康促进服务。

一、医护法律关系

医护法律关系（以下简称医护关系）是指医生与护士之间在医疗护理实践中因专业分工不同而形成的一种以工作为内容的权利义务关系。医生与护士的工作性质和内容完全不同，医生负责患者的诊断，护士要严格执行医嘱，这是医护关系的基本定位。但因医疗机构及临床科室的不同、患者病情的差异，以及医护人员构成的差异，医护关系的类型、内容和合作方式也有较大的差异。俗话说"三分治疗，七分护理"，医护关系的协调性如何是直接影响患者健康利益的其他卫生法律关系中最重要的、最根本的因素。如果医护关系处理不当，医护之间配合不协调，势必会给患者健康带来损害。

在医学史上，最早的护理工作被视为医疗工作的附属，护士从属于医生，护士只是机械地执行医嘱。后来护理事业因战争救护需要得到较快发展，医生和护士在专业地位、人格平等方面发生着变化。医护关系逐步由医主护辅型关系转变成为共同合作型关系和良师益友型关系。医护之间不仅要密切配合，而且要相互监督。特别是护士在工作中更要积极主动，要善于及时发现和报告与医师诊断有关的情况。依据《护士条例》第十七条规定，护士在执业活动中，发现患者病情危急，应当立即通知医师；在紧急情况下为抢救垂危患者生命，应当先行实施必要的紧急救护。护士发现医嘱违反法律、法规、规章或者诊疗技术规范规定的，应当及时向开具医嘱的医师提出；必要时，应当向该医师所在科室的负责人或者医疗卫生机构负责医疗服务管理的人员报告。这些都说明护士在临床中具有不可替代的作用。

 医者仁心

"才不近仙者不可为医；德不近佛者不可为医"

人民医学家裘法祖（1914年12月6日—2008年6月14日），浙江杭州人，被誉为"中国外科之父"。他1945年因从德军手中营救一车犹太人而享誉海内外。1948年创办了国内第一本医学科普刊物《大众医学》。1979年创建中国第一个器官移植研究所。1988年倡议成立了中华医学会器官移植学会和中国器官移植发展基金会。2004年创立裘法祖外科医学青年基金。他也是一位卓越的医学教育家，为新中国培养了一大批外科界的骨干。他忠诚于党，报国爱民的坚定信念；追求卓越，勇攀高峰的创新精神；医德双馨，为民尽责的大家风范；甘为人梯，无私奉献的崇高品德，值得我们永世学习。

建立良好的医护关系在医疗实践中具有重要的作用。首先，有利于保证医疗过程的完整性。医疗过程本质上就是医护之间不断进行的关于患者医疗和健康信息交流的过程。在这个信息交流过程中，任何一方的一个环节的信息发生阻滞和缺失，都会影响整个医疗过程的顺利进行。良好的医护关系是保证医疗过程完整性的基本条件。其次，有利于应对医疗过程中的多样性。面对不同的疾病，治疗的手段和救治的缓、急程度也有所不同。要求医生和护士在医护过程中不断地调整角色位置，以适应治疗过程中的多样性，如在抢救患者时必须主动配合、行动迅速、操作准确无误。对有思想顾虑的患者在进行解释、安慰和心理治疗时，必须言谈一致，配合默契。医护关系是动态的，只有在信息交流中才能搞好协作，只有在协作中才能发现互补点，并各以其特定的专业知识和技能互补，共同完成统一的医疗任务。最后，有利于减少医疗过程中的偏差性。由于医护各自业务水平和医德修养水平的不同，在工作中都可能出现角色偏差，医护之间只有互相监督，互相制约，才能尽量减少彼此之间的角色偏差，同时即使出现偏差也能及时纠正。

总之，医疗和护理是医院工作不可缺少的两个重要组成部分，医生和护士只有正确把握各自的位置和角色，真诚合作，互相配合，互相监督，互相制约，才能有效预防医疗差错事故的发生，才能充分发挥医生和护士的工作积极性，才能提高医疗和护理服务质量，发挥现代医院的整体效应。

二、医技法律关系

医技法律关系（以下简称医技关系）是指医生与技师之间在医疗护理实践中因专业分工不同而形成的又一种具有工作性质的权利义务关系。由于医师和技师的职责和分工不同，他们扮演着不同的角色。《医师法》第二十二条第一款规定，医师在执业活动中享有在注册的执业范围内，按照有关规范进行医学诊查、疾病调查、医学处置、出具相应的医学证明文件，选择合理的医疗、预防、保健方案的权利。即医师在临床实践中承担着对患者疾病和健康的诊断、治疗、处置、规划和管理的职责，而技师主要是指除医生和护士之外的全部医学技术人员，包括各种技术员工，含检验师、影像（X 线、磁共振、B 超、心电图、脑电图等）技师、药剂师、口腔技师、康复治疗师、医疗器械维护人员、眼视光验光师等，他们分布在医院的手术室、核医学科、放射科、超声科、心血管超声和心功能科、检验科、康复科、病理科、药剂科、内镜室、消毒供应室、营养科等科室。他们主要负责对疾病做一些专业性的检查，并对检查结果进行医学和临床判断，为医师诊断疾病提供科学依据。

医生与技师在工作中不仅要密切配合，同时也要相互监督，一旦发现有损患者健康和利益的事件，应立即向所在机构报告。依据《医师法》第三十三条规定，在执业活动中有下列情形之一的，医师应当按照有关规定及时向所在医疗卫生机构或者有关部门、机构报告：①发现传染病、突发不明原因疾病或者异常健康事件；②发生或者发现医疗事故；③发现可能与药品、医疗器械有关的不良反应或者不良事件；④发现假药或者劣药；⑤发现患者涉嫌伤害事件或者非正常死亡；⑥法律、法规规定的其他情形。

建立良好的医技关系同样在医疗实践中具有重要的作用。首先，有利于共同维护患者的健康利益和社会公益。对于患者的言行要予以肯定、支持和帮助，对于损害患者利益的言行要敢于批评和抵制。其次，有利于彼此平等，互相尊重。医师和技师虽然分工不同，职务不同，但在人格尊严、身份地位上都是平等的，并且彼此都应当拥有平等发展的机会。只有彼此平等，互相尊重，才能调动积极性，做好医疗服务工作。最后，有利于彼此独立，互相支持。医师和技师之间分居不同的专业岗位，其工作都有相对的独立性，彼此要承认并尊重对方工作的独立性和重要性，反对以自我为中心、唯我独尊。最后，有利于互相学习，共同提高。医生和技师专业知识具有很大的互补性，只有彼此信任，才能互相学习，博采众长，共同进步。

总之，医生与技师的密切配合是正确诊疗疾病的关键。医生对疾病的正确判断需要依赖技师正确的检查结果。技师就仿佛是医生的眼睛，技师的检查结果直接影响着医生的临床诊断，增强了医生对疾病诊断的全面性和精准性，有效地降低了医疗事故的发生率。只有加强医生和技师之间的沟通和合作，真正建立起相互支持、互相帮助、互相协调的工作关系，才能使医疗工作更富有成效。

三、医社法律关系

医社法律关系（以下简称医社关系）指医护与社会组织和社会企业之间在医疗护理实践中形成的一种医疗非技术性的权利义务关系。《基本医疗卫生和健康促进法》第三十六条规定，各级各类医疗卫生机构应当分工合作，为公民提供预防、保健、治疗、护理、康复、安宁疗护等全方位全周期的医疗卫生服务。各级政府要采取措施支持医疗卫生机构与养老机构、儿童福利机构、社区组织建立协作机制，为老年人、残疾儿童提供安全、便捷的医疗和健康服务。随着基本医疗和健康促进体制改革的不断深入，医疗卫生机构将与社区、社会组织、社会企业、社会养老机构、社会儿童福利机构等开展广泛的合作。目前这种医社合作关系主要是两种基本模式，一种是内生式的，即由医疗机构自设社会事务部门，如医院自设医务社工部；一种是嵌入式的，即由政府购买第三方社会组织服务，在医患之间开展与医疗有关系的非技术性服务。从本质上来讲，医社法律关系是医患法律关系在家庭、社区和社会的延伸。

医务社会工作是医社合作和医院治理现代化的一项制度创新。它是指借助社会工作专业方法，为有需要的患者、家庭成员、医护人员和社区居民提供专业医务社工服务，帮助和解决他们发展过程中的非医疗性问题，增能赋权，助人自助的职业活动。《中共中央　国务院关于深化医药卫生体制改革的意见》明确指出："开展医务社会工作，完善医疗纠纷处理机制，增进医患沟通"，首次把发展医务社会工作上升到国家医疗卫生事业发展的高度。1921年，北京协和医院设立社会服务部，医务社工制度开始引入中国。2000年5月，上海东方医院首设"社会工作部"，拉开了我国医务社工发展的序幕。医务社工在上海和深圳及沿海地区发展较快较好，并逐步向中西部地区推进和发展。

开展医务社会工作具有非常重要的意义。首先，有利于全过程关爱患者，有效预防和减少医疗纠纷。医务社工对患者的关怀从患者入院就诊开始，直到患者出院回家。他们主要是通过人文病历、医患沟通、住院指导、心理慰藉、健康教育、转介服务、社会救助、临终关怀、出院规划等非技术性的人文关怀服务，挖掘患者及其家庭、医护人员和社会的潜能，助其自助，解决其就诊过程中面临的非医疗性问题，将医疗纠纷化解在萌芽状态。其次，有利于实现专业人做专业事，降低医疗差错率。在现代医疗和健康促进体系中，医生和护士是疾病和健康的主要诊断治疗者和护理者，他们需要开展人文关怀，但人文关怀不是他们擅长的专业。而以医务社工为主体和主导的医学人文关怀团队，包括心理咨询师、音乐治疗师、临终关怀师和其他专业志愿者，他们是医学人文关怀队伍的策划者、组织者和执行者，他们才是有时间有能力提供人文关怀的专业队伍。他们和医护进行合理的专业分工和协作，是职业的人文关怀工作者。最后，有利于对医患法律关系分类治理，提高医院治理整体效率。依据患者的不同需求，打造满足现代医疗和康复体系的两支队伍，一是以医师、护师和技师等为主体的医疗和健康促进专业技术团队，他们把主要的时间和精力放在医学诊断、治疗、护理、康复工作上；二是以医务社工师、心理咨询师、音乐治疗师等为主体的医疗和健康促进非专业技术团队，他们把主要的时间和精力放在对患者的人文关怀和医疗救助工作上。

总之，构建和完善现代医社法律关系，大力发展医务社会工作，对医患关系进行分类治理，不仅有利于深化卫生和健康体制改革，推动基本医疗和健康事业发展，而且也是实现国家和社会治理能力和治理体系现代化的客观需要。

除以上卫生法律关系以外，临床实践中还存在着护技法律关系和其他相关的卫生法律关系等，也是影响患者健康利益不可忽视的重要因素。例如，护技法律关系是指护士与技师之间在医疗护理实践中因专业分工不同而形成的一种工作上的权利义务关系。护士与技师一方面要与医生密切配合，协助医生做好治疗工作；另一方面护士与技师之间也存在技术和非技术关系的相互配合和相互监督。

自 测 题

1. 以下不属于卫生法律关系主体的是
   A. 国家卫生健康管理机关
   B. 国家一级保护动物
   C. 医院和卫生服务中心
   D. 公益慈善机构
   E. 在中国境内的外国人
2. 以下属于最基本的卫生法律关系的是
   A. 医护关系
   B. 医技关系
   C. 护技关系
   D. 医社关系
   E. 医患关系

3. 以下属于人文型医患关系的是
   A. 医学检查
   B. 临床查房
   C. 医学研究
   D. 心理慰藉
   E. 临床会诊
4. 以下属于引起医患关系发生变化的卫生法律事件是
   A. 办理入院
   B. 临床治疗
   C. 医疗诊断
   D. 疫情暴发
   E. 临床转诊

（李志强）

第3章
医疗法律行为

健康的个体是社会赖以存在和发展的基础。要实现人的生命健康利益，我们就必然要研究医疗机构和医务人员的医疗法律行为，因为医疗法律行为是实现人类个体和社会健康利益的基础和关键，是卫生法律关系指向的主要对象。2021年1月1日实施的《民法典》第七编"侵权责任"第六章"医疗损害责任"，以专编专章的形式规定了医疗损害责任，而医疗损害责任是由医疗法律行为造成的不利后果，没有医疗法律行为就不可能有医疗损害结果的发生。

第1节　医疗法律行为概述

研究医患法律关系，就必然要涉及医疗法律行为，因为医患法律关系是通过医患双方互动的医疗卫生行为来体现的。因此，确有必要明确医疗法律行为的内涵和外延以及基本分类和表现。

一、医疗法律行为的概念

关于什么是医疗法律行为，我国卫生法律法规有不同的表述，有时称"医疗活动"，有时称"诊疗活动"。《医疗机构管理条例》中针对"医疗机构"使用了"从事疾病诊断、治疗活动"的描述。《医疗机构管理条例实施细则》第八十八条提出了"诊疗活动"的概念并进行了定义：诊疗活动是指通过各种检查，使用药物、器械及手术等方法，对疾病作出判断和消除疾病、缓解病情、减轻痛苦、改善功能、延长生命、帮助患者恢复健康的活动。在2018年10月1日施行的《医疗纠纷预防和处理条例》第二条仍称之为"诊疗活动"。在2021年1月1日实施的《民法典》第七编"侵权责任"第六章"医疗损害责任"第一千二百一十八条也称之为"诊疗活动"，但是从民事法律关系构成理论来看，使用"医疗法律行为"更符合法学理论的要求。

医疗法律行为有狭义与广义之分。狭义的医疗法律行为是指医务人员通过检查、使用药物、器械及手术等方法，对疾病作出判断和消除疾病、缓解病情、改善功能、帮助患者恢复健康的活动。简单地说，医疗法律行为就是以治疗疾病为目的的诊断治疗行为。狭义的医疗法律行为是卫生法律关系主体依据法律法规作出的一切行为。广义的医疗法律行为不仅仅包括治疗疾病，而且还包括与促进人的健康有关的一切预防疾病、身体康复、健康保健、整形美容、医事管理等方面的活动。我们在这里要讨论的是广义的医疗法律行为。因此，医疗法律行为是指相关医务人员为了防病治病、救死扶伤、保障健康，依照法律规定对个人和社会的健康状态进行有效干预的一切社会活动的总和。广义的医疗法律行为一般包括下列行为：①疾病的诊断和治疗，即通过各种手段、医疗器械、药物判断疾病和消除疾病的行为。②帮助或避免生育行为，如人工授精、堕胎、孕产检查、剖宫产手术。③医疗美容行为，利用药物或手术进行的美容行为，如隆胸、手术减肥。④戒除病态依赖行为，如药物解毒。⑤矫正畸形行为，运用手术等医学手段矫正身体畸形的行为，如分割连体婴儿。⑥改善身体外观行为，如变性手术、处女膜修复手术。⑦恢复或增进人体功能的行为，如电疗、牵引等康复行为。⑧与医疗卫生和健康促进有关的商品经营行为。⑨其他运用医学专业知识和技能的行为等。广义的医疗法律行为还包括卫生法律关系主体非依法作出的行为。

二、医疗法律行为的特征

医疗法律行为的本质特征是医疗法律行为这一社会现象深层的、稳定的内在联系，是其存在的基础和发展变化的内在动力，是能够充分体现其正义价值的基本依据。对医疗法律行为的特征进行分析，有利于我们进一步掌握医疗法律行为的本质属性和外在属性，充分认识医疗法律行为在医患法律关系上的地位与作用。

（一）医疗法律行为的本质特征

1. 医疗法律行为的自然性与社会性统一 医学是人类在诊疗疾病、增进健康的实践活动中产生和发展起来的科学知识体系。医学研究和服务的对象是人，而人是具有自然和社会双重属性的。医学研究和服务对象的双重性决定了医疗法律行为的自然性和社会性，并且是两重性的有机统一。人的疾病不是简单地表现为一种单纯的生物现象，更重要的是一种社会文化现象。

2. 医疗法律行为的营利性与福利性统一 在现代市场经济条件下，医疗法律行为是一种商品，具有营利性。它要求在提供医疗卫生服务时，必须遵循市场经济的规律，按等价有偿、自愿交换的原则进行商品交换。医疗法律行为的营利性有利于保障现代医院的存在与发展，能够体现医疗法律行为的技术水平差异，充分调动医疗机构和医护工作者的工作积极性。承认医疗法律行为的营利性、利益性，符合现代卫生经济学的基本原理，具有科学的理论基础。但是医疗法律行为的营利性并非其属性的全部，因为医疗法律行为终究是为了维护人的健康利益，医疗法律行为更具有公正性、福利性。

3. 医疗法律行为的客观规律性与主观能动性统一 人类的医疗实践活动是在医学理论指导下所进行的有计划有目的的实践活动。医疗法律行为是一种科学的行为，它具有客观规律性。这种规律性表现在：首先，医疗法律行为是一种以生命规律为基础的有限的社会服务，它不可能是无限的；其次，医学知识体系也是一个不断丰富发展的开放的科学体系，不可能解决无限的生命健康问题。

> ➕ **医者仁心**
> #### 以妙手创造生命的奇迹
> 70 年前，一本辗转得来的美国波士顿儿童医院出版的小儿外科学专著，在丁文祥的手中发扬光大，竟促成了中国小儿外科的"诞生"。中华人民共和国成立之初，各地疫病横行，人民缺医少药。婴幼儿先天性心脏病更是"绝症"，曾是 5 岁以下儿童死亡的最主要原因之一。丁文祥开启了令世界侧目的艰苦攀登：从泌尿外科起步，一项项填补小儿外科领域的空白……1974 年，45 岁的他带领团队与上海电表厂合作，自主研发了国产小儿人工心肺机，并运用该技术成功抢救了一名 18 个月大的先天性心脏病患儿。众多先天性心脏病患儿从此获得新生。如今，中国小儿心血管学科已跻身国际先进行列。当诸多荣誉涌向丁文祥时，他却低调地在杏林耕耘，桃李不言，下自成蹊。

（二）医疗法律行为的形式特征

医疗法律行为的形式特征是指医疗法律行为的本质特征表现于外在并区别于其他行为的特点，它体现了医疗法律行为的特殊性。

1. 医疗法律行为的社会约束性 医疗法律行为的社会约束性表现在：①医疗法律行为主体资格的限制性。医疗法律行为的性质决定了其主体有严格的资格准入限制，《中华人民共和国医师法》和《护士条例》对医生与护士都有严格的资格准入规定。②医疗法律行为评价的宏观调控性。医疗法律行为关系到社会正义和社会福利，必须要有政府强有力的宏观调控才能得到保证。

2. 医疗法律行为的职业伦理性 医疗法律行为的职业伦理性表现在：①医疗法律行为的保密性。医疗法律行为涉及患者的隐私，需要医护人员坚守保密的原则。②医疗法律行为的情感性。医疗法律行为的对象是人，人是一种有感情的社会存在。医疗法律行为的过程其实也是一种医患双方彼此交换情感的过程，医疗事业是一种充满爱心的事业。③医疗法律行为的慎独性。慎独性是指医护人员在无监督的独立的工作环境下，不做损人利己之事。它是一种最高的道德境界，这种道德要求，为法律上实行医疗过错推定或严格责任原则提供了伦理依据。

3. 医疗法律行为的技术性 医疗法律行为的技术性表现在：①医疗法律行为的风险性。是指医疗法律行为过程和结果可能发生的不确定性。医疗法律行为就其实质而言是一种探索性的科学行为，这种探索具有许多不可预测的未知因素，其过程本身带有很大的风险。目前国际社会已经公认，"医疗风险无处不在"。导致这种风险的原因首先是每个机体的组织结构、生理病理都有其特异性，这就使得任何一种医疗方案都存在达到疗效和造成损害两种可能。这种医疗风险是医务工作者不可避免的职业风险。②医疗法律行为评价技术标准的相对性。标准是对重复性事物和概念所做的统一规定。医疗法律行为评价技术标准目前多为定性的判断，而非精确的定量标准，因而是相对的；同时，这种标准还受地域的限制及人员本身主观素质的影响。

4. 医疗法律行为的侵害性 医疗法律行为的侵害性是指一定的医疗法律行为作用于人体以后，会造成不同程度的身体的完整性和生理功能的损害的属性。例如，注射、手术、抗癌放射治疗（放疗）和化学治疗（化疗）等，都具有医疗法律行为的侵害性。尤其是外科手术，无论医术如何高明、设备如何先进，都不能避免对患者组织和器官发生侵害。医疗法律行为对患者身体有一定的损害，但有利于患者本人，也有益于社会，医疗法律行为的侵害性是法定范围内的合理侵害，是适度的损害，其目的是挽救患者的生命，维护身体健康。凡符合医学适应性与医疗正当性的医疗法律行为即是合法的医疗法律行为。

5. 医疗法律行为的专门性 医疗法律行为的专门性是指医疗法律行为本身具有很高的专业性，只有经过严格的专业教育与培训，并且经过国家执业医师资格考试取得专门从业资格，掌握专门知识和技术的人才能实施医疗法律行为的特性。医疗法律行为的专门性主要表现在医疗法律行为本身具有高度的专业性。国家在医学教育的课程设置、高素质医师培养上的要求远高于其他职业。国家也制定了严格的任职考试批准制度，不具备相应的专业知识而擅自从事医疗活动是违法行为，情节严重的构成非法行医罪，会受到国家法律的制裁。

三、医疗法律行为的分类

依据不同的标准可以将医疗法律行为划分成若干类别。每一类的医疗法律行为，其表现与特点是不同的。

（一）合法医疗法律行为与非法医疗法律行为

按照医疗法律行为主体资格是否合法的不同，将医疗法律行为划分为合法医疗法律行为与非法医疗法律行为。合法医疗法律行为的主体包括法人和自然人。法人主要指《医疗机构管理条例》中所规定的"从事疾病诊断、治疗活动的医院、卫生院、疗养院、门诊部、诊所、卫生所（室）以及急救站等医疗机构"。自然人是指医护人员，按《卫生技术人员职务试行条例》将医务人员划分为医、药、护、技四类即：①医疗、预防、保健、康复人员。②中西药人员。③护理人员。④其他卫生技术人员（含检验、理疗、病理、口腔、同位素、放射、营养、生物制品生产等）。

非法医疗法律行为的主体没有合法的行医资格，同样也包括非法法人医疗法律行为和非法自然人医疗法律行为。判断一个医疗法律行为是否合法，除了看其行为主体是否合法以外，还可以通过其行为内容、行为对象、行为地点等来判断。非法医疗法律行为的实施就是非法行医。

（二）主导医疗法律行为与辅助医疗法律行为

按医疗法律行为在医疗活动中的地位与作用不同，将医疗法律行为划分为主导医疗法律行为与辅助医疗法律行为。主导医疗法律行为指在医疗活动中，对患者的健康利益的实现起决定作用的行为。主要是指医生的诊断、治疗行为和护士的护理行为。其中，医生的诊断、治疗行为是患者康复的基础和关键，决定着患者病情的发展和转归。把医生护士的医疗法律行为看成是主导医疗法律行为，并不是轻视其他工作的重要性，而是从医疗过程的发展顺序来判断的。

辅助医疗法律行为系指除医生护士的医疗法律行为以外，在医生指导下由其他医疗人员所进行的行为。例如，辅助的 X 线检查、心电图检查、超声检查、三大常规检查等，以及和医疗法律行为有关的医院后勤服务行为等，都是辅助医疗法律行为。

（三）临床医疗法律行为与实验医疗法律行为

按诊疗方法的成熟程度不同，将医疗法律行为划分为临床医疗法律行为与实验医疗法律行为。临床医疗法律行为是指对疾病的治疗方法或技术手段已经通过反复实验证实其疗效并在临床上成熟使用而为医学界所公认的医疗法律行为。实验医疗法律行为是指新的医疗方法或医疗技术于动物实验成功后，初期试用于人类伤病的治疗、矫正、预防，而其疗效尚未经过证实或尚无完全成功把握的医疗法律行为。这一区分，使得临床上医疗法律行为主体在法律上被规定不同的注意义务和说明义务，并且也能使医疗服务接受者充分行使其知情同意权。实验性医疗法律行为带给患者的风险比临床医疗法律行为更大，因此，对于实验性医疗法律行为的实施，国家有更为严格的管理措施和审核程序，而且对医务人员在实施实验性医疗法律行为时的说明义务要求更为严格。

（四）诊疗医疗法律行为与非诊疗医疗法律行为

按医疗法律行为目的不同，将医疗法律行为划分为诊疗医疗法律行为与非诊疗医疗法律行为。诊疗医疗法律行为是指以实现患者的生命健康利益为目的所施行的符合一般医学技术标准的医疗法律行为。非诊疗医疗法律行为是指仅以医学理论和技能来实现康复与预防为目的的医疗法律行为，如美容整形、变性手术、人工授精、试管婴儿、人工流产等。这一分类使得法律对医疗法律行为的规制能有所区别对待，非诊疗医疗法律行为，一般而言，它具有更多市场经济的商品性，从而也更适合应用完全的民事责任制度；而诊疗医疗法律行为则相反。

总之，医疗法律行为的分类由于划分的标准不同而多种多样。但不管如何划分，都应当反映医疗法律行为的本质和特征，体现医疗法律行为的诊疗、预防、康复、保健等功能，都体现其法定性的要求。

第 2 节 医疗过失行为

《民法典》第七编"侵权责任"第六章"医疗损害责任"第一千二百一十八条规定，患者在诊疗活动中受到损害，医疗机构或者其医务人员有过错的，由医疗机构承担赔偿责任。这里明确指出，如果医疗机构或者其医务人员的医疗法律行为有过错，则承担赔偿责任。认定医疗法律行为的过错，明确其客观的评价标准，是关键问题。因此，化解医疗纠纷，首先要从医疗过错研究开始。

在某社交平台"上班与下班的割裂人生"话题中，一名网名为"随风"的网友在 2023 年 1 月 27 日发布了患者在诊疗期间的私密部位图片。因另一张配图为男性侧脸照，为此有网友留言询问该"随风"是否为生殖泌尿科医生，"随风"回复为妇科。该图片及留言在社交平台发布后，引起了不少女网友的不适。网友小米（化名）通过查询"随风"在其他话题小组发帖情况得知其为某医院医生。

问题：1. 医生的行为违法吗？

2. 医生的行为侵犯了患者的什么权利？

一、医疗过失行为的概念与类型

在现代侵权法上，行为人的过错有两种基本形态，即故意和过失。医疗过失侵权损害是医疗法律行为过错的主要形态。

（一）过失的概念

所谓过失，是指行为人应当预见自己的行为可能造成损害的结果，但因为疏忽大意而没有预见，或者已经预见结果而轻信能够避免的一种心理状态。由此看出，过失分为两种基本形式即疏忽大意的过失和过于自信的过失。疏忽大意的过失与过于自信的过失，从主观上来分析是有明显的区别的：首先，在认识因素上，对损害结果的可能发生，疏忽大意的过失根本没有预见，而过于自信的过失已经有所预见；其次，在意志因素上，对损害结果的可能发生，二者虽然都持排斥态度，疏忽大意的过失是疏忽，而过于自信的过失是轻信能够避免。

（二）医疗过失的概念

医疗过失是指医疗法律行为主体在医疗服务过程中应当预见自己的行为可能造成损害的结果，因为疏忽大意而没有预见，或者已经预见结果而轻信能够避免的一种心理状态。医疗过失同样有疏忽大意的过失与过于自信的过失两种情况。医疗过失在客观上表现为医务人员未履行其应尽的注意义务而造成患者受到损害的一种医疗过失行为。

（三）医疗过失的类型

按照行为人的主观预见性不同，将医疗过失划分为疏忽大意的医疗过失和过于自信的医疗过失；按照行为人违反的义务内容不同将医疗过失划分为违反注意义务的医疗过失和违反说明义务的医疗过失。违反注意义务的医疗过失又分为违反一般注意义务的医疗过失和违反特殊注意义务的医疗过失；违反说明义务的医疗过失又分为违反一般说明义务的医疗过失和违反特殊说明义务的医疗过失。

二、医疗过失行为的判断标准

医疗过失行为的本质是违反注意义务。在我国司法实践中将注意义务的规定作为判断医疗过失的标准。对于注意义务，在民法理论上确立了三个不同标准：①普通人的注意；②与处理自己事务为同一注意；③善良管理人的注意。从程度上分为三个层次，以"普通人的注意"为最低，以"与处理自己事务为同一注意"为中，以"善良管理人的注意"为最高，对于医疗机构和医务人员所负的注意义务，显然应是善良管理人的注意义务。

医疗注意义务是指医疗主体承担的能够并且应当预见特定结果和避免特定结果的义务。注意义务包括结果预见的义务和结果避免的义务两部分。结果预见的义务是指行为人根据行为时的具体情况，所负有的应当预见自己的行为可能引起的结果发生的义务；结果避免的义务是指行为人所负有的避免因自己的行为而发生危害结果的义务。

医疗过失的判断标准也就是医疗注意义务的客观标准，行为主体若违反了该标准，就会被社会给予否定性评价，即构成医疗过失。这种标准是抽象标准与具体标准的统一。

1. 医疗过失行为判定的具体标准 医疗过失判定的具体标准是指法律法规对具体医疗法律行为所规定的操作规程和医疗惯例，其实质是医务人员在每一项具体的医疗法律行为中是否遵循注意义务。依据医疗法律行为的具体类型可将注意义务分为诊断过程中的注意义务、治疗过程中的注意义务、注射过程中的注意义务、抽血输血过程中的注意义务等，统称为一般的注意义务。另外，从一般注意义务中分化出来了一些特殊的注意义务，包括说明义务、问诊义务、转诊义务等。医疗注意义务主要有五方面的依据：①卫生管理法律、行政法规、部门规章。②诊疗护理常规和医疗机构自定的诊疗规章制度。③依据医学文献产生的注意义务。④国家关于保护民事主体合法权益不受侵害的法律规定。⑤医疗伦理自身的要求。

2. 医疗过失行为判定的抽象标准 如果法律法规没有对某些医疗法律行为的注意义务进行规定，这时候如何判定医疗过失呢？这就涉及医疗过失判定的抽象标准问题。医疗过失判定的抽象标准一般认为是医疗水准。医疗水准是指临床医学的平均水准，即普通医生在正常状态的医疗法律行为，这是一个概括的、抽象的标准。《民法典》第七编"侵权责任"第六章"医疗损害责任"第一千二百二十一条规定，医务人员在诊疗活动中未尽到与当时的医疗水平相应的诊疗义务，造成患者损害的，医疗机构应当承担赔偿责任。这里的"医疗水平"即为医疗水准。这实际上是对抽象医疗注意义务和诊疗过失一般判断标准的规定。所谓"当时的医疗水平"，其基本内涵是指医务人员在进行诊疗行为时，其学识、注意程度、技术及态度均应符合同一时期具有同等医疗专业水平的医务人员在同一情况下所应遵循的标准。

此外，判断医疗过失行为还应考虑医疗的专门性因素、医疗的地域性因素和医疗的紧急性因素等。

第3节 医疗事故概述

医疗事故法律制度是卫生法律法规的一个重要组成部分。我们学习与研究医疗法律行为，防止医疗过失，其目的就是要避免医疗事故的发生，维护患者的生命健康。因此，广大医学生要认真学习有关医疗事故的法律规定，牢固树立依法行医的现代理念。

一、医疗事故的概念

关于医疗事故的概念，不同法系国家有不同提法。国际上倾向用医疗差错的概念；在我国，医疗事故的概念有一个发展演变的过程，从内涵到外延都有了很大的改变。《医疗事故处理条例》第二条规定：本条例所称的医疗事故，是指医疗机构及其医务人员在医疗活动中，违反医疗卫生管理法律、行政法规、部门规章和诊疗护理规范、常规，过失造成患者人身损害的事故。

从本质上来看，医疗事故是一种医疗侵权行为。所谓医疗侵权行为是指在医疗服务过程中，医疗法律行为主体因违反法律规定的义务，过错造成患者人身和财产损害的行为。

医疗事故是一种医疗过失侵权行为，但并不是所有的医疗过失侵权行为都构成医疗事故，只有这种医疗过失行为达到法定的条件时，才依法被确定为医疗事故。从某种意义上来说，医疗事故是一种对患者造成了比较严重损害的医疗过失行为。

二、医疗事故的构成

在医疗活动中，医疗机构及其医务人员有以下五方面情况的，构成医疗事故。

1. 时间要件　必须发生在医疗活动中。国务院制定的《医疗事故处理条例》第二条明确规定了医疗事故是指"在医疗活动中"，因医务人员诊疗护理过失造成的后果。"在医疗活动中"，是医疗事故发生的时间特征。相反，在医疗活动之外，均不应认定为医疗事故。如某患者经抢救虽然保住了生命，但因患者在送医院前长时间缺氧或失血过多而导致某些器官或肢体的损害，造成了功能障碍或终生残疾，这类情况就不能定为医疗事故。医务人员对诊疗护理过程中因过造成的人员损伤或死亡要负相应的民事或刑事责任。

2. 主体要件　医疗事故的主体必须是医疗机构及其医护人员。根据《医疗事故处理条例》第六十条规定，医疗机构是指依照《医疗机构管理条例》的规定取得医疗机构执业许可证的机构。主要包括医院、妇幼保健院、各级卫生院、村卫生室、个体诊所、疗养院、各类门诊部、急救中心、专科疾病防治院（所）、护理院、医学检验实验室、病理诊断中心、医学影像诊断中心、血液透析中心、安宁疗护中心以及卫生防疫机关、国境卫生检疫机关、卫生科研和教学机构中所设的开展医疗活动的机构等。它是合法成立的。"医务人员"是指经过卫生部门批准或承认，取得相应资格及执业证书的各级各类卫生技术人员。按其业务性质可分为四类：医疗防疫人员（包括中医、西医、卫生防疫、寄生虫防治、地方病防治、公共卫生、妇幼保健等技术人员）、药剂人员（包括中药、西药技术人员）、护理人员（护师、护士、护理员）与其他技术人员（包括检验、理疗、病理、口腔、同位素、放射、营养等技术人员）。如果行为主体不是合法的医疗机构和医务人员，则该行为不构成医疗事故，而是非法行医了。

3. 客观要件　行为主体有违反卫生法律法规、规章和诊疗护理常规、规范的行为，并造成患者人身损害结果的发生。医疗事故在客观上必须同时具有违法性和危害性。

所谓"违法性"主要是指在诊疗护理过程中，违反了法律、法规和诊疗护理规范、常规。医务人员必须有违法违规行为。所谓违法行为，通常是违反现行法律所要求的、超出现行法律所允许的范围以外的行为，即法律规定限制、禁止而行为人却去实施的行为。

违法行为有广义和狭义之分。狭义的违法行为称一般违法行为，是指除违反《刑法》以外的其他法律的行为。广义的违法行为则是指包括触犯《刑法》的犯罪行为在内的一切违法行为。医疗事故的违法行为应作广义上的理解，但最主要的是违反医疗卫生法律、法规、医院规章制度和诊疗护理常规的行为。在此，诊疗规范、常规不仅包括法律法规以及规章中规定的相关规范，也包括医疗单位内部制定的具体操作办法和技术要求。

所谓"危害性"是指行为人的行为客观上造成了对患者的损害。这种损害既包括物质性损害，又包括精神性损害；既包括人格权损害，又包括身份权损害。

4. 主观要件　医疗法律行为主体主观上有过失。主观要件指的是行为人的主观心理状态。在医疗事故中，医务人员主观状态只能是过失。所谓过失，是指行为人应当预见到自己的行为可能会引起某种不利后果的发生，但因疏忽大意而没有预见，或者虽已经预见而轻信能够避免的一种主观心理状态。

过失的种类分为疏忽大意的过失和过于自信的过失两种。疏忽大意的过失是指医务人员应当预见自己的行为可能使患者产生人身损害，因为疏忽大意而没有预见，以致产生这种后果的心理态度。构成这种过失需要具备两个条件：①医务人员应当预见自己的行为可能产生某种人身损害；②医务人员因为疏忽大意对于自己的行为可能产生的人身损害没有预见。过于自信的过失是指医务人员已经预见到自己的行为可能对患者产生人身损害，但轻信能够避免，以致发生这种人身损害的心理态度。构成这种过失也需要具备两个条件：①医务人员对于人身损害的产生能够预见，即已经预见到这种人身损害产生的可能性；②医务人员轻信能够避免人身损害的产生，以致产生这种后果。

在医疗事故中是不存在主观"故意"的。如果医务人员在从事诊疗护理工作过程中，故意造成患者的死亡、残疾、功能障碍等人身损害后果,那么就已构成故意杀人或故意伤害,而非医疗事故了。

5. 因果关系 医疗过失行为和医疗损害之间存在因果关系。因果关系原本是一个哲学概念,引起某一现象的现象,称为原因,而被某种现象所引起的现象,称为结果。客观现象之间这种引起和被引起的关系,就是事物的因果关系。侵权法律关系中的因果关系,是指违规行为作为原因,损害事实作为结果。在它们之间存在着前者引起后者,后者被前者所引起的客观联系。医疗事故构成要件所探讨的是医务人员的违规过失行为与患者人身损害结果之间的因果关系。

医务人员的违规过失行为与患者人身损害结果之间的因果关系具有复杂性和多样性。其表现形式可归纳为以下几类:①一因一果,即一个损害结果是由一个违法行为所造成的。②一因多果,即一个违法行为同时引起多个损害结果。③多因一果,即一个损害结果是由多个违法行为造成的。④多因多果,即多个违法行为共同造成多个损害结果的发生。如果存在过失行为,但并没有给患者造成损害后果的情形不应该被视为医疗事故;如果存在医疗过失行为,也存在损害后果,但是两者之间没有因果关系也不能判定为医疗事故。

三、医疗事故的分级

《医疗事故处理条例》第四条,根据对患者人身造成的损害程度,将医疗事故分为四级。①一级医疗事故:造成患者死亡、重度残疾的;②二级医疗事故:造成患者中度残疾、器官组织损伤,导致严重功能障碍的;③三级医疗事故:造成患者轻度残疾、器官组织损伤,导致一般功能障碍的;④四级医疗事故:造成患者明显人身损害的其他后果的。一级医疗事故分为甲等、乙等两等,二级医疗事故分为甲等、乙等、丙等、丁等四等,三级医疗事故分为甲等、乙等、丙等、丁等、戊等五等,四级医疗事故自成一等,共分为四级十二等。关于具体的分级标准,卫生部于2002年7月19日发布了《医疗事故分级标准(试行)》,该标准要求专家鉴定组在进行医疗事故技术鉴定、卫生行政部门在判定重大医疗过失行为是否为医疗事故或医疗事故争议双方当事人在协商解决事故争议时,应当按照本标准确定的基本原则和实际情况具体判定医疗事故的等级。

医疗事故等级的划分是科学性、技术性很强的工作,同时由于医疗事故等级涉及当事人的相关权益,其划分标准应当由权威部门制定国家统一标准。国家卫生健康委员会作为主管卫生工作的国务院组成部门,其重要职责之一就是制定技术规范和卫生标准并监督实施。

对医疗事故进行合理分级是公正、公平处理医疗事故的关键。这是因为:首先,医疗事故的分级直接涉及对患者的赔偿;其次,医疗事故的分级涉及卫生行政部门对医疗事故的行政处理和监督,也涉及各级卫生行政部门之间的事权划分。最后,医疗事故的分级涉及卫生行政部门对发生医疗事故医疗机构和有关医务人员的行政处罚。

四、医疗事故的排他性规定

依据《医疗事故处理条例》第三十三条规定,有下列情形之一的,不属于医疗事故:①在紧急情况下为抢救垂危患者生命而采取紧急医学措施造成不良后果的。②在医疗活动中由于患者病情异常或者患者体质特殊而发生医疗意外的。③在现有医学科学技术条件下,发生无法预料或者不能防范的不良后果的。④无过错输血感染造成不良后果的。⑤因患方原因延误诊疗导致不良后果的。⑥因不可抗力造成不良后果的。

关于排除医疗事故的情形的五个方面,具体分析如下。

1. 在紧急情况下为抢救垂危患者生命而采取的紧急医学措施造成不良后果的,不属于医疗事故。这一点主要基于医师的职业道德是救死扶伤,同时,它既是一个道德责任,也是一个法律义务。医师在诊疗过程中为了抢救患者的生命,可以采取紧急救治措施,医师的执业行为也可以不受限制。如在火车上遇到产妇分娩，非妇产科医生就可以参加救治。

2. 在医疗活动中由于患者病情异常或者患者体质特殊而产生不良后果的，不属于医疗事故，而属于医疗意外。所谓医疗意外，是指由于病情或患者体质特殊而发生难以预料和防范的不良后果的。医疗意外的发生，是难以预料的，医护人员主观上不存在过失，也不是医护人员依靠现代医学科学技术所能预见、防范和避免的。

3. 现有医学科学技术无法预料、无法避免的不属于医疗事故。这一点包含着两层含义：①现有医学科学技术无法预料、无法避免的，目前全世界都无法解决的问题，如艾滋病的治疗。②在某一特定地区、特定部门的医学技术水平是解决不了的问题，如因地域差异，不同地区的医疗设备配置、医务人员水平等因素也是存在较大差异的。

4. 无过错输血感染造成不良后果的，不属于医疗事故。对于这一点，我们主要从两个方面来理解：①国家法定的对某种传染病强制检测的规定出台之前，由于血站没有检测该传染病而可能导致受血者感染此传染病。②血液来源要合法，献血、采血、供血、输血都要遵守国家相关法律、法规、规章。

链接　"无过错输血"医疗机构不赔 谁来承担责任呢?

5 岁女童毛毛（化名）因输血感染艾滋病事件，引起社会广泛关注。国家卫健委就此回应称，该女孩在输血窗口期感染的可能性比较大。这种"无过错输血"引发的事故，谁来承担责任呢?"窗口期"是指人体感染艾滋病病毒后，需要经过一段时间后血液中才会产生艾滋病病毒抗体，在此期间艾滋病病毒抗体检测呈阴性，是人类所有输血治疗依靠现有的检验手段无法规避的风险。附加医疗意外责任险，可保无过错损害。目前我国部分保险公司开展了医疗责任保险的附加条款业务，医疗机构可以通过购买附加医疗意外责任险承保医疗意外，类似"无过错输血"这样的无过错损害就能够得到保险赔偿。但是，开展附加条款业务的保险公司保险费率相对较高，很多医院不愿意选择此类业务，所以无法有效地覆盖所有遭受"无过错输血"感染损害的患者。

5. 因不可抗力造成不良后果的，不属于医疗事故。不可抗力是指不能预见、不能避免且不能克服的客观情况。一般为自然灾害，这些和医疗活动中的诊断、治疗本身没有关系。例如，正在做手术，突然发生了地震等自然灾害，造成患者损害的。

自测题

1. 下述行为不属于医疗法律行为的是
   A. 美容整形　　　B. 人工流产
   C. 断骨增高　　　D. 试管婴儿
   E. 阑尾炎手术
2. 造成患者轻度残疾、器官组织损伤导致一般功能障碍的属于哪级医疗事故
   A. 一级医疗事故　　B. 二级医疗事故
   C. 三级医疗事故　　D. 四级医疗事故
   E. 五级医疗事故
3. 患者因阑尾炎住院，医生甲认为应当立即手术，患者

不同意，要求保守治疗。至第二天晚间，患者发生阑尾炎穿孔，急行手术。手术医生乙告知患者，由于没及时手术，已形成严重腹膜炎，后遗症难免。术后几天中，患者一直腹痛。主治医生丙认为是腹膜炎所致，未给予特殊处理。后发现是腹内遗留一把止血钳所致。造成术后腹痛的性质属于
   A. 患者不配合　　　B. 医疗意外
   C. 医疗差错　　　　D. 医疗事故
   E. 难以避免的并发症

（刘一凡）

第4章
医患双方的权利和义务

医患双方的权利与义务是医患法律关系的基本内容，也是我们学习卫生法律法规的关键。通过学习，明确医患双方的权利和义务，努力自觉履行医患双方义务，维护医患双方的合法权益，必将有利于减少医患纠纷，促进医患关系和谐发展。

第1节 权利与义务概述

通过对医患双方权利与义务的基本含义及其关系的学习，尤其是了解患者权利运动的发展历程，深刻体会到维护患者权利的价值和意义，从根本上认识到，患者权利争取的过程就是人类文明前进的过程。

案例4-1

患者，男，45岁。在一次单位组织的体检中查出"脂肪肝"，医生告诉患者需住院治疗。患者认为自己没有什么不舒适的感觉，不需要住院。医生遂为患者讲解住院的必要性，患者认为不住院也是自己的权利。在医生收集其病史过程中，患者不配合，并坚称自己没病，不愿意提供相关资料。

问题：1. 患者享有哪些权利？

2. 患者应履行哪些义务？

一、权利与义务的概念

权利和义务是法学的基本范畴。权利与义务既相互联系又相互区别，它们是对立统一的关系。

（一）权利的概念

在现代法律科学中，"权利"是一个核心的概念，但也有各种不同的理解。对"权利"的不同解释，大致有两类：一类是从伦理的角度来考察权利，认为权利的本质就是自由。虽然这一类的学者在具体表达上有一些侧重上的不同，但总的指向是人的自由价值；另一类是从实证的角度来界定权利，把权利置于现实的利益关系中来理解与解释，认为权利的实质是普遍的功利。

在我国，法律上的权利有各种不同的表达，但大体上有三个方面：第一，权利主体是个人或者法人；第二，权利的内容是主体的人作为或不作为；第三，关于权利的特征使用了不同的词语，如权益、许可、保障、能力、资格、可能性、权能、法律手段等。综上所述，所谓权利，即法定的或约定的，法律关系主体为实现一定的利益而应该作为或不作为的一种能力或资格。

（二）义务的概念

在法学上，义务是权利的对应词，两者不可分割，有权利就有义务，有义务就有权利。义务一词在英语中，一般译为 duty，但它有时和 responsibility、liability、obligation 等词相混合使用。义务也有法律、道德、宗教、习惯、其他规章等意义上的义务之分。我们所讲法律上的义务是与权利相对应，它是指法定的或约定的、法律关系主体应当作为或不作为的一种限制、约束或责任。王利明教授认为，法律上的义务是指法律所规定的义务人应该按照权利人的要求从事一定行为或不行为以满足权利人的利益的法律手段。无论是积极的作为，还是消极的不作为本质上都是一种负担或约束。

从来源上来看，义务产生于当事人的约定或法定的原因；从内容上看，表现为义务人依法作为或不作为；从目的来看，义务的履行是为了满足权利人的利益需要；从效力上来看，义务具有约束力或强制性。

综上所述，权利意味着权益、能力或资格，义务意味着约束、限制或责任；权利意味着获得，义务则意味着付出；权利是主动的，而义务是被动的；权利可以放弃，而义务必须履行。

二、医患权利与义务关系的演变

在人类历史上，权利与义务关系相互演变的过程，反映了人们在社会生活中的地位及其相互关系的变迁，反映着人类发展的文明程度。医患权利与义务关系正如其他法律关系一样，在人类发展的不同阶段，经历了从无到有，有离有合，从医患伦理权利义务关系向医患法律权利义务关系转化的过程。

随着西方近代医学科学的传入，有关规范行医行为，保障患者权利的伦理法律思想也传入中国。但卫生立法事业的兴衰与一个国家的强盛是密不可分的。中华人民共和国成立以后，我国政府致力于卫生事业的发展，关注医患权利义务，先后通过一系列的规章制度和法律法规形式来保障患者的权利。例如，我国的《医疗机构管理条例》第三十二条规定，医务人员在诊疗活动中应当向患者说明病情和医疗措施。需要实施手术、特殊检查、特殊治疗的，医务人员应当及时向患者具体说明医疗风险、替代医疗方案等情况，并取得其明确同意；不能或者不宜向患者说明的，应当向患者的近亲属说明，并取得其明确同意。因抢救生命垂危的患者等紧急情况，不能取得患者或者其近亲属意见的，经医疗机构负责人或者授权的负责人批准，可以立即实施相应的医疗措施。《中华人民共和国医师法》（以下简称《医师法》）第二十五条规定，医师在诊疗活动中应当向患者说明病情、医疗措施和其他需要告知的事项。需要实施手术、特殊检查、特殊治疗的，医师应当及时向患者具体说明医疗风险、替代医疗方案等情况，并取得其明确同意；不能或者不宜向患者说明的，应当向患者的近亲属说明，并取得其明确同意。《医疗事故处理条例》第十条规定，患者有权复印或者复制其门诊病历、住院志、体温单、医嘱单、化验单（检验报告）、医学影像检查资料、特殊检查同意书、手术同意书、手术及麻醉记录单、病理资料、护理记录以及国务院卫生行政部门规定的其他病历资料。这是关于保障患者知情权和自主权的立法。当然还有很多的规定在这里不再一一论述。

综上所述，人类历史上的医患权利义务关系的历史演变告诉我们：医患权利义务关系法律化是一个漫长的过程；是一个从重医生义务轻患者权利向医患权利义务并重转化的过程；是一个从医患伦理权利义务关系向医患法律权利义务关系转化的过程。这一切也正是人类文明不断发展进步的过程。

第2节　患者的权利与义务

患者是医疗行为对象，是医疗服务的接受者，其权利与义务在我国的《宪法》《民法典》《医师法》《产品质量法》《消费者权益保护法》《医疗事故处理条例》《护士条例》等法律法规中都作了相应的规定。

一、患者权利与义务的概念

卫生法学上，患者的权利与义务是一对相应的范畴，彼此是对立统一的关系。

（一）患者权利的概念

患者的权利是指患者在接受医疗卫生服务时，为实现自己的人身健康利益而应该做出一定行为或不做出一定行为的一种能力或资格。其特点在于：①患者的权利是法定或约定的；②患者的权利主要限于医疗卫生实践领域，不能无限扩大；③患者的权利的实现要依赖于医护人员自觉履行义务。

（二）患者义务的概念

患者的义务是指患者在接受医疗卫生服务时，为保障自己的人身健康权益而必须做出一定行为或不做出一定行为的一种约束或责任。其特点在于：①患者的义务也是法定或约定的；②患者的义务主要是配合医护人员实施医疗行为的义务，具有确定的对象；③患者义务的实现是主动的，不依赖于医护人员的权利请求。

二、患者的权利

患者的权利是患者在医疗卫生服务中应该享有的基本权利。根据我国的《宪法》《民法典》《医师法》《护士条例》及相关法律规定，患者的权利概括为以下几方面。

（一）生命健康权

所谓生命健康权，包括生命权和健康权两大部分。生命权是指自然人的生命安全不受侵犯的权利。患者的生命权与常人平等，并不能因处于疾病状态而被降低。健康权是指自然人（公民）维护自己身体组织、器官结构完整、功能正常，不受非正常医疗行为侵害以及精神心理免受侵害的权利。患者的健康权主要体现在恢复健康和增进健康的权益。

公民的生命非经司法程序，任何人不得随意剥夺。例如，安乐死的问题要以立法为前提；公民的健康包括肉体的健康和心理的健康两个方面。

我国的《宪法》《民法典》以及相关法律对公民生命健康权作了相关规定。《民法典》第一千零二条规定："自然人享有生命权。自然人的生命安全和生命尊严受法律保护。"第一千零四条规定："自然人享有健康权。自然人的身心健康受法律保护。"生命健康权是公民最基本的人格权。

（二）人格尊严权

所谓人格权是指以人格利益为内容的不受侵害的权利。主要包括生命权、身体权、健康权、姓名权、名称权、肖像权、名誉权、荣誉权、隐私权等权利。

患者的人格尊严权是一项宪法权利。除了生命健康权外，患者的其他人格权同样是不受侵害并应受到尊重。它要求在医疗实践中医护人员要尊重患者的身体、隐私及民族习惯、信仰等。

（三）平等医疗服务权

平等医疗服务权是指患者享有同样良好的医疗保健服务和基本的、合理的医疗卫生资源。我国《宪法》第四十五条规定："中华人民共和国公民在年老、疾病或者丧失劳动能力的情况下，有从国家和社会获得物质帮助的权利。"宪法的规定表明我国公民患有疾病或损伤时，享有从医疗保健机构获取医疗保健服务的权利。严禁在治疗时，用嘲讽、侮辱、不礼貌的语言对待患者，不能借检查之机猥亵患者身体；对于少数民族患者，不得借故在语言和行为上侵犯他们的民族风俗和忌讳等。

公民享受平等医疗卫生服务权主要表现在：①任何医疗机构不得以任何理由拒绝治疗患者，法定的例外情况除外；②医疗行为主体必须提供与患者健康状态相一致的医疗服务，如不具备相应条件，应及时转诊；③患者应获得连续的、完备的医疗服务全过程，即门诊、治疗、康复及复诊等环节。

（四）知情同意权

所谓知情同意权，是指患者有权知晓自己所患疾病及医护人员所要采取的诊治措施，并有权对检查、诊断、治疗、处理及预后等方面进行取舍。知情同意权包含知情和同意两部分。知情同意权包括获得相关信息权、获得相应解释权、拒绝与同意权。我国的《医师法》第二十六条、《医疗机构管理条例》第三十二条、《医疗事故处理条例》第十一条均有相应规定。《民法典》第一千二百一十九条规定："医务人员在诊疗活动中应当向患者说明病情和医疗措施。需要实施手术、特殊检查、特殊治疗的，医务人员应当及时向患者具体说明医疗风险、替代医疗方案等情况，并取得其明确同意；不能或者不宜向患者说明的，应当向患者的近亲属说明，并取得其明确同意。"这是我国立法上对患者知情同意权较完整的论述。

知情权是同意权的基础和前提；同意权是知情权的必然结果。知情权要求患者对医疗卫生服务的知晓是全面的和有效的；同意权要求患者对医疗卫生服务的具体内容独立自主地做出决定，是患者的自主权或自决权，是知情同意权的核心。

（五）医疗自主权

患者医疗自主权是指患者在接受医疗卫生服务时，在充分享受知情权的情况下，能够独立地做出愿意接受何种治疗方案或治疗手段的决定的权利。它是知情同意权的延伸，是最能体现"以人为本"原则的权利。在医疗卫生实践中，患者医疗自主权主要体现在：①自主选择医疗机构、医疗方式和医疗行为主体的权利；②决定是否参与实验性医疗行为；③决定是否对自己身体器官、组织进行处理的权利；④决定是否放弃治疗的权利等。患者医疗自主权是以医患关系平等、参与、协作为基础的一种权利，是现代医患关系发展的模式。

（六）隐私权

隐私权是法律赋予自然人享有个人生活安宁与个人生活信息不受他人侵犯、知悉、使用、披露和公开的权利。《医师法》第二十三条、《护士条例》第十八条等有对患者隐私权保护的规定。《民法典》第一千二百二十六条规定："医疗机构及其医务人员应当对患者的隐私和个人信息保密。泄露患者的隐私和个人信息，或者未经患者同意公开其病历资料的，应当承担侵权责任。"该法条是我国对患者隐私权保护的最完整的论述。

患者隐私权主要包括以下内容：①患者的生命健康和个人其他信息未经患者同意或无法定理由，医疗行为人不得对第三人泄露，更不得用于商业用途；②因医学研究目的对患者的摄影或医学报道，未经患者同意不得以真实姓名或本人真实照片进行；③手术摄影或电视直播未经患者同意不得进行，在征得患者同意的情况下，也不能暴露患者身体隐私部位；④涉及社会负面评价的疾病，未经患者同意不得向第三人泄露。

（七）医疗监督权

监督权是我国宪法所赋予的公民的基本权利之一，它指公民监督国家机关及其工作人员活动的权利。我国《宪法》第四十一条规定："中华人民共和国公民对于任何国家机关和国家工作人员，有提出批评和建议的权利；对于任何国家机关和国家工作人员的违法失职行为，有向有关国家机关提出申诉、控告或者检举的权利，但是不得捏造或者歪曲事实进行诬告陷害。" 一般认为，批评权和建议权构成了监督权的具体内容。

医疗监督权就是指患者享有为实现自己的医疗保健权利，而对医疗行为人的具体医疗行为进行批评和建议的权利。为了这种医疗监督权利的实现，必须要赋予患者对医疗侵害的申诉权，但是也禁止患者在行使监督权中捏造或歪曲事实进行诬告陷害。医疗监督权是宪法上确立的公民的监督权的延伸与扩展。

（八）医疗损害赔偿请求权

医疗损害赔偿请求权又称求偿权，是指患者在接受医疗卫生服务过程中，医疗行为主体因过失而造成患者损害的，患者依法要求其赔偿的权利。

我国《宪法》第四十一条规定："由于国家机关和国家工作人员侵犯公民权利而受到损失的人，有依照法律规定取得赔偿的权利。"《民法典》第一千一百七十九条规定："侵害他人造成人身损害的，应当赔偿医疗费、护理费、交通费、营养费、住院伙食补助费等为治疗和康复支出的合理费用，以及因误工减少的收入。造成残疾的，还应当赔偿辅助器具费和残疾赔偿金；造成死亡的，还应当赔偿丧葬费和死亡赔偿金。"

《医疗事故处理条例》第五章对医疗事故赔偿也做了相应的规定。《民法典》第一千二百一十八条规定："患者在诊疗活动中受到损害，医疗机构或者其医务人员有过错的，由医疗机构承担赔偿责任。"第一千二百二十一条规定："医务人员在诊疗活动中未尽到与当时的医疗水平相应的诊疗义务，造成患者损害的，医疗机构应当承担赔偿责任。"医疗行为一般情况下主要体现为一种民事行为性质；但是在特殊情况下（危害公共卫生安全的传染病、预防接种、灾害等），医疗行为成为一种国家机关的授权行为，具备行政行为性质。该行为造成的损害具备国家赔偿或补偿支付。故医疗损害赔偿请求权是一种包含有民事和行政求偿性质的特殊求偿权。因此，当患者权利受到侵害时，可以向医院、卫生行政管理部门、法院提出调解、行政处理和诉讼请求，以获得赔偿。

三、患者的义务

权利与义务是相对的，患者在享有以上权利的同时，必须履行一定的义务。患者的义务是指在医疗卫生活动中，患者应当履行的责任。患者的义务主要表现在以下几方面。

（一）尊重医疗行为人人格尊严的义务

在医疗过程中，医患双方的地位是平等的协作与互信关系，患者在受到人格尊重的同时，医疗行为人的人格同样要受到患者的充分尊重，它是良好医疗实施的前提条件。尊重他人也就是尊重自己，医疗过程中的这种尊重是相互的，也是同等的、相一致的。它是患者的基本义务之一。

（二）配合医疗的义务

现代医疗服务的过程，从医疗行为的本质来看它是一种医患双方互动的过程。疾病的康复过程，也是患者自己主动治疗，发挥主观能动性的过程。从这种意义上来看，患者配合医疗服务的义务，正是医疗行为内在的、本质的要求。

患者积极配合医疗服务的义务，主要表现在：①如实告知病情、病史及生活习性；②严格遵守医嘱，接受治疗与检查；③遵守医疗制度和秩序；④积极参与医疗活动；⑤认真听取与接受医疗行为主体的医疗意见和建议。

（三）支付合理医疗费用的义务

目前，我国的医疗服务仍然是一种有偿服务。按照民法等价有偿的原则，医疗服务接受者在享受医疗服务的同时，即负有支付相应医疗费用的义务。其应支付费用的范围主要包括药品费、诊疗费、各项物理化学检查费、住院的床位费、水电费、护理费、运输费等。即使推行新型农村合作医疗和城镇职工医疗保险制度，患者也要承担以上费用的一部分。此外，有些患者个性化的医疗卫生服务，如医学整容等，则需要患者支付更多的医疗费用，以保证医疗机构的正常运转。

（四）接受强制治疗的义务

我国《传染病防治法》作了关于当患者患有某种可能危害公共卫生安全的疾病时，法律赋予医疗行为人享有强制医疗的权利的规定。与此相适应，患者有接受该种强制治疗的义务，该义务主要表现在：接受合理的人身自由的限制、工作权利及部分政治生活权利的限制。接受强制治疗的义务，主要是满足社会公共健康利益的需要，因而它不仅是患者的个人义务，同时也是一种社会义务。

（五）配合医学教育的义务

医学学科的发展，离不开一大批的医学人才，而临床医学教育是培养医学人才的实践环节。患者配合临床医学教学的义务是医学发展和人才培养的必然要求，其目的最终也是更好地服务于患者，解除患者的痛苦，恢复患者的健康。这说明患者配合医学教育的义务，同样也是一种社会义务。这一义务的履行必须在患者知情同意权和隐私权受到充分尊重的条件下来实现，决不能与患者的权利相冲突，要正确处理好两者之间的关系。

（六）接受医学检查的义务

医学检查的目的是明确病情，以便对症治疗，这也是医务人员进行医疗行为的必要手段。因此，患者自入院就诊时起自然要承担此义务。接受医学检查，就医者必须严格按照医学检查的要求进行吞食、注射、灌注以及其他侵袭性或非操作性的医学行为，以保证检查的顺利进行。患者履行接受医学检查（尤其是特殊检查）义务必须是在充分尊重其知情同意权的前提下来完成的。要正确处理好履行接受医学检查义务和保障患者合法权利之间的关系。

（七）签署同意书的义务

患者如果因诊断、治疗需要进行特殊检查、麻醉、外科手术或其他侵袭性治疗行为时，应当签署医疗机构准备的各种相应的同意书或志愿书，以符合检查、治疗、麻醉、外科手术的医学要求和法律要求。在进行多项特殊医学检查、治疗时，应分别签署不同的同意书，而不能以一次签署的同意书代替所有的医疗服务行为同意书，如麻醉同意书与手术同意书应当分别签署。

患者先行签署同意书的义务实质上是医患双方的一种民事合同行为，是患者在被充分告知的情况下，在医疗机构发出医疗服务"要约"的同时，患者本着自身健康利益的需要而做出的一种"承诺"。

（八）遵守医疗机构规章制度的义务

医疗机构的规章制度是保证医疗机构正常医疗秩序、提高医护质量的有力措施。医疗机构通过正常的医疗管理制度运行来保证就医者的就医权利得以实现。因此，患者就医时必须自觉遵守医院的规章制度，如就诊须知、入院须知、探视制度、急诊制度以及维持医疗机构的清洁、安静、秩序的有关规定。患者不得利用特权故意破坏医疗机构的规章制度，干扰、破坏医疗机构医疗服务行为的正常进行；不能有意滋事闹事、毁坏医疗机构的公有财产和给医疗服务人员造成人身伤害。否则依法将受到法律、法规的处罚，构成犯罪的，依法追究其刑事责任。

第3节　护士的权利与义务

 案例 4-2

　　患者，40 岁。行右侧乳腺癌根治术。术后第二天，患者生命体征平稳。责任护士小王为患者进行伤口护理并指导其进行功能锻炼，但在未告知患者的情况下，带实习生进行观摩教学。患者面对众多实习生的观摩，心里很不情愿，但碍于小王是其责任护士，勉强配合小王，完成观摩教学。

　　问题：1. 责任护士小王的做法合理吗？
　　　　　2. 责任护士小王没有履行什么义务？
　　　　　3. 护士享有哪些权利？应履行哪些义务？

　　护士的权利和义务是与患者的义务和权利相对应的。也就是说，护士的权利，正好与患者的义务相对应；护士的义务，正好与患者的权利相对应。俗话说："三分治疗，七分护理"，说明护理工作在医疗卫生服务中的重要性。因此，我们研究医方的权利与义务，应当首先从护士的权利和义务开始。

一、护士权利与义务的概念

　　护士的权利与义务是护士在临床医疗卫生实践过程中，依法应当享有的权益和应当承担的责任。

　　1.《护士条例》的颁布与实施　2008 年 1 月 23 日国务院第 206 次常务会议通过了《护士条例》，并于 2008 年 5 月 12 日正式实施，根据 2020 年 3 月 27 日《国务院关于修改和废止部分行政法规的决定》进行了修订。《护士条例》的实施，极大地激发了广大护士的工作热情，调动了广大护士的劳动积极性与创造性。它与以前的《中华人民共和国护士管理办法》相比，体现了很多的进步，如法律位阶提高了；明确了护士的概念和成为护士的条件；全面完整地规定了护士的权利与义务；明确规定了医疗卫生机构的护理管理职责等。该条例最大的亮点就是首次以立法形式较全面地规定了护士的权利与义务。

　　2. 护士权利与义务的含义　护士的权利是护士在医疗卫生服务过程中，依照卫生法律法规和诊疗护理规范、常规而应当做出一定行为或不做出一定行为的一种能力或资格。护士的权利是护士实施护理行为的前提和保障，是实施护理行为的法律依据。

　　护士的义务是护士在医疗卫生服务过程中，依照卫生法律法规和诊疗护理规范、常规而必须做出一定行为或不做出一定行为的一种约束或责任。护士的义务是护士的应尽职责，是必须履行的护理行为。

二、护士的权利

　　《护士条例》对护士的权利有明确的规定，这反映了国家对护理事业和护理工作的高度重视，有利于提高护士的社会地位，必将进一步促进护理事业向前发展。

　　按《护士条例》的规定，执业护士具有以下五个方面的法定权利。

　　1. 人格尊严不受侵犯权　人格权是宪法赋予每个公民的基本权利。护士的人格尊严不受侵犯表现在护理工作中，如人格权得不到应有的尊重，则其他的权利也无从正常行使。任何单位和个人都不得以任何方式来干扰护士执业，诋毁其人格。护士的工作应当受到全社会的关心与尊重。

　　2. 安全保障权　《护士条例》第十三条规定了护士执业时的安全保障权利，即护士执业，有获得与其所从事的护理工作相适应的卫生防护、医疗保健服务的权利；从事直接接触有毒有害物质、有感染传染病危险工作的护士，有依照有关法律、行政法规的规定接受职业健康监护的权利；患职业病的，有依照有关法律、行政法规的规定获得赔偿的权利。

　　3. 获得报酬权　《护士条例》第十二条规定了护士依法享有获得报酬的权利，即护士执业，有按照国家有关规定获取工资报酬、享受福利待遇、参加社会保险的权利。任何单位或者个人不得克扣护士工资，降低或者取消护士福利等待遇。

4. 专业发展权 《护士条例》第十四条规定了护士有依法获得专业技术职务、职称的权利，即护士有按照国家有关规定获得与本人业务能力和学术水平相应的专业技术职务、职称的权利；有参加专业培训、从事学术研究和交流、参加行业协会和专业学术团体的权利。专业技术职务与职称的评定是对护士工作水平的法律认可与尊重。护士的专业发展权是护理事业发展的客观要求。

5. 护理监督权 《护士条例》第十五条规定了护士有获得疾病诊疗、护理相关信息的权利和其他与履行护理职责相关的权利，可以对医疗卫生机构和卫生主管部门的工作提出意见和建议。护理监督是护士执业的最核心的权利，是实现"三分治疗，七分护理"的保障。

三、护士的义务

按《护士条例》的规定，执业护士的法定义务有如下五个方面。

1. 依法执业的义务 《护士条例》第十六条规定了护士依法执业的义务，即护士执业，应当遵守法律、法规、规章和诊疗技术规范的规定。这是护士执业的根本准则。依法执业既是护士的权利，更是护士的义务。护士依法执业有两层含义：①护士执业要有法可依，主要是卫生法律法规和诊疗规范、常规。②护士执业的评价要依法进行，护士依法执业是依法治国的必然要求。

2. 告知的义务 护士告知的义务主要是针对医护关系而言的。《护士条例》第十七条规定了护士在执业时的告知义务，即护士在执业活动中，发现患者病情危急，应当立即通知医师；在紧急情况下为抢救垂危患者生命，应当先行实施必要的紧急救护。护士发现医嘱违反法律、法规、规章或者诊疗技术规范规定的，应当及时向开具医嘱的医师提出；必要时，应当向该医师所在科室的负责人或者医疗卫生机构负责医疗服务管理的人员报告。

3. 先行处置的义务 护士在紧急情况下为抢救垂危患者生命，若医生不在场或无法进行联系时，应当先行实施必要的紧急救护，为挽救患者生命争取宝贵的救治时间。这一义务赋予了护士更高的执业要求，拓展了护士的工作内涵。先行处置义务的行使应具备法定条件，不可随意使用。

4. 保护患者隐私的义务 《护士条例》第十八条规定，护士应当尊重、关心、爱护患者，保护患者的隐私。保护患者隐私的主要表现：未经患者同意，不泄露患者个人生活的信息；不公开患者的疾病信息；在医学教育研究、医学摄影或电视直播时不使用真实身份信息或暴露患者隐私部位等。这一义务是与患者的隐私权相对应的，是尊重患者人格权的表现。

5. 参与处置公共卫生事件的义务 《护士条例》第十九条规定，护士有义务参与公共卫生和疾病预防控制工作；发生自然灾害、公共卫生事件等严重威胁公众生命健康的突发事件，护士应当服从县级以上人民政府卫生主管部门或者所在医疗卫生机构的安排，参加医疗救护。

 医者仁心

执着奉献 大爱无疆

张桂英，女，汉族，中共党员，吉林省神经精神病医院精神科护士长，主任护师。她用自己的方式诠释了南丁格尔精神，二十年如一日照顾精神病患者，在一个个平凡的日子里，不离不弃，用以坚持、责任为内涵的爱温暖着这个特殊群体迷失的心灵，自己也成为中国精神护理界的优秀代表。在她的倡导下，2012年9月，吉林省卫生厅在吉林省脑科医院建立了"吉林省精神科专科护士培训基地"，该基地成为全国首个省级精神科护士培训基地。她带领团队开展精神卫生知识大讲堂活动，近万名精神障碍患者及家属受益。张桂英多年来获得了多项国家和省市荣誉。2009年荣获南丁格尔奖章，2017年获白求恩奖章，2017年当选中国共产党第十九次全国代表大会代表。

第4节 医生的权利与义务

与护士的权利与义务相比，医生的权利与义务既有相同的方面，又有不同之处。

一、医生权利与义务的概念

1.《医师法》的颁布与实施 《中华人民共和国执业医师法》于 1998 年 6 月 26 日由第九届全国人民代表大会常务委员会第三次会议通过，自 1999 年 5 月 1 日起施行。2021 年 8 月 20 日第十三届全国人民代表大会常务委员会第三十次会议通过《中华人民共和国医师法》(以下简称《医师法》)，本法自 2022 年 3 月 1 日起施行，《中华人民共和国执业医师法》同时废止。

案例 4-3

患者，男，30 岁。因"头晕，身体不适"到医院就诊，经医生检查诊治，患者系因近一周每天夜间玩游戏导致睡眠不足而引起身体不适，并无实质性的病变，遂嘱咐患者注意休息即可。患者想请一周假在家休息，因此想给医生 200 元红包，要求医生为其开具证明。医生根据患者的情况，判定其不需要请假在家休息，坚决拒绝了患者的红包及要求。

问题：1. 该医生的做法对吗？

2. 该医生履行了什么义务？

3. 医生享有哪些权利？应履行哪些义务？

2. 医生的权利与义务的概念 医生的权利是指医生在医疗卫生服务过程中，依照卫生法律法规和医疗规范应当做出一定行为或不做出一定行为的一种能力或资格。医生的权利是医生实施医疗行为的前提和保障，是实施医疗行为的法律依据。

医生的义务是医生在医疗卫生服务过程中，依照卫生法律法规和医疗规范必须做出一定行为或不做出一定行为的一种约束或责任。医生的义务是医生的应尽职责，是必须履行的医疗行为。

二、医生的权利

从法律上规范医生的权利，其目的是保护医生的正当权益，鼓励医生努力地进行医学的研究与实践，促进医学的健康发展。《基本医疗卫生与健康促进法》《医师法》等法律法规对医生的权利作了如下几个方面的规定。

1. 人格尊严权 医生依法执业，其人身安全、人格尊严不受侵犯。医生的合法权益受法律保护。

2. 医学治疗权 《医师法》第二十二条第一款规定："在注册的执业范围内，按照有关规范进行医学诊查、疾病调查、医学处置、出具相应的医学证明文件，选择合理的医疗、预防、保健方案。"医生的医学治疗权包括疾病调查权、自主诊查权、医学处方权、强制医疗权和紧急医疗权等。医学治疗权是医生的基本权利之一。

3. 获得劳动报酬权 医生在执业活动中依法获取劳动报酬，享受国家规定的福利待遇，按照规定参加社会保险并享受相应待遇。

4. 执业条件和防护装备保障权 《医师法》第二十二条第三款规定，医师在执业活动中，有获得符合国家规定标准的执业基本条件和职业防护装备的权利。

5. 医学教育和研究权 为促进医学的发展，更好地为患者的健康服务，医生有权从事医学教育、研究、学术交流，参加专业培训，接受继续教育。但必须尊重患者的知情权及隐私权。

6. 医疗监督权 《医师法》第二十二条第六款规定，医师在执业活动中，有对所在医疗卫生机构和卫生健康主管部门的工作提出意见和建议，依法参与所在机构的民主管理的权利。

 **医者仁心**

不忘初心，追逐光明

　　姚玉峰，男，汉族，中共党员，1962年5月生，浙江温州人，浙江大学医学院附属邵逸夫医院眼科主任。他留学结束后婉拒国外名校高薪聘请毅然回国，20多年来致力于眼科角膜移植研究与创新。独创的角膜移植术，成功解决了排斥反应这一世纪难题，被国际眼科界命名为"姚氏法角膜移植术"，治疗患者30万例，让近3万患者重见光明。他毫无保留地开展技术培训与推广，为我国建立了一个现代学科，带出一批具有国际眼光的专业人才，建立了与国际接轨的眼库。荣获全国道德模范、白求恩奖章、最美医生等荣誉称号。

三、医生的义务

　　按照我国现行的相关法律法规规定，医生具有以下六个方面的义务。

　　1. 依法行医的义务　医生要依法执业，《医师法》第二十三条第一、第二款规定，医生在执业活动中要"树立敬业精神，恪守职业道德，履行医师职责，尽职尽责救治患者，执行疫情防控等公共卫生措施"；"遵循临床诊疗指南，遵守临床技术操作规范和医学伦理规范等"。它要求医生要坚持依法行医和以德行医相结合。医生依法行医要求注意以下几方面：①不得隐匿、伪造、篡改或者擅自销毁病历等医学文书及有关资料。②不得出具虚假医学证明文件以及与自己执业范围无关或者与执业类别不相符的医学证明文件。③不得拒绝急救处置。④不使用不合格医疗产品。⑤除按照规范用于诊断治疗外，不得使用麻醉药品、医疗用毒性药品、精神药品、放射性药品等。⑥不得利用职务之便，索要、非法收受财物或者牟取其他不正当利益；不得对患者实施不必要的检查、治疗。⑦在诊疗活动中应当向患者说明病情、医疗措施和其他需要告知的事项。需要实施手术、特殊检查、特殊治疗的，医师应当及时向患者具体说明医疗风险、替代医疗方案等情况，并取得其明确同意；不能或者不宜向患者说明的，应当向患者的近亲属说明，并取得其明确同意。依法行医是医生的基本义务。

　　2. 保护患者隐私的义务　《医师法》第二十三条第三款规定，医生在执业活动中要"尊重、关心、爱护患者，依法保护患者隐私和个人信息"。正如护士一样，保护患者隐私也是医生的法定义务之一。

　　3. 提高专业水平的义务　《医师法》第二十三条第四款规定，医生在执业活动中，要"努力钻研业务，更新知识，提高医学专业技术能力和水平，提升医疗卫生服务质量"。医生要不断钻研现代医学技术，提高专业水平，更好地服务患者是其神圣的职责。

　　4. 健康宣传与教育的义务　《医师法》第二十三条第五款规定，医生在执业活动中，要"宣传推广与岗位相适应的健康科普知识，对患者及公众进行健康教育和健康指导"。对患者及相关人员进行健康教育与宣传，一方面有利于患者个人积极配合治疗，早日康复；另一方面也有利于提高全民的健康素质，推进健康中国建设。

　　5. 医学报告义务　《医师法》第三十三条规定："在执业活动中有下列情形之一的，医师应当按照有关规定及时向所在医疗卫生机构或者有关部门、机构报告：①发现传染病、突发不明原因疾病或者异常健康事件；②发生或者发现医疗事故；③发现可能与药品、医疗器械有关的不良反应或者不良事件；④发现假药或者劣药；⑤发现患者涉嫌伤害事件或者非正常死亡；⑥法律、法规规定的其他情形。"医学报告义务主要是为了维护社会公共安全的需要，它是一种社会义务。

　　6. 保管医学资料的义务　医生保管好医学资料，不仅有助于维护医患双方的合法权益，保障医疗质量与安全，而且也对临床医学研究具有很重要的价值。因此，医生为患者制作并保存病历，对患者是一种直接义务，对社会是一种间接义务。我国的《民法典》《医疗事故处理条例》与《医疗机构病历管理规定》等都做了相应的规定，如《民法典》第一千二百二十五条规定："医疗机构及其医务人员应当按照规定填写并妥善保管住院志、医嘱单、检验报告、手术及麻醉记录、病理资料、护理记录等病历资料。"《医疗机构病历管理规定》第二十九条规定："门（急）诊病历由医疗机构保管的，保存时间自患者最后一次就诊之日起不少于十五年；住院病历保存时间自患者最后一次住院出院之日起不少于三十年。"同时，医疗机构还应当为患者以及其代理人提供查阅、复印等与患者有关的医学资料的服务。

自测题

1. 下列不属于患者义务的是
   A. 尊重医护人员
   B. 如实地提供病情相关信息
   C. 避免将疾病传播给他人
   D. 不可以拒绝医学研究
   E. 支付医疗费用

2. 患者，女，45岁。因宫颈癌住院。护士小王在护士站与其他护士谈论患者的病情，还将信息告诉了同病房的其他患者。该护士的行为侵犯了患者的
   A. 生命健康权
   B. 知情同意权
   C. 人格尊严权
   D. 隐私权
   E. 医疗自主权

3. 患者，男，30岁。上班途中发生车祸后被送至医院急救，因患者身上未带现金，而送患者就医人员也已离开医院，医生未为患者办理住院手续。当患者家属得知情况赶至医院送钱时，患者已错过抢救时机，最终死亡。上述医生的行为，违背了患者的
   A. 基本医疗权
   B. 知情同意权
   C. 人格尊严权
   D. 隐私权
   E. 医疗自主权

4. 以下属于护士权利的是
   A. 保护患者隐私
   B. 对医疗卫生机构和卫生主管部门的工作提出意见和建议
   C. 在紧急情况下为抢救垂危患者生命，实施必要的紧急救护
   D. 参与处置公共卫生事件
   E. 遵守法律、法规、规章和诊疗技术规范的规定

5. 以下属于护士义务的是
   A. 人格尊严不受侵犯
   B. 对医疗卫生机构和卫生主管部门的工作提出意见和建议
   C. 获取工资报酬、享受福利待遇
   D. 发现患者病情危急，应当立即通知医师
   E. 获得与本人业务能力和学术水平相应的专业技术职务、职称

（李淑香）

第 5 章
医疗损害赔偿法律制度

在医疗活动中，因医疗纠纷导致的医疗损害赔偿时有发生。目前我国涉及医疗损害赔偿的法律法规主要有《民法典》《基本医疗卫生与健康促进法》《医疗事故处理条例》等，均对医疗损害赔偿进行了相关规定，目的是合理公正地维护医疗损害有关各方的利益。

第 1 节　医疗损害赔偿

 案例 5-1

　　患者因胃肠不适到某诊所就诊，该诊所给予碳酸氢钠、庆大霉素、西咪替丁、氧氟沙星等药物静脉滴注。患者输液完毕后自行回家休息，回家途中家属发现患者出现意识丧失，病情危重，送往医院抢救无效死亡。事后，该诊所与患者丈夫达成协议，一次性给予 10 万元补偿。之后，死者父母提起诉讼，认为死者丈夫与诊所达成的协议有失公平，要求针对其医疗损害行为承担责任并予以赔偿。

　　问题：1. 死者家属如何申请医疗损害鉴定？
　　　　　2. 该诊所是否应当承担医疗损害赔偿责任？

一、医疗损害赔偿的概念

　　医疗损害赔偿是指医疗机构及其医务人员在医疗活动过程中因自身过错导致患者人身损害产生，并根据损害的后果程度承担相应的赔偿责任。医疗损害责任和赔偿责任的构成要件包括四个方面：一是医疗机构和医务人员存在诊疗行为；二是患者实际发生的损害；三是医疗机构和医务人员的行为与患者损害后果之间存在因果关系；四是医疗机构及其医务人员存在过错。损害赔偿是医疗机构及医务人员承担民事责任的主要方式，具体的赔偿方式包括直接损害赔偿、间接损害赔偿和精神损害赔偿等。

二、医疗损害赔偿的责任

　　《民法典》第一千二百一十八条规定，患者在诊疗活动中受到损害，医疗机构或者其医务人员有过错的，由医疗机构承担赔偿责任。根据医疗损害发生的不同原因，可以将医疗损害赔偿责任分为医疗技术损害责任、医疗伦理损害责任、医疗产品损害责任以及医疗管理损害责任等四种类型。

　　1. 医疗技术损害责任　医疗技术损害责任是指医疗机构及医务人员从事病情的检验、诊断、治疗方法的选择，治疗措施的执行，病情发展过程的追踪以及术后照护等医疗行为，不符合当时既存的医疗专业知识或技术水准的过失行为，医疗机构所应当承担的侵权赔偿责任。医疗技术损害责任适用过错责任原则。证明医疗机构及医务人员的医疗损害责任的构成要件，须由原告即受害患者一方承担举证责任，即使是医疗过失要件举证也由受害患者一方承担。如《民法典》第一千二百二十一条规定，医务人员在诊疗活动中未尽到与当时的医疗水平相应的诊疗义务，造成患者损害的，医疗机构应当承担赔偿责任。《基本医疗卫生与健康促进法》第五十四条规定，医疗卫生人员应当遵循医学科学规律，遵守有关临床诊疗技术规范和各项操作规范以及医学伦理规范，使用适宜技术和药物，合理诊疗，因病施治，不得对患者实施过度医疗。

2. 医疗伦理损害责任　医疗伦理损害责任是指医疗机构及医务人员从事各种医疗行为时，未对病患充分告知或者说明其病情，未提供病患及时有用的医疗建议，未保守与病情有关的各种秘密，或未取得病患同意即采取某种医疗措施或停止继续治疗等，而违反医疗职业良知或职业伦理上应遵守的规则的过失行为，医疗机构所应当承担的侵权赔偿责任。《民法典》第一千二百二十六条规定，医疗机构及其医务人员应当对患者的隐私和个人信息保密。泄露患者的隐私和个人信息，或者未经患者同意公开其病历资料的，应当承担侵权责任；第一千二百一十九条规定，医务人员在诊疗活动中应当向患者说明病情和医疗措施。需要实施手术、特殊检查、特殊治疗的，医务人员应当及时向患者具体说明医疗风险、替代医疗方案等情况，并取得其明确同意；不能或者不宜向患者说明的，应当向患者的近亲属说明，并取得其明确同意。医务人员未尽到前款义务，造成患者损害的，医疗机构应当承担赔偿责任。

3. 医疗产品损害责任　《民法典》第一千二百零二条规定，因产品存在缺陷造成他人损害的，生产者应当承担侵权责任；第一千二百零三条规定，因产品存在缺陷造成他人损害的，被侵权人可以向产品的生产者请求赔偿，也可以向产品的销售者请求赔偿。医疗产品损害责任是指医疗机构在医疗过程中使用有缺陷的药品、消毒药剂、医疗器械、血液及其制品等医疗产品，因此造成患者人身损害，医疗机构或者医疗产品生产者、销售者应该承担的医疗损害赔偿责任。《民法典》第一千二百二十三条规定，因药品、消毒产品、医疗器械的缺陷，或者输入不合格的血液造成患者损害的，患者可以向药品上市许可持有人、生产者、血液提供机构请求赔偿，也可以向医疗机构请求赔偿。患者向医疗机构请求赔偿的，医疗机构赔偿后，有权向负有责任的药品上市许可持有人、生产者、血液提供机构追偿。

4. 医疗管理损害责任　医疗管理损害责任是指医疗机构和医务人员违反医疗管理方面的法律法规和要求，没有正确履行职责，具有医疗管理过错，造成患者损害的医疗损害责任。医疗管理损害责任包括违反病历资料管理职责、违反诊疗规范等。《民法典》第一千二百二十五条规定，医疗机构及其医务人员应当按照规定填写并妥善保管住院志、医嘱单、检验报告、手术及麻醉记录、病理资料、护理记录等病历资料；患者要求查阅、复制前款规定的病历资料的，医疗机构应当及时提供。《民法典》第一千二百二十七条规定，医疗机构及其医务人员不得违反诊疗规范实施不必要的检查。《基本医疗卫生与健康促进法》第一百零二条规定，在开展医学研究或提供医疗卫生服务过程中未按照规定履行告知义务或者违反医学伦理规范，由县级以上人民政府卫生健康主管部门依照有关执业医师、护士管理和医疗纠纷预防处理等法律、行政法规的规定给予行政处罚。

三、医疗损害赔偿的归责原则

医疗损害赔偿的归责原则是指医疗机构及其医务人员的行为导致患者受到损害时，以什么样的标准和原则来确定和追究医疗机构及其医务人员的责任。医疗损害赔偿的归责原则是处理医疗纠纷的基本依据，对医疗损害的赔偿具有重要的指导作用。

1. 过错责任原则　过错责任是指行为人违反民事义务并致他人损害时，应以过错作为责任构成要件的责任。《民法典》第一千二百一十八条规定，患者在诊疗活动中受到损害，医疗机构或者其医务人员有过错的，由医疗机构承担赔偿责任。依据过错责任原则，若行为人没有过错，如加害行为因不可抗力而致，则虽有损害发生，行为人也不负责任。此外，在确定责任范围时应当确定受害人是否具有过错，受害人具有过错的事实可能导致加害人责任的减轻和免除。侵权责任以过错责任为原则，以无过错责任为例外。医务人员有无过错是判断医疗损害赔偿责任的重要依据。如医务人员在诊疗过程中未尽到诊疗义务或违反诊疗规范，就可以认定其存在过错，而由此造成的患者损害，就必须承担损害赔偿责任。但是由于医疗技术的有限性以及患者疾病本身的不确定性，有时候即使医务人员尽到了诊疗义务，也有可能在诊疗过程中对患者造成一些难以避免的损害，这时候由于医务人员无过错可以不承担赔偿责任。对于过错损害赔偿责任的界定和举证有时候存在一些异议，由于医疗信息的高度不对称，患者自身有时难以证明医院和医务人员存在过错；由于医疗和疾病的复杂性，医院有时候也很难证明自己没有任何过错。

2. 过错推定责任原则   医疗损害赔偿的归责原则一般情况下适用过错原则，但是在特殊情况下适用过错推定责任原则。《民法典》第一千二百二十二条规定，患者在诊疗活动中受到损害，有下列情形之一的，推定医疗机构有过错：①违反法律、行政法规、规章以及其他有关诊疗规范的规定；②隐匿或者拒绝提供与纠纷有关的病历资料；③遗失、伪造、篡改或者违法销毁病历资料。

案例 5-2

　　患者因交通事故在某医院住院治疗，手术前检查患者肝功能正常，医院为其术中输血 1000ml。患者出院三个月后，因身体不适到某大学附属医院就诊，血液检验报告及医生诊断显示患者患乙型肝炎。随后，患者向法院提起诉讼，要求为其做手术的医院进行损害赔偿。根据侵权责任有关规定，患者必须提供证据证明医院医疗行为与损害结果之间存在因果关系，但是患者没有能够提供具有说服力的证据，法院判决被告医院对患者不进行经济赔偿。

　　问题：1. 本案中举证责任应该由谁承担？
　　　　　2. 被告医院是否应该承担赔偿责任？

3. 无过错责任原则   对于医疗产品存在缺陷造成他人损害的，生产者和医疗机构应当承担无过错的产品责任。医疗产品损害责任，是指医疗机构在医疗过程中使用了有缺陷的药品、消毒产品、医疗器械以及血液医疗产品（准产品），造成患者人身损害，药品上市许可持有人、医疗产品生产者、销售者或者医疗机构应当承担的医疗损害赔偿责任。

四、医疗损害赔偿的免责条件

根据《民法典》第一千二百二十四条的规定，患者在诊疗活动中受到损害，有下列情形之一的，医疗机构不承担赔偿责任。

（一）患者或者其近亲属不配合医疗机构进行符合诊疗规范的诊疗

医疗行为的有效进行和取得良好的医疗效果通常需要医患双方的密切联系和配合。如果患者或者其近亲属不配合医疗机构的诊疗活动，因此而导致患者损害的发生，此时患者或者其近亲属需要对自己的行为承担责任。如果在上述情况中，医疗机构及其医务人员也是有过错的，同时需承担相应的赔偿责任。

（二）医务人员在抢救生命垂危的患者等紧急情况下已经尽到合理诊疗义务

医务人员在抢救生命垂危的患者时，只要按照紧急救治措施以及诊疗操作规范实施诊疗行为，不论患者是否受到损害，可以不承担责任，这也是对医务人员利益的合理保护。

　链　接　《民法典》关于侵权责任和医疗损害的规定

2020 年 5 月 28 日第十三届全国人民代表大会第三次会议通过《民法典》，废止了之前的《侵权责任法》，将侵权责任和医疗损害作为《民法典》其中的一个部分。《民法典》规定，民事主体的人身权利、财产权利以及其他合法权益受法律保护，任何组织或者个人不得侵犯。患者在诊疗活动中受到损害，医疗机构或者其医务人员有过错的，由医疗机构承担赔偿责任。针对医疗行为中的特殊情况进行了规定，如因抢救生命垂危的患者等紧急情况，不能取得患者或者其近亲属意见的，经医疗机构负责人或者授权的负责人批准，可以立即实施相应的医疗措施。《民法典》进一步明确了免责的情况，如患者在诊疗活动中受到损害，有下列情形之一的，医疗机构不承担赔偿责任：患者或者其近亲属不配合医疗机构进行符合诊疗规范的诊疗；医务人员在抢救生命垂危的患者等紧急情况下已经尽到合理诊疗义务；限于当时的医疗水平难以诊疗。同时，《民法典》规定，医疗机构及其医务人员的合法权益受法律保护。干扰医疗秩序，妨碍医务人员工作、生活，侵害医务人员合法权益的，应当依法承担法律责任。

（三）限于当时的医疗水平难以诊疗

现代医学科学技术虽然不断进步，但是由于人类认知的有限性以及人体的复杂性，目前医务人员对许多疾病仍然没有太多的救治办法。即使医疗机构及其医务人员恪尽职守，患者仍然有可能出现难以避免的损害后果。因此，只要医务人员主观上无任何过错和客观行为符合规范要求，就不构成侵权行为，不需要承担赔偿责任。

第 2 节　医疗损害鉴定

一、医疗损害鉴定的概念

鉴定是指根据委托人的请求，有关人员运用专业知识对委托事项进行判断并得出相关结论的过程。医疗损害鉴定是指在医疗损害责任界定以及有关法律处理过程中，鉴定人根据有关部门或当事人的委托，运用医学专业知识，依法对有争议的事项进行分析、判断和做出结论的活动。通过医疗损害鉴定，目的是弄清楚在医疗过程中医疗行为有无过错、医疗过错行为与损害后果之间是否存在因果关系、医疗过错行为在医疗损害后果中的原因大小及医疗过错行为导致的伤残等级等。

二、医疗损害鉴定的类型

在医疗损害事件处理中，由于涉及的领域比较专业且广泛，决定了鉴定活动的复杂性。根据鉴定主导力量的不同，将鉴定分为自行鉴定、行政鉴定和司法鉴定三种类型。

（一）自行鉴定

最高法院《民事诉讼证据的若干规定》以司法解释的形式对自行鉴定进行了明确，自行鉴定结论可以作为当事人举证的合法形式，在诉讼过程中向法院提出。自行鉴定是指当事人对社会活动中产生争议的专门性问题委托专业的鉴定机构进行鉴定的行为，从而为争议问题的解决提供科学依据。自行鉴定具有自我选择性和自愿性，不具有任何强制性。当事人可以根据自身选择的需要，自行确定鉴定的内容，对鉴定活动具有委托权和监督权，并对鉴定的结论进行取舍。在医疗损害事件处理中，自行鉴定的结论属于举证证据，法律上承认其证据力，但是其证明力需要在诉讼中经质证后获得法官的认可，对其真实性和合法性进行审查和认定。

（二）行政鉴定

行政鉴定是行政管理部门根据国家有关法律法规的规定，在行政执法或依法处理行政事务纠纷时，对涉及的专门性问题委托所属的行政鉴定机构或法律法规专门指定的鉴定机构进行鉴定的活动，从而为行政执法或纠纷事件处理和解决提供科学的依据。行政鉴定的主体是鉴定组织机构，其鉴定活动是行政组织行为，而非个人行为，鉴定结论产生的法律后果由行政管理部门委托的鉴定机构承担。由于行政鉴定活动的开展是由委托鉴定的行政管理部门控制，而且鉴定机构有时候是隶属于行政管理部门的，鉴定机构的结论客观性有时候会受到当事人的质疑。如当事人对行政鉴定结论有异议的，可申请复检等程序；如当事人对行政机关依据鉴定结论做出的行政处罚有异议的，可申请行政复议或提起行政诉讼。

（三）司法鉴定

司法鉴定是指在诉讼活动中，由司法机关或当事人委托法定鉴定单位，运用科学技术或者专门知识对诉讼涉及的专门性问题进行鉴别和判断并提供鉴定意见的活动，从而为诉讼案件的公正裁判提供科学的依据。2005 年 2 月第十届全国人民代表大会常务委员会第十四次会议通过的《全国人民代表大会常务委员会关于司法鉴定管理问题的决定》规定，国家对从事司法鉴定业务的鉴定人和鉴定机构实行登记管理制度。国务院司法行政部门主管全国鉴定人和鉴定机构的登记管理工作。省级人民政府司法行政部门依照本决定的规定，负责对鉴定人和鉴定机构的登记、名册编制和公告。司法鉴定机构和司法鉴定人从事司法鉴定业务，应当遵守法律、法规，遵守职业道德和职业纪律，尊重科学，遵守技术操作规范。司法鉴定机构和司法鉴定人进行司法鉴定活动应当依法接受监督。司法鉴定机构对符合受理条件的鉴定委托，应当即时做出受理的决定；不能即时决定受理的，应当在 7 个工作日内做出是否受理的决定，并通知委托人；对通过信函提出鉴定委托的，应当在 10 个工作日内做出是否受理的决定，并通知委托人；对疑难、复杂或者特殊鉴定事项的委托，可以与委托人协商确定受理的时间。广义的司法鉴定还包括公安机关的侦查鉴定。

三、医疗损害鉴定的实施

医疗损害鉴定的目的是明确责任，是解决医疗纠纷和争议问题的前提条件之一。因此，必须有相关的法律规章制度对医疗损害鉴定进行相关的规定，其中《医疗事故处理条例》《医疗事故技术鉴定暂行办法》《医疗事故等级标准》等规章制度为公正合理地处理医疗争议提供了制度保障。下面以医疗事故技术鉴定为例阐述医疗损害鉴定行为过程。

（一）鉴定的组织

1. 鉴定机构　医疗事故技术鉴定工作应当按照程序进行，坚持实事求是的科学态度，做到事实清楚、定性准确、责任明确。医疗事故技术鉴定分为首次鉴定和再次鉴定。设区的市级和省、自治区、直辖市直接管辖的县（市）级地方医学会负责组织专家鉴定组进行首次医疗事故技术鉴定工作。省、自治区、直辖市地方医学会负责组织医疗事故争议的再次鉴定工作。负责组织医疗事故技术鉴定工作的医学会可以设立医疗事故技术鉴定工作办公室，具体负责有关医疗事故技术鉴定的组织和日常工作。医学会组织专家鉴定组，依照医疗卫生管理法律、行政法规、部门规章和诊疗护理技术操作规范，运用医学科学原理和专业知识，独立进行医疗事故技术鉴定。

2. 鉴定专家组　医疗事故技术鉴定，由负责组织医疗事故技术鉴定工作的医学会组织专家鉴定组进行。负责组织医疗事故技术鉴定工作的医学会应当建立专家库。专家库由具备下列条件的医疗卫生专业技术人员组成：①有良好的业务素质和执业品德；②受聘于医疗卫生机构或者医学教学、科研机构并担任相应专业高级技术职务 3 年以上；③健康状况能够胜任医疗事故技术鉴定工作。此外，符合规定条件并具备高级技术职务任职资格的法医可以受聘进入专家库。医疗卫生机构或医学教学、科研机构、同级的医药卫生专业学会应当按照医学会要求，推荐专家库成员候选人；符合条件的个人经所在单位同意后也可以直接向组建专家库的医学会申请。

负责首次医疗事故技术鉴定工作的医学会原则上聘请本行政区域内的专家建立专家库；当本行政区域内的专家不能满足建立专家库需要时，可以聘请本省、自治区、直辖市范围内的专家进入本专家库。负责再次医疗事故技术鉴定工作的医学会原则上聘请本省、自治区、直辖市范围内的专家建立专家库；当本省、自治区、直辖市范围内的专家不能满足建立专家库需要时，可以聘请其他省、自治区、直辖市的专家进入本专家库。

参加医疗事故技术鉴定的相关专业的专家，由医患双方在医学会主持下从专家库中随机抽取。在特殊情况下，医学会根据医疗事故技术鉴定工作的需要，可以组织医患双方在其他医学会建立的专家库中随机抽取相关专业的专家参加鉴定或者函件咨询。专家鉴定组进行医疗事故技术鉴定，实行合议制。专家鉴定组人数为单数，涉及的主要学科的专家一般不得少于鉴定组成员的二分之一；涉及死因、伤残等级鉴定的，应当从专家库中随机抽取法医参加专家鉴定组。

专家鉴定组成员有下列情形之一的，应当回避，当事人也可以以口头或者书面的方式申请其回避：①是医疗事故争议当事人或者当事人的近亲属的；②与医疗事故争议有利害关系的；③与医疗事故争议当事人有其他关系，可能影响公正鉴定的。

专家鉴定组依照医疗卫生管理法律、行政法规、部门规章和诊疗护理规范、常规，运用医学科学原理和专业知识，独立进行医疗事故技术鉴定，对医疗事故进行鉴别和判定，为处理医疗事故争议提供医学依据。任何单位或者个人不得干扰医疗事故技术鉴定工作，不得威胁、利诱、辱骂、殴打专家鉴定组成员。专家鉴定组成员不得接受双方当事人的财物或者其他利益。

（二）鉴定的提起

双方当事人协商解决医疗事故争议，需进行医疗事故技术鉴定的，应共同书面委托医疗机构所在地负责首次医疗事故技术鉴定工作的医学会进行医疗事故技术鉴定。县级以上地方人民政府卫生行政部门接到医疗机构关于重大医疗过失行为的报告或者医疗事故争议当事人要求处理医疗事故争议的申请后，对需要进行医疗事故技术鉴定的，应当书面移交负责首次医疗事故技术鉴定工作的医学会组织鉴定。协商解决医疗事故争议涉及多个医疗机构的，应当由涉及的所有医疗机构与患者共同委托其中任何一所医疗机构所在地负责组织首次医疗事故技术鉴定工作的医学会进行医疗事故技术鉴定。医疗事故争议涉及多个医疗机构，当事人申请卫生行政部门处理的，只可以向其中一所医疗机构所在地卫生行政部门提出处理申请。

（三）鉴定的受理

医学会应当自受理医疗事故技术鉴定之日起5日内，通知医疗事故争议双方当事人按照《医疗事故处理条例》第二十八条规定，提交医疗事故技术鉴定所需的材料。当事人应当自收到医学会的通知之日起10日内提交有关医疗事故技术鉴定的材料、书面陈述及答辩。医疗机构提交的有关医疗事故技术鉴定的材料应当包括下列内容：①住院患者的病程记录、死亡病例讨论记录、疑难病例讨论记录、会诊意见、上级医师查房记录等病历资料原件；②住院患者的住院志、体温单、医嘱单、化验单（检验报告）、医学影像检查资料、特殊检查同意书、手术同意书、手术及麻醉记录单、病理资料、护理记录等病历资料原件；③抢救急危患者，在规定时间内补记的病历资料原件；④封存保留的输液、注射用物品和血液、药物等实物，或者依法具有检验资格的检验机构对这些物品、实物做出的检验报告；⑤与医疗事故技术鉴定有关的其他材料。在医疗机构建有病历档案的门诊、急诊患者，其病历资料由医疗机构提供；没有在医疗机构建立病历档案的，由患者提供。

对不符合受理条件的，医学会不予受理。不予受理的，医学会应说明理由。下列情形之一的，医学会不予受理医疗事故技术鉴定：①当事人一方直接向医学会提出鉴定申请的；②医疗事故争议涉及多个医疗机构，其中一所医疗机构所在地的医学会已经受理的；③医疗事故争议已经人民法院调解达成协议或判决的；④当事人已向人民法院提起民事诉讼的（司法机关委托的除外）；⑤非法行医造成患者身体健康损害的；⑥卫生部规定的其他情形。

有下列情形之一的，医学会中止组织医疗事故技术鉴定：①当事人未按规定提交有关医疗事故技术鉴定材料的；②提供的材料不真实的；③拒绝缴纳鉴定费的；④卫生部规定的其他情形。

（四）鉴定的过程

医学会应当自接到双方当事人提交的有关医疗事故技术鉴定的材料、书面陈述及答辩之日起 45 日内组织鉴定并出具医疗事故技术鉴定书。医学会可以向双方当事人和其他相关组织、个人进行调查取证，进行调查取证时不得少于 2 人。调查取证结束后，调查人员和调查对象应当在有关文书上签字。如调查对象拒绝签字的，应当记录在案。

医学会应当在医疗事故技术鉴定 7 日前，将鉴定的时间、地点、要求等书面通知双方当事人。双方当事人应当按照通知的时间、地点、要求参加鉴定。参加医疗事故技术鉴定的双方当事人每一方人数不超过 3 人。任何一方当事人无故缺席、自行退席或拒绝参加鉴定的，不影响鉴定的进行。

医学会应当在医疗事故技术鉴定 7 日前书面通知专家鉴定组成员。专家鉴定组组长由专家鉴定组成员推选产生，也可以由医疗事故争议所涉及的主要学科专家中具有最高专业技术职务任职资格的专家担任。鉴定由专家鉴定组组长主持，并按照以下程序进行：①双方当事人在规定的时间内分别陈述意见和理由。陈述顺序先患方，后医疗机构。②专家鉴定组成员根据需要可以提问，当事人应当如实回答。必要时，可以对患者进行现场医学检查。③双方当事人退场。④专家鉴定组对双方当事人提供的书面材料、陈述及答辩等进行讨论。⑤经合议，根据半数以上专家鉴定组成员的一致意见形成鉴定结论。专家鉴定组成员在鉴定结论上签名。专家鉴定组成员对鉴定结论的不同意见，应当予以注明。

医疗事故技术鉴定书应当根据鉴定结论做出，其文稿由专家鉴定组组长签发。医疗事故技术鉴定书盖医学会医疗事故技术鉴定专用印章。医学会应当及时将医疗事故技术鉴定书送达移交鉴定的卫生行政部门，经卫生行政部门审核，对符合规定做出的医疗事故技术鉴定结论，应当及时送达双方当事人；由双方当事人共同委托的，直接送达双方当事人。

医疗事故技术鉴定书应当包括下列主要内容：①双方当事人的基本情况及要求；②当事人提交的材料和医学会的调查材料；③对鉴定过程的说明；④医疗行为是否违反医疗卫生管理法律、行政法规、部门规章和诊疗护理规范、常规；⑤医疗过失行为与人身损害后果之间是否存在因果关系；⑥医疗过失行为在医疗事故损害后果中的责任程度；⑦医疗事故等级；⑧对医疗事故患者的医疗护理医学建议。医疗事故技术鉴定书格式由中华医学会统一制定。

任何一方当事人对首次医疗事故技术鉴定结论不服的，可以自收到首次医疗事故技术鉴定书之日起 15 日内，向原受理医疗事故争议处理申请的卫生行政部门提出再次鉴定的申请，或由双方当事人共同委托省、自治区、直辖市医学会组织再次鉴定。县级以上地方人民政府卫生行政部门对发生医疗事故的医疗机构和医务人员进行行政处理时，应当以最后的医疗事故技术鉴定结论作为处理依据。

第3节　医疗损害赔偿标准

《民法典》第一千一百七十九条规定，侵害他人造成人身损害的，应当赔偿医疗费、护理费、交通费、营养费、住院伙食补助费等为治疗和康复支出的合理费用，以及因误工减少的收入。造成残疾的，还应当赔偿辅助器具费和残疾赔偿金；造成死亡的，还应当赔偿丧葬费和死亡赔偿金。发生医疗损害赔偿等民事责任争议时，有三种解决方式：一是医患双方平等自愿协商，自行解决争议；二是医患双方向卫生行政部门提出调解申请，由卫生行政部门对赔偿问题进行调解；三是医患双方可以直接向人民法院提起民事赔偿诉讼。无论采取何种争议解决方式，都涉及医疗损害赔偿的原则、赔偿的主体、赔偿的项目和赔偿标准。

一、医疗损害赔偿的原则

医疗损害赔偿的原则是指依据医疗损害赔偿责任归责原则和责任要件，在确认致害人应承担赔偿责任的情况下，决定医疗损害赔偿范围和额度的指导性准则。损害赔偿是侵权人承担民事侵权责任的最主要方式，包括赔偿受害人的物质和精神损害。医疗损害赔偿原则包括如下两项。

1. 责任分担原则　责任分担原则是指患者在医疗活动中，因多种因素发生同一不良医疗结果时，诊疗行为人按其过错行为的参与程度承担相应侵权责任的一种归责原则。国外提出的疾病参与度就是这一原则的具体应用。它是通过确定疾病因素在导致不良医疗后果中所起作用的相对比例，确定实际应承担的责任的大小。赔偿责任也称过错责任，是指与侵权行为的过错程度相关联，对应其过错程度，确定侵权责任主体对受害人受损的健康利益，应当承担的赔偿责任份额。

2. 补偿性原则　按照损害赔偿的功能的不同，可以将损害赔偿分为补偿性赔偿与惩罚性赔偿。医疗损害赔偿作为一种侵权损害赔偿具有明显的补偿性，应坚持补偿性原则。补偿性赔偿主要是使受害人恢复到人身或财产未受到侵害之前的状态。医疗损害补偿性赔偿，就是赔偿受害患者一方实际损失的原则，即赔偿损失的范围以实际造成的损失为准，包括直接损失和间接损失。患者及其家属不能以假想的利益损失作为要求赔偿的根据，不能因为获得赔偿而得到额外的收益。

二、医疗损害赔偿法律关系中的主体

医疗损害赔偿属于一种法律责任，但是其承担责任的方式为财产给付，医疗损害赔偿的法律关系主体包括权利主体和义务主体。

1. 权利主体　医疗损害赔偿法律关系中的权利主体是指因其自身或特定的第三人权益受到侵害，而享有赔偿请求权的人。一般情况下，患者及其近亲属是医疗损害赔偿法律关系的请求权主体。当医疗行为导致患者伤残时，损害赔偿请求权的主体是患者本人；当医疗损害导致患者死亡时，损害赔偿请求权主体就是患者的近亲属。

2. 义务主体　医疗机构是医疗损害赔偿法律关系的赔偿义务主体。当国家或私立医疗机构对患者造成医疗损害时，患者是以医疗机构作为被告，赔偿义务主体是医疗机构即医院，而非具体的医务人员。当个体诊所的医生对患者造成医疗损害时，赔偿义务主体是该个体诊所的业主；如果是个体诊所的雇用人员导致患者医疗损害，赔偿义务主体仍是个体诊所的业主。

三、医疗损害赔偿的项目和赔偿标准

（一）医疗事故赔偿的影响因素

医疗事故赔偿应当考虑下列因素，确定具体赔偿数额：①医疗事故等级；②医疗过失行为在医疗事故损害后果中的责任程度；③医疗事故损害后果与患者原有疾病状况之间的关系。不属于医疗事故的，医疗机构不承担赔偿责任。

（二）医疗事故赔偿项目和计算标准

1. 医疗费　按照医疗事故对患者造成的人身损害进行治疗所发生的医疗费用计算，凭据支付，但不包括原发病医疗费用。结案后确实需要继续治疗的，按照基本医疗费用支付。

2. 误工费   患者有固定收入的，按照本人因误工减少的固定收入计算，对收入高于医疗事故发生地上一年度职工年平均工资 3 倍以上的，按照 3 倍计算；无固定收入的，按照医疗事故发生地上一年度职工年平均工资计算。

3. 住院伙食补助费   按照医疗事故发生地国家机关一般工作人员的出差伙食补助标准计算。

4. 陪护费   患者住院期间需要专人陪护的，按照医疗事故发生地上一年度职工年平均工资计算。

5. 残疾生活补助费   根据伤残等级，按照医疗事故发生地居民年平均生活费计算，自定残之月起最长赔偿 30 年；但是，60 周岁以上的，不超过 15 年；70 周岁以上的，不超过 5 年。

6. 残疾用具费   因残疾需要配置补偿功能器具的，凭医疗机构证明，按照普及型器具的费用计算。

7. 丧葬费   按照医疗事故发生地规定的丧葬费补助标准计算。

8. 被扶养人生活费   以死者生前或者残疾者丧失劳动能力前实际扶养且没有劳动能力的人为限，按照其户籍所在地或者居所地居民最低生活保障标准计算。对不满 16 周岁的，扶养到 16 周岁。对年满 16 周岁但无劳动能力的，扶养 20 年；但是，60 周岁以上的，不超过 15 年；70 周岁以上的，不超过 5 年。

9. 交通费   按照患者实际必需的交通费用计算，凭据支付。

10. 住宿费   按照医疗事故发生地国家机关一般工作人员的出差住宿补助标准计算，凭据支付。

11. 精神损害抚慰金   按照医疗事故发生地居民年平均生活费计算。造成患者死亡的，赔偿年限最长不超过 6 年；造成患者残疾的，赔偿年限最长不超过 3 年。

此外，参加医疗事故处理的患者近亲属所需交通费、误工费、住宿费，参照上述有关规定计算，计算费用的人数不超过 2 人。医疗事故造成患者死亡的，参加丧葬活动的患者的配偶和直系亲属所需交通费、误工费、住宿费，参照上述有关规定计算，计算费用的人数不超过 2 人。医疗事故赔偿费用，实行一次性结算，由承担医疗事故责任的医疗机构支付。

自测题

1. 医疗损害鉴定的类型不包括
    A. 自行鉴定
    B. 行政鉴定
    C. 司法鉴定
    D. 自我鉴定
    E. 检察鉴定
2. 负责组织医疗事故技术鉴定工作的医学会应当建立专家库，下面有关专家库的医疗卫生专业技术人员组成说法不正确的是
    A. 有良好的业务素质和执业品德
    B. 任何具备医学专业知识的专业人员
    C. 健康状况能够胜任医疗事故技术鉴定工作
    D. 符合规定条件并具备高级技术职务任职资格的法医
    E. 受聘于医疗卫生机构或者医学教学、科研机构并担任相应专业高级技术职务 3 年以上
3. 下列哪种情形不属于医学会不予受理医疗事故技术鉴定
    A. 医疗事故争议正在处理过程中
    B. 当事人已向人民法院提起民事诉讼的

C. 当事人一方直接向医学会提出鉴定申请的
    D. 非法行医造成患者身体健康损害的
    E. 医疗事故争议涉及多个医疗机构，其中一所医疗机构所在地的医学会已经受理的
4. 医疗损害侵权责任和赔偿责任的构成要件不包括
    A. 医疗机构和医务人员存在诊疗行为
    B. 患者实际发生的损害
    C. 医疗机构及其医务人员过错不明确
    D. 医疗机构及其医务人员存在过错
    E. 医疗机构和医务人员的行为与患者损害后果之间存在因果关系
5. 根据医疗损害发生的不同原因，下列哪项不属于医疗损害赔偿责任
    A. 医疗监督损害责任
    B. 医疗伦理损害责任
    C. 医疗产品责任损害
    D. 医疗管理损害责任
    E. 医疗技术损害责任

（姚中进）

2019 年 12 月 28 日公布的《基本医疗卫生与健康促进法》是为了发展我国医疗卫生与健康事业，保障公民享有基本医疗卫生服务，提高公民健康水平，推进健康中国建设，根据《宪法》制定的，是我国卫生健康领域第一部基础性、综合性的法律，自 2020 年 6 月 1 日起施行。该法以法律形式把人民卫生健康发展确定为国家重要战略，明确了卫生健康发展的法理基础、责任主体和基本要求，并在此基础上明确了健康影响评估评价制度、健康经费投入保障机制、健康问题监督与问责机制等核心制度，旨在通过法律保障公民享有基本医疗卫生服务，提高公民健康水平，引领我国医药卫生事业改革和发展大局，推动和保障"健康中国"战略的实施。

第 1 节　基本医疗卫生法律制度

一、概　　述

基本医疗卫生，是指维护人体健康所必需、与经济社会发展水平相适应、公民可公平获得的，采用适宜药物、适宜技术、适宜设备提供的疾病预防、诊断、治疗、护理和康复等服务。基本医疗卫生服务包括基本公共卫生服务和基本医疗服务。基本公共卫生服务由国家免费提供。

医疗卫生与健康事业应当坚持以人民为中心，为人民健康服务。《基本医疗卫生与健康促进法》明确了公益性、健康优先发展、政府负责、中西医结合、对外交流合作等原则，以普及健康生活、优化健康服务、完善健康保障、建设健康环境、发展健康产业为重点，努力做到全方位、全周期保障人民健康，为实现中华民族伟大复兴的中国梦打下坚实的健康基础。

（一）公益性原则

医疗卫生事业应当坚持公益性原则。医疗卫生事业坚持公益性原则是实现"健康优先发展"的必然要求。我国的国情决定了我们必须坚持医疗卫生事业的公益性。医疗卫生事业的公益性主要表现为：一是不以营利为目的，以保障人民群众生命健康为首要任务；二是对社会公众一视同仁，提供公平、可及、高效、适宜的医疗卫生服务，满足人民的健康需求；三是除基本医疗卫生服务之外，还需承担医疗卫生人才培养、医疗技术创新、紧急救助、慈善服务等社会责任。

（二）健康优先发展原则

国家和社会尊重、保护公民的健康权。国家实施健康中国战略，普及健康生活，优化健康服务，完善健康保障，建设健康环境，发展健康产业，提升公民全生命周期健康水平。国家建立健康教育制度，保障公民获得健康教育的权利，提高公民的健康素养。各级人民政府应当把人民健康放在优先发展的战略地位，将健康理念融入各项政策，坚持预防为主，完善健康促进工作体系，组织实施健康促进的规划和行动，推进全民健身，建立健康影响评估制度，将公民主要健康指标改善情况纳入政府目标责任考核。全社会应当共同关心和支持医疗卫生与健康事业的发展。

（三）政府负责原则

国家发展现代医药和我国传统医药，鼓励和支持农村集体经济组织、国家企业事业组织和街道组织举办各种医疗卫生设施，开展群众性的卫生活动，保护人民健康。国务院和地方各级人民政府领导医疗卫生与健康促进工作。国务院卫生健康主管部门负责统筹协调全国医疗卫生与健康促进工作。国务院其他有关部门在各自职责范围内负责有关的医疗卫生与健康促进工作。县级以上地方人民政府卫生健康主管部门负责统筹协调本行政区域医疗卫生与健康促进工作。县级以上地方人民政府其他有关部门在各自职责范围内负责有关的医疗卫生与健康促进工作。

（四）中西医结合原则

国家大力发展中医药事业，坚持中西医并重、传承与创新相结合，发挥中医药在医疗卫生与健康事业中的独特作用。中西医结合原则强调我们应当正确处理中医学和西医学的关系，坚持中西医并重，对疾病的诊疗护理，不但要认真学习现代医学技术，努力提高医学水平，还必须进一步继承和发展祖国传统医学，充分利用现代科学技术和方法，推进中医药现代化，运用现代科技手段对传统医学加以研究、整理、挖掘，从而使中医、西医两个不同理论体系的医学互相取长补短、协调发展。

（五）对外交流合作原则

国家鼓励和支持医疗卫生与健康促进领域的对外交流合作。开展医疗卫生与健康促进对外交流合作活动，应当遵守法律、法规，维护国家主权、安全和社会公共利益。在全球化背景下，卫生安全与发展面临着新形势和新挑战，需要世界各国加强交流与合作，共同应对。中国作为负责任大国，在全球卫生治理中发挥着重要作用，一直积极参与全球卫生事务，广泛开展卫生领域的政府间和民间的多边、双边合作交流，积极参加国际社会、国际组织倡导的重大卫生行动。医疗卫生领域的对外交流与合作应当以国家主权、卫生安全与社会公共利益为导向，遵循平等互利、相互尊重、合作共赢的原则，共同构建包容、稳定、合理的全球卫生治理体系。

二、基本医疗卫生内容

国家采取措施保障公民享有安全有效的基本公共卫生服务，控制影响健康的危险因素，提高疾病的预防控制水平。国家基本公共卫生服务项目由国务院卫生健康主管部门会同国务院财政部门、中医药主管部门等共同确定。省、自治区、直辖市人民政府可以在国家基本公共卫生服务项目基础上，补充确定本行政区域的基本公共卫生服务项目，并报国务院卫生健康主管部门备案。基本医疗服务主要由政府举办的医疗卫生机构提供。鼓励社会力量举办的医疗卫生机构提供基本医疗服务。

（一）基本医疗卫生主体

国务院和省、自治区、直辖市人民政府可以将针对重点地区、重点疾病和特定人群的服务内容纳入基本公共卫生服务项目并组织实施。县级以上地方人民政府针对本行政区域重大疾病和主要健康危险因素，开展专项防控工作。

县级以上人民政府通过举办专业公共卫生机构、基层医疗卫生机构和医院，或者从其他医疗卫生机构购买服务的方式提供基本公共卫生服务。

国家建立健全由基层医疗卫生机构、医院、专业公共卫生机构等组成的城乡全覆盖、功能互补、连续协同的医疗卫生服务体系。国家加强县级医院、乡镇卫生院、村卫生室、社区卫生服务中心（站）和专业公共卫生机构等的建设，建立健全农村医疗卫生服务网络和城市社区卫生服务网络。

（二）基本医疗卫生制度

1. 国家推进基本医疗服务实行分级诊疗制度，引导非急诊患者首先到基层医疗卫生机构就诊，实行首诊负责制和转诊审核责任制，逐步建立基层首诊、双向转诊、急慢分治、上下联动的机制，并与基本医疗保险制度相衔接。县级以上地方人民政府根据本行政区域医疗卫生需求，整合区域内政府举办的医疗卫生资源，因地制宜建立医疗联合体等协同联动的医疗服务合作机制。鼓励社会力量举办的医疗卫生机构参与医疗服务合作机制。

2. 国家建立传染病防控制度，制定传染病防治规划并组织实施，加强传染病监测预警，坚持预防为主、防治结合，联防联控、群防群控、源头防控、综合治理，阻断传播途径，保护易感人群，降低传染病的危害。任何组织和个人应当接受、配合医疗卫生机构为预防、控制、消除传染病危害依法采取的调查、检验、采集样本、隔离治疗、医学观察等措施。

3. 国家实行预防接种制度，加强免疫规划工作。居民有依法接种免疫规划疫苗的权利和义务。政府向居民免费提供免疫规划疫苗。

4. 国家建立慢性非传染性疾病防控与管理制度，对慢性非传染性疾病及其致病危险因素开展监测、调查和综合防控干预，及时发现高危人群，为患者和高危人群提供诊疗、早期干预、随访管理和健康教育等服务。

5. 国家加强职业健康保护。县级以上人民政府应当制定职业病防治规划，建立健全职业健康工作机制，加强职业健康监督管理，提高职业病综合防治能力和水平。用人单位应当控制职业病危害因素，采取工程技术、个体防护和健康管理等综合治理措施，改善工作环境和劳动条件。

6. 国家发展妇幼保健事业，建立健全妇幼健康服务体系，为妇女、儿童提供保健及常见病防治服务，保障妇女、儿童健康。国家采取措施，为公民提供婚前保健、孕产期保健等服务，促进生殖健康，预防出生缺陷。

7. 国家发展老年人保健事业。国务院和省、自治区、直辖市人民政府应当将老年人健康管理和常见病预防等纳入基本公共卫生服务项目。

8. 国家发展残疾预防和残疾人康复事业，完善残疾预防和残疾人康复及其保障体系，采取措施为残疾人提供基本康复服务。县级以上人民政府应当优先开展残疾儿童康复工作，实行康复与教育相结合。

9. 国家建立健全院前急救体系，为急危重症患者提供及时、规范、有效的急救服务。卫生健康主管部门、红十字会等有关部门、组织应当积极开展急救培训，普及急救知识，鼓励医疗卫生人员、经过急救培训的人员积极参与公共场所急救服务。公共场所应当按照规定配备必要的急救设备、设施。急救中心（站）不得以未付费为由拒绝或者拖延为急危重症患者提供急救服务。

10. 国家发展精神卫生事业，建设完善精神卫生服务体系，维护和增进公民心理健康，预防、治疗精神障碍。

11. 国家建立健全突发事件卫生应急体系，制定和完善应急预案，组织开展突发事件的医疗救治、卫生学调查处置和心理援助等卫生应急工作，有效控制和消除危害。

三、医疗卫生机构及其人员

国家推进建立健全由基层医疗卫生机构、医院、专业公共卫生机构等组成的城乡全覆盖、功能互补、连续协同的医疗卫生服务体系，并着重强调建立健全农村医疗卫生服务网络和城市社区卫生服务网络，保障公民获得基本医疗卫生服务的权利。

（一）医疗卫生机构

我国已经建立了覆盖城乡的医疗卫生服务体系，国家在医疗卫生机构基础设施、人才、设备等各方面均有很大的投入。医疗卫生服务体系的规划以区域居民实际医疗服务需求为依据，以合理配置、利用医疗卫生资源，公平地向全体居民提供安全、有效、可及的基本医疗服务为目的，将各级各类、不同隶属关系、不同所有制形式的医疗机构予以统一规划、设置和布局。

国家对医疗卫生机构实行分类管理。医疗卫生服务体系坚持以非营利性医疗卫生机构为主体、营利性医疗卫生机构为补充。政府举办非营利性医疗卫生机构，在基本医疗卫生事业中发挥主导作用，保障基本医疗卫生服务公平可及。

各级各类医疗卫生机构应当分工合作，为公民提供预防、保健、治疗、护理、康复、安宁疗护等全方位全周期的医疗卫生服务。各级人民政府采取措施支持医疗卫生机构与养老机构、儿童福利机构、社区组织建立协作机制，为老年人、孤残儿童提供安全、便捷的医疗和健康服务。

医疗卫生机构应当遵守法律、法规、规章，建立健全内部质量管理和控制制度，对医疗卫生服务质量负责。

（二）医疗卫生人员

医疗卫生人员应当弘扬敬佑生命、救死扶伤、甘于奉献、大爱无疆的崇高职业精神，遵守行业规范，恪守医德，努力提高专业水平和服务质量。医疗卫生行业组织、医疗卫生机构、医学院校应当加强对医疗卫生人员的医德医风教育。

我国已经先后制定了《执业药师职业资格制度规定》《护士条例》《医师法》等规范性法律文件，《基本医疗卫生与健康促进法》明确规定国家对医师、护士等医疗卫生人员依法实行执业注册制度。医疗卫生人员应当依法取得相应的职业资格。医疗卫生人员应当遵循医学科学规律，遵守有关临床诊疗技术规范和各项操作规范以及医学伦理规范，使用适宜技术和药物，合理诊疗，因病施治，不得对患者实施过度医疗。医疗卫生人员执业注册制度、执业行为规范制度等对于保障医疗卫生人员规范执业、维护人民生命健康权发挥了重要作用。

四、药品供应及资金保障法律规定

（一）药品供应保障

国家完善药品供应保障制度，建立工作协调机制，保障药品的安全、有效、可及。为保障药品的安全、有效、可及，需要国家建立工作协调机制，不断完善药品供应保障制度，围绕加快短缺药品供应保障体系建设、全面实施国家基本药物制度、全面落实药品采购"两票制"、提高药品供应保障能力、开展药品临床综合评价、增强医疗机构药学服务能力、推进国家药物政策体系和协调机制建设等方面狠抓落实。

国家建立健全基本药物制度、药品审评审批制度、药品全过程追溯制度等，确保基本药物公平可及、合理使用，加强药品管理、保证药品质量，满足疾病防治需求。国家建立健全药品价格监测体系、药品供求监测体系等，加强药品价格监督检查，维护药品价格秩序，并及时收集和汇总分析药品供求信息，定期公布药品生产、流通、使用等情况，并通过采取应对措施以保障药品的可及。国家建立健全医药储备制度、医疗器械管理制度，加强中药保护与发展，用于保障重大灾情、疫情及其他突发事件等应急需要，促进医用设备合理配置、充分共享，发挥中医药在预防、保健、医疗、康复中的突出作用。

（二）资金保障

各级人民政府应当切实履行发展医疗卫生与健康事业的职责，建立与经济社会发展、财政状况和健康指标相适应的医疗卫生与健康事业投入机制，将医疗卫生与健康促进经费纳入本级政府预算，按照规定主要用于保障基本医疗服务、公共卫生服务、基本医疗保障和政府举办的医疗卫生机构建设和运行发展。县级以上人民政府通过预算、审计、监督执法、社会监督等方式，加强资金的监督管理。

国家医疗保障资金由国家、单位和个人三方共同分担，国家依法多渠道筹集基本医疗保险基金，公民有依法参加基本医疗保险的权利和义务，用人单位和职工按照国家规定缴纳职工基本医疗保险费，逐步完善基本医疗保险可持续筹资和保障水平调整机制。国家建立健全基本医疗保险经办机构与协议定点医疗卫生机构之间的协商谈判机制，科学合理确定基本医疗保险基金支付标准和支付方式，引导医疗卫生机构合理诊疗，促进患者有序流动，提高基本医疗保险基金使用效益。基本医疗保险基金支付范围由国务院医疗保障主管部门组织制定，并应当听取国务院卫生健康主管部门、中医药主管部门、药品监督管理部门、财政部门等的意见，实现兼具质量和效益的医疗保障服务全覆盖。

第2节　健康促进法律制度

国家和社会尊重、保护公民的健康权。国家实施健康中国战略，普及健康生活，优化健康服务，完善健康保障，建设健康环境，发展健康产业，提升公民全生命周期健康水平。国家建立健康教育制度，保障公民获得健康教育的权利，提高公民的健康素养。

一、概　　述

（一）健康知识宣传科普教育

各级人民政府应当加强健康教育工作及其专业人才培养，建立健康知识和技能核心信息发布制度，普及健康科学知识，向公众提供科学、准确的健康信息。

医疗卫生、教育、体育、宣传等机构、基层群众性自治组织和社会组织应当开展健康知识的宣传和普及。医疗卫生人员在提供医疗卫生服务时，应当对患者开展健康教育。新闻媒体应当开展健康知识的公益宣传。健康知识的宣传应当科学、准确。

国家将健康教育纳入国民教育体系。学校应当利用多种形式实施健康教育，普及健康知识、科学健身知识、急救知识和培训技能，提高学生主动防病的意识，培养学生良好的卫生习惯和健康的行为习惯，减少、改善学生近视、肥胖等不良健康状况。

学校应当按照规定开设体育与健康课程，组织学生开展广播体操、眼保健操、体能锻炼等活动。学校按照规定配备校医，建立和完善卫生室、保健室等。县级以上人民政府教育主管部门应当按照规定将学生体质健康水平纳入学校考核体系。

公民是自己健康的第一责任人，树立和践行对自己健康负责的健康管理理念，主动学习健康知识，提高健康素养，加强健康管理。倡导家庭成员相互关爱，形成符合自身和家庭特点的健康生活方式。公民应当尊重他人的健康权利和利益，不得损害他人健康和社会公共利益。

（二）健康绩效评估反馈

国家组织居民健康状况调查和统计，开展体质监测，对健康绩效进行评估，并根据评估结果制定、完善与健康相关的法律、法规、政策和规划。

国家建立疾病和健康危险因素监测、调查和风险评估制度。县级以上人民政府及其有关部门针对影响健康的主要问题，组织开展健康危险因素研究，制定综合防治措施。

国家加强影响健康的环境问题预防和治理，组织开展环境质量对健康影响的研究，采取措施预防和控制与环境问题有关的疾病。

（三）其他健康促进保障制度

1. 国家大力开展爱国卫生运动，鼓励和支持开展爱国卫生月等群众性卫生与健康活动，依靠和动员群众控制和消除健康危险因素，改善环境卫生状况，建设健康城市、健康村镇、健康社区。

2. 国家建立科学、严格的食品、饮用水安全监督管理制度，提高安全水平。

3. 国家建立营养状况监测制度，实施经济欠发达地区、重点人群营养干预计划，开展未成年人和老年人营养改善行动，倡导健康饮食习惯，减少不健康饮食引起的疾病风险。

4. 国家发展全民健身事业，完善覆盖城乡的全民健身公共服务体系，加强公共体育设施建设，组织开展和支持全民健身活动，加强全民健身指导服务，普及科学健身知识和方法。国家鼓励单位的体育场地设施向公众开放。

5. 国家制定并实施未成年人、妇女、老年人、残疾人等的健康工作计划，加强重点人群健康服务。国家推动长期护理保障工作，鼓励发展长期护理保险。

6. 国家完善公共场所卫生管理制度。县级以上人民政府卫生健康等主管部门应当加强对公共场所的卫生监督。公共场所卫生监督信息应当依法向社会公开。公共场所经营单位应当建立健全并严格实施卫生管理制度，保证其经营活动持续符合国家对公共场所的卫生要求。

7. 国家采取措施，减少吸烟对公民健康的危害。公共场所控制吸烟，强化监督执法。烟草制品包装应当印制带有说明吸烟危害的警示。禁止向未成年人出售烟酒。

8. 国家鼓励用人单位开展职工健康指导工作。用人单位应当为职工创造有益于健康的环境和条件，严格执行劳动安全卫生等相关规定，积极组织职工开展健身活动，保护职工健康。

二、健康医疗大数据的法律规定

（一）健康医疗大数据的概念

国务院 2015 年发布的《促进大数据发展行动纲要》规定："大数据是以容量大、类型多、存取速度快、应用价值高为主要特征的数据集合，正快速发展为对数量巨大、来源分散、格式多样的数据进行采集、存储和关联分析，从中发现新知识、创造新价值、提升新能力的新一代信息技术和服务业态。"《关于印发国家健康医疗大数据标准、安全和服务管理办法（试行）的通知》（国卫规划发〔2018〕23号）中对健康医疗大数据进行了定义。健康医疗大数据，是指在人们疾病防治、健康管理等过程中产生的与健康医疗相关的数据。为了满足人民群众健康医疗需求，国家推进全民健康信息化，推动健康医疗大数据、人工智能等的应用发展，加快医疗卫生信息基础设施建设，制定健康医疗数据采集、存储、分析和应用的技术标准，加强和规范健康医疗大数据应用发展，整合、扩大健康医疗资源供给，提升健康医疗服务质量和效率，培育健康医疗大数据应用发展新业态。健康医疗大数据应用发展应当遵循政府主导、便民惠民、改革创新、规范有序、开放融合、共建共享、保障安全的原则，运用信息技术促进优质医疗卫生资源的普及与共享。

（二）我国健康医疗大数据的立法实践

2015 年 8 月 31 日国务院发布《促进大数据发展行动纲要》，其中，明确提出要全面推进我国大数据发展和应用，加快建设数据强国。健康医疗大数据是国家重要的基础性战略资源。健康医疗大数据应用发展将带来健康医疗模式的深刻变化，有利于激发深化医药卫生体制改革的动力和活力，提升健康医疗服务效率和质量，扩大资源供给，不断满足人民群众多层次、多样化的健康需求，有利于培育新的业态和经济增长点。2016 年 6 月国务院办公厅制定了《关于促进和规范健康医疗大数据应用发展的指导意见》，从指导思想、基本原则、发展目标、重点任务和重大工程、加强组织实施等方面提出了全面、切实、可行的方案。为加强健康医疗大数据服务管理，促进"互联网+医疗健康"发展，充分发挥健康医疗大数据作为国家重要基础性战略资源的作用，国家卫生健康委员会于2018年7月正式发布了《国家健康医疗大数据标准、安全和服务管理办法（试行）》，坚持以人为本、创新驱动，规范有序、安全可控，开放融合、共建共享的原则，加强健康医疗大数据的标准管理、安全管理和服务管理，推动健康医疗大数据惠民应用，促进健康医疗大数据产业发展。

为贯彻落实《国务院办公厅关于促进"互联网+医疗健康"发展的意见》有关要求，进一步规范互联网诊疗行为，发挥远程医疗服务积极作用，提高医疗服务效率，保证医疗质量和医疗安全，2018年9月国家卫生健康委员会和国家中医药管理局组织制定了《互联网诊疗管理办法（试行）》《互联网医院管理办法（试行）》《远程医疗服务管理规范（试行）》，进一步推动远程医疗服务持续健康发展，优化医疗资源配置，促进优质医疗资源下沉，推进区域医疗资源整合共享，提高医疗服务能力和水平。

为进一步规范互联网诊疗活动，加强互联网诊疗监管，根据《基本医疗卫生与健康促进法》《医师法》《中医药法》《医疗机构管理条例》《互联网诊疗管理办法（试行）》《互联网医院管理办法（试行）》等法律法规和规定，2022年3月国家卫生健康委员会和国家中医药管理局联合制定《互联网诊疗监管细则（试行）》。该细则明确了互联网诊疗监管的基本原则。一是以促进互联网诊疗健康发展为目标，细化规范互联网诊疗服务活动。二是以属地化监管为主线，落实地方各级卫生健康主管部门的监管责任。三是以保障医疗质量和安全为根本，遵守网络安全、数据安全、隐私保护等法律法规。四是以实体医疗机构为依托，将互联网诊疗纳入整体医疗服务监管体系。五是以信息化为支撑，创新监管手段，对接省级监管平台，开展线上线下一体化监管。

国务院卫生健康主管部门和中医药主管部门负责指导全国互联网诊疗监管工作。地方各级卫生健康主管部门（含中医药主管部门，下同）落实属地化监管责任。国家通过信息系统对全国互联网诊疗相关数据进行监测分析。

三、心理健康促进的法律规定

为了发展精神卫生事业，规范精神卫生服务，维护精神障碍患者的合法权益，在中华人民共和国境内开展维护和增进公民心理健康、预防和治疗精神障碍、促进精神障碍患者康复等活动，2012年10月26日第十一届全国人民代表大会常务委员会第二十九次会议通过《中华人民共和国精神卫生法》，2018年4月27日第十三届全国人民代表大会常务委员会第二次会议修正。

国家采取措施，加强心理健康服务体系和人才队伍建设，促进心理健康教育、心理评估、心理咨询与心理治疗服务的有效衔接，设立为公众提供公益服务的心理援助热线，加强未成年人、残疾人和老年人等重点人群心理健康服务。

各级人民政府和县级以上人民政府有关部门应当采取措施，加强心理健康促进和精神障碍预防工作，提高公众心理健康水平。

用人单位应当创造有益于职工身心健康的工作环境，关注职工的心理健康；对处于职业发展特定时期或者在特殊岗位工作的职工，应当有针对性地开展心理健康教育。

各级各类学校应当对学生进行精神卫生知识教育；配备或者聘请心理健康教育教师、辅导人员，并可以设立心理健康辅导室，对学生进行心理健康教育。学前教育机构应当对幼儿开展符合其特点的心理健康教育。发生自然灾害、意外伤害、公共安全事件等可能影响学生心理健康的事件，学校应当及时组织专业人员对学生进行心理援助。教师应当学习和了解相关的精神卫生知识，关注学生心理健康状况，正确引导、激励学生。地方各级人民政府教育行政部门和学校应当重视教师心理健康。学校和教师应当与学生父母或者其他监护人、近亲属沟通学生心理健康情况。

四、健康促进相关产品的法律规定

（一）生活饮用水卫生立法

我国的生活饮用水卫生管理制度，起步于相关卫生标准的制定和实施。目前我国已制定的生活饮用水相关法律法规有法律、行政法规和部门规章等。

1. 法律层面　全国人民代表大会常务委员会 1984 年通过的《中华人民共和国水污染防治法》（2017 年修正），1988 年通过的《中华人民共和国水法》（2016 年修正），1989 年通过的《中华人民共和国传染病防治法》（2013 年修正）等。

2. 行政法规层面　1994 年国务院发布的《城市供水条例》（2020 年修订），2006 年颁布的《取水许可和水资源费征收管理条例》（2017 年修订）等。

3. 部门规章层面　1989 年国家环保局和水利部等五部委制定的《饮用水水源保护区污染防治管理规定》（2010 年修正），1996 年建设部与卫生部联合发布的《生活饮用水卫生监督管理办法》（2016 年最新修订），2007 年建设部制定的《城市供水水质管理规定》等。

（二）食品卫生安全标准

制定食品安全标准，应当以保障公众身体健康为宗旨，做到科学合理、安全可靠。

1. 食品、食品添加剂、食品相关产品中的致病性微生物和农药残留、兽药残留、生物毒素、重金属等污染物质以及其他危害人体健康物质的限量规定。

2. 食品添加剂的品种、使用范围、用量。

3. 专供婴幼儿和其他特定人群的主辅食品的营养成分要求。

4. 对与卫生、营养等食品安全有关的标签、标志、说明书的要求。

5. 食品生产、经营过程的卫生要求。

6. 与食品安全有关的质量要求。

7. 与食品安全有关的食品检验方法与规程。

8. 其他需要制定为食品安全标准的内容。

（三）化妆品的基本安全要求

化妆品，是指以涂擦、喷洒或者其他类似方法，施用于皮肤、毛发、指甲、口唇等人体表面，以清洁、保护、美化、修饰为目的的日用化学工业产品。化妆品在正常的、合理的、可预见的使用条件下，不得对人体健康产生危害。应符合化妆品生产规范的要求。上市前应进行必要的检验。应符合产品质量安全有关要求，经检验合格后方可出厂。

为了规范化妆品生产经营活动，加强化妆品监督管理，保证化妆品质量安全，保障消费者健康，促进化妆品产业健康发展，国务院于 2020 年 6 月 16 日公布了《化妆品监督管理条例》，以规范在中华人民共和国境内从事化妆品生产经营活动及其监督管理。

1. 国家按照风险程度对化妆品、化妆品原料实行分类管理。国家对特殊化妆品实行注册管理，对普通化妆品实行备案管理。国家对风险程度较高的化妆品新原料实行注册管理，对其他化妆品新原料实行备案管理。

2. 国务院药品监督管理部门负责全国化妆品监督管理工作。国务院有关部门在各自职责范围内负责与化妆品有关的监督管理工作。县级以上地方人民政府负责药品监督管理的部门负责本行政区域的化妆品监督管理工作。县级以上地方人民政府有关部门在各自职责范围内负责与化妆品有关的监督管理工作。

3. 化妆品注册人、备案人对化妆品的质量安全和功效宣称负责。化妆品生产经营者应当依照法律、法规、强制性国家标准、技术规范从事生产经营活动，加强管理，诚信自律，保证化妆品质量安全。

4. 化妆品行业协会应当加强行业自律，督促引导化妆品生产经营者依法从事生产经营活动，推动行业诚信建设。消费者协会和其他消费者组织对违反本条例规定损害消费者合法权益的行为，依法进行社会监督。

5. 国家加强化妆品监督管理信息化建设，提高在线政务服务水平，为办理化妆品行政许可、备案提供便利，推进监督管理信息共享。

第3节　法律责任

一、监督管理

国家建立健全机构自治、行业自律、政府监管、社会监督相结合的医疗卫生综合监督管理体系。国家建立医疗纠纷预防和处理机制，妥善处理医疗纠纷，维护医疗秩序。国家鼓励公民、法人和其他组织对医疗卫生与健康促进工作进行社会监督。

（一）属地、行业监督管理

县级以上人民政府卫生健康主管部门对医疗卫生行业实行属地化、全行业监督管理。

县级以上人民政府应当定期向本级人民代表大会或者其常务委员会报告基本医疗卫生与健康促进工作，依法接受监督。

（二）绩效评估监督管理

县级以上人民政府有关部门未履行医疗卫生与健康促进工作相关职责的，本级人民政府或者上级人民政府有关部门应当对其主要负责人进行约谈。地方人民政府未履行医疗卫生与健康促进工作相关职责的，上级人民政府应当对其主要负责人进行约谈。被约谈的部门和地方人民政府应当立即采取措施，进行整改。约谈情况和整改情况应当纳入有关部门和地方人民政府工作评议、考核记录。

县级以上地方人民政府卫生健康主管部门应当建立医疗卫生机构绩效评估制度，组织对医疗卫生机构的服务质量、医疗技术、药品和医用设备使用等情况进行评估。评估应当吸收行业组织和公众参与。评估结果应当以适当方式向社会公开，作为评价医疗卫生机构和卫生监管的重要依据。

（三）信息安全监督管理

国家保护公民个人健康信息，确保公民个人健康信息安全。任何组织或者个人不得非法收集、使用、加工、传输公民个人健康信息，不得非法买卖、提供或者公开公民个人健康信息。

县级以上人民政府卫生健康主管部门、医疗保障主管部门应当建立医疗卫生机构、人员等信用记录制度，纳入全国信用信息共享平台，按照国家规定实施联合惩戒。

（四）医疗卫生与健康促进监督管理主体

县级以上地方人民政府卫生健康主管部门及其委托的卫生健康监督机构，依法开展本行政区域医疗卫生等行政执法工作。

县级以上人民政府卫生健康主管部门应当积极培育医疗卫生行业组织，发挥其在医疗卫生与健康促进工作中的作用，支持其参与行业管理规范、技术标准制定和医疗卫生评价、评估、评审等工作。

任何组织和个人对违反本法规定的行为，有权向县级以上人民政府卫生健康主管部门和其他有关部门投诉、举报。

（五）基本医疗保障的监督管理

国家建立基本医疗卫生制度，建立健全医疗卫生服务体系，保护和实现公民获得基本医疗卫生服务的权利。国家建立以基本医疗保险为主体，商业健康保险、医疗救助、职工互助医疗和医疗慈善服务等为补充的、多层次的医疗保障体系。国家鼓励发展商业健康保险，满足人民群众多样化健康保障需求。国家完善医疗救助制度，保障符合条件的困难群众获得基本医疗服务。

国务院医疗保障主管部门应当对纳入支付范围的基本医疗保险药品目录、诊疗项目、医疗服务设施标准等组织开展循证医学和经济性评价，并应当听取国务院卫生健康主管部门、中医药主管部门、药品监督管理部门、财政部门等有关方面的意见。评价结果应当作为调整基本医疗保险基金支付范围的依据。

县级以上人民政府医疗保障主管部门应当提高医疗保障监管能力和水平，对纳入基本医疗保险基金支付范围的医疗服务行为和医疗费用加强监督管理，确保基本医疗保险基金合理使用、安全可控。县级以上人民政府应当组织卫生健康、医疗保障、药品监督管理、发展改革、财政等部门建立沟通协商机制，加强制度衔接和工作配合，提高医疗卫生资源使用效率和保障水平。

二、法 律 责 任

（一）行政责任

违反《基本医疗卫生与健康促进法》的政府及相关部门、医疗卫生机构、医疗卫生人员首先要承担相应行政责任，如行政处分；责令改正、给予警告、没收违法所得、并处罚款；吊销医疗机构执业许可证和责令医疗卫生人员停止相应执业活动等。医疗相关企业、社会个人违反《基本医疗卫生与健康促进法》的，也要承担停止执业活动，没收违法所得和药品、医疗器械，并处罚款；取消招投标资格等责任和接受相应的行政处罚。

违反《基本医疗卫生与健康促进法》规定，扰乱医疗卫生机构执业场所秩序，威胁、危害医疗卫生人员人身安全，侵犯医疗卫生人员人格尊严，非法收集、使用、加工、传输公民个人健康信息，非法买卖、提供或者公开公民个人健康信息等，构成违反治安管理行为的，依法给予治安管理处罚。

（二）民事责任

违反《基本医疗卫生与健康促进法》规定，造成人身、财产等方面损害的，依法承担民事责任。

（三）刑事责任

违反《基本医疗卫生与健康促进法》规定，构成犯罪的，依法追究刑事责任。

自 测 题

1. 《基本医疗卫生与健康促进法》自哪天起施行
   A. 2019 年 12 月 28 日
   B. 2020 年 1 月 1 日
   C. 2020 年 5 月 1 日
   D. 2020 年 6 月 1 日
   E. 2020 年 7 月 1 日

2. 医疗卫生与健康事业应当坚持以什么为中心，为人民健康服务
   A. 公众
   B. 人民
   C. 健康
   D. 群众

E. 公益

3. 以下不属于基本医疗卫生服务的是

　A. 疾病预防

　B. 治疗

　C. 健康宣讲

　D. 护理

　E. 康复

4. 自己健康的第一责任人是

　A. 公民

　B. 医生

　C. 政府

　D. 医院

　E. 社会

（王　雪）

第7章
医疗机构管理法律制度

医疗机构管理法律制度是指国家对医疗机构设置和管理的有关法律、法规、条例和规章等规范性制度的总和。现有有关医疗机构管理法律制度包括《基本医疗卫生与健康促进法》《医疗机构管理条例》《医疗机构管理条例实施细则》《医疗机构设置规划指导原则》等，这些法律法规为医疗机构的管理提供了依据，标志着管理的法制化。

第1节 概 述

案例7-1

孕妇参加单位组织的体检，拿到的体检报告显示健康状况良好。当孕妇将此消息告诉丈夫时，其丈夫问是否做了 X 线胸透，并告诉孕妇如果做了 X 线胸透，有可能导致胎儿畸形。孕妇告诉丈夫确实做了 X 线胸透，并感到深深的自责。夫妻双方经慎重考虑，决定还是选择终止妊娠。同时认为体检的医院应该提醒体检人员怀孕时不能做 X 线检查。于是夫妻两人向当地法院起诉体检的医院，要求对其身体和精神损害进行赔偿。

问题：1. 体检医院是否应该尽到提醒义务？
2. 体检医院是否应该进行赔偿？

一、医疗机构的概念

医疗机构是依法设立从事疾病预防、诊断和治疗活动的卫生组织。《基本医疗卫生与健康促进法》第三十四条规定，国家建立健全由基层医疗卫生机构、医院、专业公共卫生机构等组成的城乡全覆盖、功能互补、连续协同的医疗卫生服务体系。设立医疗机构必须根据《基本医疗卫生与健康促进法》和《医疗机构管理条例》及其实施细则的规定，经登记取得医疗机构执业许可证。医疗机构设立的根本目的是救死扶伤和防病治病，服务于人民群众的健康。

二、医疗机构的分类

1. 根据医疗机构的功能划分 《医疗机构管理条例实施细则》将医疗机构分为14类，包括：①综合医院、中医医院、中西医结合医院、民族医医院、专科医院、康复医院；②妇幼保健院、妇幼保健计划生育服务中心；③社区卫生服务中心、社区卫生服务站；④中心卫生院、乡（镇）卫生院、街道卫生院；⑤疗养院；⑥综合门诊部、专科门诊部、中医门诊部、中西医结合门诊部、民族医门诊部；⑦诊所、中医诊所、民族医诊所、卫生所、医务室、卫生保健所、卫生站；⑧村卫生室（所）；⑨急救中心、急救站；⑩临床检验中心；⑪专科疾病防治院、专科疾病防治所、专科疾病防治站；⑫护理院、护理站；⑬医学检验实验室、病理诊断中心、医学影像诊断中心、血液透析中心、安宁疗护中心；⑭其他诊疗机构。卫生防疫、国境卫生检疫、医学科研和教学等机构在本机构业务范围之外开展诊疗活动以及美容服务机构开展医疗美容业务的，必须依据条例及本细则，申请设置相应类别的医疗机构。

链接 营利性医疗机构和非营利性医疗机构的区别

营利性医疗机构和非营利性医疗机构的区别体现在以下几个方面：①经营目标不同。前者是追求利润最大化；后者是为实现特定社会目标，不以赚钱为目的。②分配方式不同。前者盈利后，可以分红和用于投资者回报；后者盈利只能用于自身发展，不能分红。③财产处置方式不同。前者可以自行处置剩余财产；后者的剩余财产只能由社会管理部门处置。④价格标准不同。前者实行医疗服务市场调节价和自主定价；后者按照主管部门制订的基准价，并在其范围内浮动和确定本机构实际医疗服务价格。⑤税收政策不同。前者照章纳税；后者享受政府税收优惠政策。⑥财产补贴不同。前者没有任何政府财政补助；后者由同级政府财政进行定向资金补助。

2. 根据医疗机构的性质划分 《基本医疗卫生与健康促进法》第三十九条规定，国家对医疗卫生机构实行分类管理。医疗卫生服务体系坚持以非营利性医疗卫生机构为主体、营利性医疗卫生机构为补充。政府举办非营利性医疗卫生机构，在基本医疗卫生事业中发挥主导作用，保障基本医疗卫生服务公平可及。目前根据医疗机构的经营目的和性质，医疗机构划分为两类：非营利性医疗机构和营利性医疗机构。目前政府举办的公立医疗机构都属于非营利性医疗机构，不以营利为目的，其经营收入用于弥补医疗服务成本和用于自身的发展。大多数民营医疗机构都属于营利性医疗机构，其经营收入用于投资者的经济回报。目前，非营利性医疗机构在我国医疗服务体系中占主导地位。

3. 根据医疗机构的所有制划分 根据医疗机构投资主体和所有者的不同，可以将医疗机构划分为公立医疗机构、民办医疗机构、中外合资医疗机构。公立医疗机构投资主体是国家和集体，属于国有资产和国家所有，由政府卫生行政部门管理和举办；民办医疗机构的投资主体是个人或合伙人，属于私有财产和私人所有，主要以营利为目的；中外合资医疗机构投资主体包括国内外医疗机构、公司、企业和其他经济组织，随着国内医疗市场化的发展，目前有越来越多的外国机构参与国内医疗机构的投资。

第 2 节 医疗机构的设置

根据《医疗机构设置规划指导原则（2021—2025 年）》等规定，医疗机构设置要充分发挥政府宏观调控和市场配置资源的作用，进一步促进医疗卫生资源优化配置，实现城乡医疗服务体系协调发展，医疗服务能力全面增强，医疗服务公平性与可及性有效提升。

一、医疗机构设置的概念

医疗机构设置是医疗机构管理法律制度的重要组成部分，具体包括医疗机构设置规划、医疗机构设置的原则和条件、医疗机构设置的审批等内容。医疗机构设置是以区域内居民实际医疗服务需求为依据，以合理配置、利用医疗卫生资源，公平、可及地向全体居民提供安全、有效的基本医疗服务为目的。从宏观角度来说，医疗机构设置要有利于引导医疗卫生资源合理配置，充分发挥有限资源的最大效率和效益，建立结构合理、覆盖城乡，适应我国国情、人口政策和具有中国特色的医疗服务体系，为人民群众提供安全、有效、方便、价廉的基本医疗卫生服务。

二、医疗机构设置的原则

《医疗机构设置规划指导原则（2021—2025 年）》对医疗机构设置的原则进行了明确的规定，与旧的规定存在明显的差异，具体原则如下。

1. 坚持以需求为导向原则　坚持以人民健康为中心，以人民群众就医需求为导向，围绕新时期卫生与健康工作方针，增加医疗资源，优化卫生资源要素配比，以国家医学中心、国家和省级区域医疗中心（均含中医，下同）、县级公立医院建设为重点，以临床专科能力和人才队伍建设为抓手，推进优质医疗资源扩容和区域均衡布局，优化基层医疗卫生机构布局，实现医疗机构高质量发展，满足人民群众多层次、多样化的医疗服务需求。

2. 坚持区域统筹规划原则　各级各类医疗机构应当符合属地卫生健康事业发展需求和医疗机构设置规划。地方各级卫生健康行政部门（含中医药主管部门）在同级人民政府领导下负责《医疗机构设置规划》的制定和组织实施。通过统筹医疗资源总量、结构、布局，补短板、强弱项，完善城乡医疗服务体系，不断提高医疗资源整体效能，增强重大疫情应对等公共卫生服务能力。合理配置区域综合和专科医疗资源，促进康复、护理、医养结合、居家医疗等接续性医疗服务快速发展。

3. 坚持科学布局原则　明确和落实各级各类医疗机构的功能和任务，根据人口数量、分布、年龄结构以及交通条件、诊疗需求等，实行中心控制、周边发展，合理配置各区域医疗机构数量，鼓励新增医疗机构在中心城区周边居民集中居住区设置，推动各区域医疗资源均衡布局、同质化发展。

4. 坚持协同创新原则　合理规划发展紧密型城市医疗集团和县域医共体，充分发挥信息化的支撑作用，加强医防融合、平急结合、医养结合，推动区域医疗资源融合共享。政府对社会办医区域总量和空间不作规划限制，鼓励社会力量在康复、护理等短缺专科领域举办非营利性医疗机构，鼓励社会力量举办的医疗机构牵头成立或加入医疗联合体。大力发展互联网诊疗服务，将互联网医院纳入医疗机构设置规划，形成线上线下一体化服务模式，提高医疗服务体系整体效能。

5. 坚持中西医并重原则　遵循新时期卫生与健康工作方针，中西医并重，促进中医药传承创新发展，保障中医、中西医结合、少数民族医医疗机构的合理布局和资源配置，充分发挥中医防病治病的独特优势和作用。

三、医疗机构设置的条件

《基本医疗卫生与健康促进法》第三十八条规定，举办医疗机构，应当具备下列条件，按照国家有关规定办理审批或者备案手续：有符合规定的名称、组织机构和场所；有与其开展的业务相适应的经费、设施、设备和医疗卫生人员；有相应的规章制度；能够独立承担民事责任；法律、行政法规规定的其他条件。单位或者个人申请设置医疗机构，必须经县级以上地方人民政府卫生行政部门审查批准，并取得设置医疗机构批准书，方可向有关部门办理其他手续。但是 2020 年 11 月 3 日《国家卫生健康委办公厅关于取消部分医疗机构〈设置医疗机构批准书〉核发加强事中事后监管工作的通知》（国卫办医函〔2020〕902 号）规定，除三级医院、三级妇幼保健院、急救中心、急救站、临床检验中心、中外合资合作医疗机构、港澳台独资医疗机构外，举办其他医疗机构的，卫生健康行政部门不再核发设置医疗机构批准书。

1. 医疗机构设置的基本条件　申请设置医疗机构的基本条件主要包括：①符合当地《医疗机构设置规划》；②有与执业范围相适应的医、药、护、技人员，人员配备符合国家规定，有一定的组织机构；③有与执业范围相适应的医疗业务用房，选址合理，布局合理并符合卫生要求；④有与执业范围相适应的床位数、仪器、设备配备；⑤有必要的通信、供电、上下水道、消防设施等基本设施，并符合卫生要求；⑥有符合法定要求的资金；⑦有相应的规章制度；⑧能独立承担民事责任；⑨法律规定的其他条件。

2. 个人诊所设置条件　在城市设置诊所的个人，必须具备下列条件：①经医师执业技术考核合格，取得医师执业证书；②取得医师执业证书或者医师职称后，从事五年以上同一专业的临床工作；③省、自治区、直辖市卫生行政部门规定的其他条件。医师执业技术标准另行制定。在乡镇和村设置诊所的个人的条件，由省、自治区、直辖市卫生行政部门规定。

3. 中外合资合作医疗机构设置条件 中外合资、合作医疗机构的设置必须符合国家区域卫生规划和医疗机构设置规划,符合医疗机构基本标准,有利于促进国内医疗卫生事业的发展,同时符合以下条件:①必须是独立的法人;②投资总额不得低于 2000 万元人民币;③中方在该医疗机构所占的股份比例或权益不得低于 30%;④合资、合作期限不超过 20 年;⑤省级以上卫生行政部门规定的其他条件。

4. 不得申请设置医疗机构的情形 根据《医疗机构管理条例实施细则》第十二条规定,有下列情形之一的,不得申请设置医疗机构:①不能独立承担民事责任的单位;②正在服刑或不具有完全民事行为能力的个人;③发生二级以上医疗事故未满五年的医务人员;④因违反有关法律、法规和规章,已被吊销执业证书的医务人员;⑤被吊销医疗机构执业许可证的医疗机构法定代表人或者主要负责人;⑥省、自治区、直辖市卫生行政部门规定的其他情形等。

四、医疗机构设置的审批

1. 医疗机构设置的审批概述 根据《医疗机构管理条例》的有关规定,申请设置医疗机构,应当提交下列文件:①设置申请书;②设置可行性研究报告;③选址报告和建筑设计平面图。单位或者个人设置医疗机构,应当按照以下规定提出设置申请:①不设床位或者床位不满 100 张的医疗机构,向所在地的县级人民政府卫生行政部门申请;②床位在 100 张以上的医疗机构和专科医院按照省级人民政府卫生行政部门的规定申请。

县级以上地方人民政府卫生行政部门应当自受理设置申请之日起 30 日内,做出批准或者不批准的书面答复;批准设置的,发给设置医疗机构批准书。国家统一规划的医疗机构的设置,由国务院卫生行政部门决定。机关、企业和事业单位按照国家医疗机构基本标准设置为内部职工服务的门诊部、诊所、卫生所(室),报所在地的县级人民政府卫生行政部门备案。

设置中外合资、合作医疗机构,经申请获国家卫生健康管理部门许可后,按照有关规定向有关部门提出申请,予以批准,发给外商投资企业批准证书。凭此证书到国家工商行政管理部门办理注册登记手续,并向规定的卫生行政部门申请领取医疗机构执业许可证。中外合资、合作医疗机构不得设置分支机构。

2. 不予设置医疗机构的情形 根据《医疗机构管理条例实施细则》,有下列情形之一的,医疗机构设置申请不予批准:①不符合当地《医疗机构设置规划》;②设置人不符合规定的条件;③不能提供满足投资总额的资信证明;④投资总额不能满足各项预算开支;⑤医疗机构选址不合理;⑥污水、污物、粪便处理方案不合理;⑦省、自治区、直辖市卫生行政部门规定的其他情形。

卫生行政部门应当在核发《设置医疗机构批准书》的同时,向上一级卫生行政部门备案。上级卫生行政部门有权在接到备案报告之日起 30 日内纠正或者撤销下级卫生行政部门做出的不符合当地《医疗机构设置规划》的设置审批。《设置医疗机构批准书》的有效期,由省、自治区、直辖市卫生行政部门规定。变更《设置医疗机构批准书》中核准的医疗机构的类别、规模、选址和诊疗科目,必须重新申请办理设置审批手续。

第3节 医疗机构的执业登记

一、医疗机构执业登记的条件

1. 医疗机构执业登记的必备条件 医疗机构执业,必须进行登记,领取医疗机构执业许可证。申请医疗机构执业登记,应当具备下列条件:①按照规定应当办理《设置医疗机构批准书》的,已取得《设置医疗机构批准书》;②符合医疗机构的基本标准;③有适合的名称、组织机构和场所;④有与其开展的业务相适应的经费、设施、设备和专业卫生技术人员；⑤有相应的规章制度；⑥能够独立承担民事责任。

医疗机构的执业登记，由批准其设置的人民政府卫生行政部门办理。国家统一规划的医疗机构执业登记，由所在地的省、自治区、直辖市人民政府卫生行政部门办理。机关、企业和事业单位设置的为内部职工服务的门诊部、诊所、卫生所（室）的执业登记，由所在地的县级人民政府卫生行政部门办理。

登记机关在受理医疗机构执业登记申请后，应对提交的材料进行审查和实地考察、核实，并对有关执业人员进行消毒、隔离和无菌操作等基本知识和技能的现场抽查考核。经审核合格的，发给医疗机构执业许可证；审核不合格的，将审核结果和不予批准的理由以书面形式通知申请人。

2. 不予登记的情形　根据《医疗机构管理条例实施细则》第二十七条的规定，申请医疗机构执业登记有下列情形之一的，不予登记：①不符合《设置医疗机构批准书》核准的事项；②不符合《医疗机构基本标准》；③投资不到位；④医疗机构用房不能满足诊疗服务功能；⑤通信、供电、上下水道等公共设施不能满足医疗机构正常运转；⑥医疗机构规章制度不符合要求；⑦消毒、隔离和无菌操作等基本知识和技能的现场抽查考核不合格；⑧省、自治区、直辖市卫生行政部门规定的其他情形。

二、医疗机构执业登记的事项

1. 医疗机构的执业登记事项　医疗机构执业登记的事项包括：①类别、名称、地址、法定代表人或者主要负责人；②所有制形式；③注册资金（资本）；④服务方式；⑤诊疗科目；⑥房屋建筑面积、床位（牙椅）；⑦服务对象；⑧职工人数；⑨执业许可证登记号（医疗机构代码）；⑩省、自治区、直辖市卫生行政部门规定的其他登记事项。门诊部、诊所、卫生所、医务室、卫生保健所、卫生站除登记前款所列事项外，还应当核准登记附设药房（柜）的药品种类。

2. 执业登记的变更　因分立或者合并而保留的医疗机构应当申请变更登记；因分立或者合并而新设置的医疗机构应当申请设置许可证和执业登记；因合并而终止的医疗机构应当申请注销登记。

医疗机构变更名称、地址、法定代表人或者主要负责人、所有制形式、服务对象、服务方式、注册资金（资本）、诊疗科目、床位（牙椅）的，必须向登记机关申请办理变更登记，并提交下列材料：①医疗机构法定代表人或者主要负责人签署的《医疗机构申请变更登记注册书》；②申请变更登记的原因和理由；③登记机关规定提交的其他材料。

机关、企业和事业单位设置的为内部职工服务的医疗机构向社会开放，必须按照规定申请办理变更登记。医疗机构在原登记机关管辖权限范围内变更登记事项的，由原登记机关办理变更登记；因变更登记超出原登记机关管辖权限的，由有管辖权的卫生行政部门办理变更登记。

在原登记机关管辖区域内迁移，由原登记机关办理变更登记；向原登记机关管辖区域外迁移的，应当在取得迁移目的地的卫生行政部门发给的《设置医疗机构批准书》，并经原登记机关核准办理注销登记后，再向迁移目的地的卫生行政部门申请办理执业登记。医疗机构歇业（医疗机构非因改建、扩建、迁建原因停业超过1年的，视为歇业），必须向原登记机关办理注销登记。经登记机关核准后，收缴医疗机构执业许可证。

三、医疗机构执业登记的校验

床位在100张以上的综合医院、中医医院、中西医结合医院、民族医医院以及专科医院、疗养院、康复医院、妇幼保健院、急救中心、临床检验中心和专科疾病防治机构的校验期为三年；其他医疗机构的校验期为一年。

医疗机构应当于校验期满前三个月向登记机关申请办理校验手续。校验应当交验医疗机构执业许可证，并提交下列文件：①《医疗机构校验申请书》；②医疗机构执业许可证副本；③省、自治区、直辖市卫生行政部门规定提交的其他材料。

卫生行政部门应当在受理校验申请后的三十日内完成校验。医疗机构有下列情形之一的，登记机关可以根据情况，给予一至六个月的暂缓校验期：①不符合《医疗机构基本标准》；②限期改正期间；③省、自治区、直辖市卫生行政部门规定的其他情形。不设床位的医疗机构在暂缓校验期内不得执业。暂缓校验期满仍不能通过校验的，由登记机关注销其医疗机构执业许可证。

四、医疗机构执业名称的确立

医疗机构的名称由识别名称和通用名称依次组成。医疗机构的通用名称为：医院、中心卫生院、卫生院、疗养院、妇幼保健院、门诊部、诊所、卫生所、卫生站、卫生室、医务室、卫生保健所、急救中心、急救站、临床检验中心、防治院、防治站、护理院、护理站、中心以及卫生部规定或者认可的其他名称。

医疗机构可以下列名称作为识别名称：地名、单位名称、个人姓名、医学学科名称、医学专业和专科名称、诊疗科目名称和核准机关批准使用的名称。

医疗机构的命名必须符合以下原则：①医疗机构的通用名称以《医疗机构管理条例》所列的名称为限；②《医疗机构管理条例》所列的医疗机构的识别名称可以合并使用；③名称必须名副其实；④名称必须与医疗机构类别或者诊疗科目相适应；⑤各级地方人民政府设置的医疗机构的识别名称中应当含有省、市、区、街道、乡、镇、村等行政区划名称，其他医疗机构的识别名称中不得含有行政区划名称；⑥国家机关、企业和事业单位、社会团体或者个人设置的医疗机构的名称中应当含有设置单位名称或者个人的姓名。

医疗机构不得使用下列名称：①有损于国家、社会或者公共利益的名称；②侵犯他人利益的名称；③以外文字母、汉语拼音组成的名称；④以医疗仪器、药品、医用产品命名的名称；⑤含有"疑难病""专治""专家""名医"或者同类含义文字的名称以及其他宣传或者暗示诊疗效果的名称；⑥超出登记的诊疗科目范围的名称；⑦省级以上卫生行政部门规定不得使用的名称。

以下医疗机构名称由国家卫生健康主管部门核准；属于中医、中西医结合和民族医医疗机构的，由国家中医药管理局核准：①含有外国国家（地区）名称及其简称、国际组织名称的；②含有"中国""全国""中华""国家"等字样以及跨省地域名称的；③各级地方人民政府设置的医疗机构的识别名称中不含有行政区划名称的。

以"中心"作为医疗机构通用名称的医疗机构名称，由省级以上卫生行政部门核准；在识别名称中含有"中心"字样的医疗机构名称的核准，由省、自治区、直辖市卫生行政部门规定。含有"中心"字样的医疗机构名称必须同时含有行政区划名称或者地名。除专科疾病防治机构以外，医疗机构不得以具体疾病名称作为识别名称，确有需要的由省、自治区、直辖市卫生行政部门核准。

案例 7-2

某大型集团企业员工达到一万人，为方便职工就医，集团公司决定出资办一家医院。经过一段时间筹备后，医院的各项条件已经基本具备，并按照有关规定向当地卫生行政部门递交了医院设置申请资料。当地卫生行政部门对申请资料进行了审查，并进行了实地考察，对完善筹办医院提出了整改意见。该集团负责人也接受了整改意见，但考虑到尽早让职工能够就医，在等待卫生行政部门审批结果期间，决定进行医院试营业。当地卫生行政部门得知消息后，立即派执法人员进行了制止，责令该医院立即停止执业活动，并给予 5000 元的行政处罚。

问题：1. 医院在审批期间是否可以试营业？

2. 卫生行政部门是否应该对该医院进行行政处罚？

医疗机构名称经核准登记，于领取医疗机构执业许可证后方可使用，在核准机关管辖范围内享有专用权。医疗机构只准使用一个名称。确有需要，经核准机关核准可以使用两个或者两个以上名称，但必须确定一个第一名称。卫生行政部门有权纠正已经核准登记的不适宜的医疗机构名称，上级卫生行政部门有权纠正下级卫生行政部门已经核准登记的不适宜的医疗机构名称。

两个以上申请人向同一核准机关申请相同的医疗机构名称，核准机关依照申请在先原则核定。属于同一天申请的，应当由申请人双方协商解决；协商不成的，由核准机关做出裁决。两个以上医疗机构因已经核准登记的医疗机构名称相同发生争议时，核准机关依照登记在先原则处理。属于同一天登记的，应当由双方协商解决；协商不成的，由核准机关报上一级卫生行政部门做出裁决。医疗机构名称不得买卖、出借。未经核准机关许可，医疗机构名称不得转让。

第4节　医疗机构的执业管理

一、医疗机构的执业规范

任何单位或者个人，未取得医疗机构执业许可证，不得开展诊疗活动。医疗机构执业，必须遵守有关法律、法规和医疗技术规范。

1. 医疗机构必须将医疗机构执业许可证、诊疗科目、诊疗时间和收费标准悬挂于明显处所。医疗机构必须按照核准登记的诊疗科目开展诊疗活动。医疗机构必须按照人民政府或者物价部门的有关规定收取医疗费用，详列细项，并出具收据。

2. 医疗机构的印章、银行账户、牌匾以及医疗文件中使用的名称应当与核准登记的医疗机构名称相同；使用两个以上的名称的，应当与第一名称相同。

3. 医疗机构应当严格执行无菌消毒、隔离制度，采取科学有效的措施处理污水和废弃物，预防和减少医院感染。医疗机构对传染病、精神病、职业病等患者的特殊诊治和处理，应当按照国家有关法律、法规的规定办理。

4. 医疗机构的门诊病历的保存期不得少于十五年；住院病历的保存期不得少于三十年。

5. 标有医疗机构标识的票据和病历本册以及处方笺、各种检查的申请单、报告单、证明文书单、药品分装袋、制剂标签等不得买卖、出借和转让。

6. 医疗机构应当按照卫生行政部门的有关规定、标准加强医疗质量管理，实施医疗质量保证方案，确保医疗安全和服务质量，不断提高服务水平。

7. 医疗机构应当定期检查、考核各项规章制度和各级各类人员岗位责任制的执行和落实情况。医疗机构应当经常对医务人员进行"基础理论、基本知识、基本技能"的训练与考核，把"严格要求、严密组织、严谨态度"落实到各项工作中。

8. 医疗机构应当加强对医务人员的医德教育。医疗机构不得使用非卫生技术人员从事医疗卫生技术工作。医疗机构工作人员上岗工作，必须佩戴载有本人姓名、职务或者职称的标牌。

9. 医疗机构必须按照有关药品管理的法律、法规，加强药品管理。医疗机构不得使用假劣药品、过期和失效药品以及违禁药品。

10. 医疗机构对危重患者应当立即抢救。对限于设备或者技术条件不能诊治的患者，应当及时转诊。未经医师（士）亲自诊查患者，医疗机构不得出具疾病诊断书、健康证明书或者死亡证明书等证明文件。医疗机构发生医疗事故，按照国家有关规定处理。医疗机构为死因不明者出具的《死亡医学证明书》，只作是否死亡的诊断，不作死亡原因的诊断。如有关方面要求进行死亡原因诊断的，医疗机构必须指派医生对尸体进行解剖和有关死因检查后方能做出死因诊断。

11. 医疗机构应当尊重患者对自己的病情、诊断、治疗的知情权利。医疗机构施行手术、特殊检查或者特殊治疗时，必须征得患者同意，并应当取得其家属或者关系人同意并签字；无法取得患者意见时，应当取得家属或者关系人同意并签字；无法取得患者意见又无家属或者关系人在场，或者遇到其他特殊情况时，经治医师应当提出医疗处置方案，在取得医疗机构负责人或者被授权负责人员的批准后实施。

12. 为内部职工服务的医疗机构未经许可和变更登记不得向社会开放。医疗机构被吊销或者注销执业许可证后，不得继续开展诊疗活动。

13. 医疗机构必须承担相应的预防保健工作，承担县级以上人民政府卫生行政部门委托的支援农村、指导基层医疗卫生工作等任务。发生重大灾害、事故、疾病流行或者其他意外情况时，医疗机构及其卫生技术人员必须服从县级以上人民政府卫生行政部门的调遣。

二、医疗机构的管理职责

1. 医疗机构的管理主体 各级卫生行政部门负责所辖区域内医疗机构的监督管理工作。在监督管理工作中，要充分发挥医院管理学会和卫生工作者协会等学术性和行业性社会团体的作用。县级以上卫生行政部门设立医疗机构监督管理办公室。各级医疗机构监督管理办公室在同级卫生行政部门的领导下开展工作。

2. 医疗机构管理部门的职责 各级医疗机构监督管理办公室的职责：①拟订医疗机构监督管理工作计划。②办理医疗机构监督员的审查、发证、换证。③负责医疗机构登记、校验和有关监督管理工作的统计，并向同级卫生行政部门报告。④负责接待、办理群众对医疗机构的投诉。⑤完成卫生行政部门交给的其他监督管理工作。

县级以上卫生行政部门设医疗机构监督员，履行规定的监督管理职责。医疗机构监督员由同级卫生行政部门聘任。医疗机构监督员应当严格执行国家有关法律、法规和规章，其主要职责：①对医疗机构执行有关法律、法规、规章和标准的情况进行监督、检查、指导；②对医疗机构执业活动进行监督、检查、指导；③对医疗机构违法的案件进行调查、取证；④对经查证属实的案件向卫生行政部门提出处理或者处罚意见；⑤实施职权范围内的处罚；⑥完成卫生行政部门交付的其他监督管理工作。

各级卫生行政部门对医疗机构的执业活动检查、指导主要包括：①执行国家有关法律、法规、规章和标准情况；②执行医疗机构内部各项规章制度和各级各类人员岗位责任制情况；③医德医风情况；④服务质量和服务水平情况；⑤执行医疗收费标准情况；⑥组织管理情况；⑦人员任用情况；⑧省、自治区、直辖市卫生行政部门规定的其他检查、指导项目。

三、医疗机构的评审

国家实行医疗机构评审制度，由专家组成的评审委员会按照医疗机构评审办法和评审标准，对医疗机构的执业活动、医疗服务质量等进行综合评价。医疗机构评审办法和评审标准由国务院卫生行政部门制定。医疗机构评审包括周期性评审、不定期重点检查。县级以上地方人民政府卫生行政部门负责组织本行政区域医疗机构评审委员会。医疗机构评审委员会由医院管理、医学教育、医疗、医技、护理和财务等有关专家组成。评审委员会成员由县级以上地方人民政府卫生行政部门聘任。县级以上地方人民政府卫生行政部门根据评审委员会的评审意见，对达到评审标准的医疗机构，发给评审合格证书；对未达到评审标准的医疗机构，提出处理意见。

第5节 法律责任

对于违反国家医疗机构管理法律制度的单位和个人，同样要承担相应的行政法律责任、民事法律责任和刑事法律责任。

1. 对未取得医疗机构执业许可证擅自执业的，责令其停止执业活动，没收非法所得和药品、器械，并处以三千元以下的罚款；有下列情形之一的，责令其停止执业活动，没收非法所得的药品、器械，处以三千元以上一万元以下的罚款：①因擅自执业曾受过卫生行政部门处罚；②擅自执业的人员为非卫生技术专业人员；③擅自执业时间在三个月以上；④给患者造成伤害；⑤使用假药、劣药蒙骗患者；⑥以行医为名骗取患者钱物；⑦省、自治区、直辖市卫生行政部门规定的其他情形。

> 📖 链 接   医院等级划分标准
>
> 按照《医院分级管理标准》，医院经过评审，确定为三级，每级再划分为甲、乙、丙三等，其中三级医院增设特等，因此医院共分三级十等。①一级医院是直接为社区提供医疗、预防、康复、保健综合服务的基层医院，是初级卫生保健机构。②二级医院是跨几个社区提供医疗卫生服务的地区性医院，是地区性医疗预防的技术中心。③三级医院是跨地区、省、市以及向全国范围提供医疗卫生服务的医院，是具有全面医疗、教学、科研能力的医疗预防技术中心。

2. 对不按期办理校验医疗机构执业许可证又不停止诊疗活动的，责令其限期补办校验手续；在限期内仍不办理校验的，吊销其医疗机构执业许可证。转让、出借医疗机构执业许可证的，没收其非法所得，并处以三千元以下的罚款；有下列情形之一的，没收其非法所得，处以三千元以上五千元以下的罚款，并吊销医疗机构执业许可证：①出卖医疗机构执业许可证；②转让或者出借医疗机构执业许可证是以营利为目的；③受让方或者承借方给患者造成伤害；④转让、出借医疗机构执业许可证给非卫生技术专业人员；⑤省、自治区、直辖市卫生行政部门规定的其他情形。

3. 除急诊和急救外，医疗机构诊疗活动超出登记的诊疗科目范围，情节轻微的，处以警告；有下列情形之一的，责令其限期改正，并可处以三千元以下罚款：①超出登记的诊疗科目范围的诊疗活动累计收入在三千元以下；②给患者造成伤害。有下列情形之一的，处以三千元罚款，并吊销医疗机构执业许可证：①超出登记的诊疗科目范围的诊疗活动累计收入在三千元以上；②给患者造成伤害；③省、自治区、直辖市卫生行政部门规定的其他情形。

4. 任用非卫生技术人员从事医疗卫生技术工作的，责令其立即改正，并可处以三千元以下罚款；有下列情形之一的，处以三千元以上五千元以下罚款，并可以吊销其医疗机构执业许可证：①任用两名以上非卫生技术人员从事诊疗活动；②任用的非卫生技术人员给患者造成伤害。医疗机构使用卫生技术人员从事本专业以外的诊疗活动的，按使用非卫生技术人员处理。

5. 出具虚假证明文件，情节轻微的，给予警告，并可处以五百元以下的罚款；有下列情形之一的，处以五百元以上一千元以下的罚款：①出具虚假证明文件造成延误诊治的；②出具虚假证明文件给患者精神造成伤害的；③造成其他危害后果。对直接责任人员由所在单位或者上级机关给予行政处分。

6. 医疗机构有下列情形之一的，登记机关可以责令其限期改正：①发生重大医疗事故；②连续发生同类医疗事故，不采取有效防范措施；③连续发生原因不明的同类患者死亡事件，同时存在管理不善因素；④管理混乱，有严重事故隐患，可能直接影响医疗安全；⑤省、自治区、直辖市卫生行政部门规定的其他情形。

当事人对行政处罚决定不服的，可以在接到《行政处罚决定通知书》之日起十五日内向作出行政处罚的上一级卫生行政部门申请复议。上级卫生行政部门应当在接到申请书之日起三十日内作出书面答复。当事人对行政处罚决定不服的，也可以在接到《行政处罚决定通知书》之日起十五日内直接向人民法院提起行政诉讼。逾期不申请复议、不起诉又不履行处罚决定的，由作出行政处罚决定的卫生行政部门填写《行政处罚强制执行申请书》，向人民法院申请强制执行。

自 测 题

1. 目前根据医疗机构的经营性质，医疗机构划分为
   A. 综合性医疗机构和专科性医疗机构
   B. 非营利性医疗机构和营利性医疗机构
   C. 公立医院和民营医院
   D. 大型医疗机构和小型医疗机构
   E. 国内性医疗机构和中外合资性医疗机构
2. 医疗机构设置的原则不包括
   A. 公平可及原则
   B. 统筹规划原则
   C. 科学布局原则
   D. 协调发展原则
   E. 患者需要原则
3. 申请设置医疗机构的基本条件不包括
   A. 符合当地《医疗机构设置规划》
   B. 有与执业范围相适应的床位数、仪器、设备配备
   C. 投资总额不得低于 2000 万元人民币的证明文件
   D. 有与执业范围相适应的医、药、护、技人员，人员配备符合国家规定，有一定的组织机构

   E. 有与执业范围相适应的医疗业务用房，选址合理，布局合理并符合卫生要求
4. 下列哪种情况不属于不得申请设置医疗机构的情形
   A. 不能独立承担民事责任的单位
   B. 正在服刑或不具有完全民事行为能力的个人
   C. 医疗机构在职，因病退职或者停薪留职的医务人员
   D. 发生三级以上医疗事故未满 3 年的医务人员
   E. 因违反有关法律、法规和规章，已被吊销执业证书的医务人员
5. 根据《医疗机构管理条例实施细则》，下列哪种情形不属于医疗机构设置申请不予批准的情况
   A. 可行性研究报告不够详细
   B. 设置人不符合规定的条件
   C. 不能提供满足投资总额的资信证明
   D. 医疗机构选址不合理
   E. 不符合当地《医疗机构设置规划》

（姚中进）

第 **8** 章
护士执业管理法律制度

护理工作是医疗卫生工作的重要组成部分，在医疗、预防、保健、康复工作中充当重要角色，与医疗安全质量息息相关。据国家卫生健康委官方统计，截至 2022 年底，我国注册护士总量超过 520 万人，每千人口注册护士约 3.7 人，是卫生技术队伍的重要组成部分。如何规范护理人员的合法执业、维护护理人员的合法权益是卫生法律法规的重要议题。

第1节　概　　述

学习护士执业管理法律制度，我们不仅要掌握护士的概念，还要了解国内外护士执业的相关法律制度。

案例 8-1

　　护士刘某是某市妇幼保健院的护理部主任，可是她却在医院的妇产科门诊坐诊，并给患者开单、开药，从事着与自己的护士身份不符的诊疗活动。某日，一名 29 岁，怀孕 34$^+$ 周的孕妇因宫缩剧烈，身体感到不适，到该市妇幼保健院就诊。当时，护士刘某接诊，刘某询问病情后就登录本院王医生的账号，为患者开具 B 超、血液检查、胎心监测申请单，结果未显示异常，刘某就嘱咐患者购买保胎灵服用。4 天后，患者出现下体出血、腰部疼痛等情况，再次来院诊疗。护士刘某再次登录王医生账号开具检查单，嘱患者继续服药。2 天后，患者仍感不适，前往市医院治疗，途中出现大出血，当天即娩出一死胎。5 天后因病情严重转入上级医院继续治疗，被诊断为重症急性胰腺炎、妊娠期急性脂肪肝、死胎引产术后产后大出血、多器官功能障碍综合征等。患者起诉要求市妇幼保健院赔偿医疗费、丧葬费等各项损失共计 48 万余元。事后，卫生健康部门对刘某非法执业行为进行了相关处理。

　　问题：1. 卫生健康部门进行相关处理的法律依据是什么？
　　　　　2. 护士的权利和义务有哪些？

一、护士的概念

护士是指经执业注册取得护士执业证书，依照相关规定从事护理活动，履行保护生命、减轻痛苦、增进健康职责的卫生技术人员。护士的基本素质和技术水平是保障护理工作质量和推进护理专业发展的重要基础，更是保证医疗安全、维护生命和促进健康的必要条件。因此，护士素有"白衣天使"的美称。

护理工作是医疗卫生工作的重要组成部分，与人的健康和生命安全息息相关。随着社会经济的发展、医学技术的不断进步以及人们对健康需求的日益提高，护理工作的专业范围也已经扩展到预防疾病、保护生命、减轻痛苦和促进健康等方面，护士在医疗、预防、保健、康复工作中都发挥着重要作用。

二、我国护士执业立法现状

作为护士执业的法律规范,1993年卫生部颁布了《中华人民共和国护士管理办法》(以下简称《护士管理办法》),自1994年1月1日起施行。该办法确立了两个制度:护士执业资格考试制度和护士执业许可制度。《护士管理办法》的颁布,促进了护理事业的发展。但随着医疗环境的变化,护士的合法权益缺乏法律保障,护士的执业水平亟待提高,政府有关部门对护理工作缺乏有效监管等问题日益突出。新修改的《护士条例》已于2008年1月31日国务院令第517号公布,同年5月12日起施行,涉及执业注册、权利义务、医疗卫生机构的职责、法律责任等内容。2020年3月27日再次修订。与此同时,卫生部还颁布实施了《护士执业注册管理办法》。《护士条例》是我国第一部保障护士合法权益,规范护士护理行为,促进护理事业健康发展的法律制度,我国的护理工作走上了有法可依、依法管理的轨道。

1. 护理立法宗旨 我国《护士条例》强调保护护士的合法权益,规范护士执业义务。《护士条例》第一条就表明了立法的宗旨是把维护护士合法权益放在首要位置。在第三章权利和义务中,有四条针对护士的权利做了明确且具体的规定,内容涉及护士具有获得工资福利待遇权、医疗保健权、职务职称权、接受培训权及接受职业健康监护权等基本权利,还具有依法履行职责受法律保护的执业权利。另外,《护士条例》规定护士应依法执业、紧急救护、报告问题医嘱、保护患者隐私、参与公共卫生和疾病防控工作并服从卫生健康主管部门或医疗卫生机构的安排。

2. 规范护士执业注册 我国实行的《护士执业注册管理办法》首先明确指出,县级以上地方卫生健康主管部门是护士执业注册的主管部门,负责本行政区域的护士执业注册监督管理工作。其次该管理办法还规范了我国护士执业注册程序,包括护士首次执业注册、护士变更执业注册、护士延续执业注册、护士重新执业注册、护士注销执业注册。

3. 强化管理机制 我国的《护士条例》从制度层面强化了政府责任和医疗机构的职责。从政府层面而言,《护士条例》确定了中央和地方的护士管理机构,规定政府对在护理工作中做出杰出贡献的护士进行表彰的政策。明确指出国务院卫生健康主管部门负责全国的护士监督管理工作,县级以上地方人民政府卫生健康主管部门负责本行政区域内的护士监督管理工作。对医疗机构而言,需从护士配备数量、执业要求、卫生保障措施、工资、福利待遇、培训等多方面强化医疗机构的责任。

第2节 护士执业资格考试

我国实行护士执业资格考试制度,要求从事护理工作者需获得护士执业资格,具备护理基本理论知识和实践能力。

一、概 述

(一)护士执业资格考试制度

根据2010年卫生部、人力资源社会保障部第74号令,《护士执业资格考试办法》于2010年7月1日起颁布施行。《护士执业资格考试办法》的立法宗旨是规范全国护士执业资格考试工作,加强护理专业队伍建设。

《护士执业资格考试办法》规定,卫生部负责组织实施护士执业资格考试,国家护士执业资格考试是评价申请护士执业资格者是否具备执业所必须的护理专业知识与工作能力的考试。考试成绩合格者,可申请护士执业注册。

具有护理、助产专业中专和大专学历的人员,参加护士执业资格考试并成绩合格,可取得护理初级（士）专业技术资格证书；护理初级（师）专业技术资格按照有关规定通过参加全国卫生专业技术资格考试取得。

具有护理、助产专业本科以上学历的人员，参加护士执业资格考试并成绩合格，可以取得护理初级（士）专业技术资格证书；在达到《卫生技术人员职务试行条例》规定的护师专业技术职务任职资格年限后，可直接聘任护师专业技术职务。

（二）申请参加护士执业资格考生的条件和流程

1. 申请条件　申请参加护士执业资格考试的人员需满足三项条件：①具有完全民事行为能力。②在中等职业学校、高等学校完成国务院教育主管部门和国务院卫生主管部门规定的普通全日制 3 年以上的护理、助产专业课程学习，包括在教学、综合医院完成 8 个月以上护理临床实习，并取得相应学历证书。③符合国务院卫生主管部门规定的健康标准。

2. 申请方式　全国护士执业资格考试采用网上报名，考生可按照《网上报名流程》和《网上报名操作手册》进行申报。

（1）考生登录：符合报名条件的考生于申请报名期间登录国家卫生健康委人才交流服务中心（原中国卫生人才网），提交报名申请。

（2）注册用户名：考生登录后，点击"网上报名"，在登录页面先注册用户名、设置登录密码、填写校验码，登录到报名界面。

（3）基本信息维护：包括上传基本照片、学历学位信息维护、微信绑定与关注。

（4）上传照片：考生在填报信息完成后，应将本人照片上传。具体要求为：近期免冠一寸照片或者小二寸照片，背景为白色，格式为 JPG 或 JPEG，照片文件大小必须 15～45kb。

（5）学历学位信息：考生需如实、准确填写学历、学位信息。报考护士执业资格考试的护理、助产专业应届毕业生，如实填写毕业时间，学历证书编号处填写本人学号。

（6）微信绑定与关注：关注中国卫生人才网微信公众号，使用微信扫一扫进行微信绑定操作。

（7）网上填写申报信息：考生如实准确填写信息，仔细核对；按照就近的原则选择考区、考点，凡因弄虚作假、填报信息错误及其他原因导致无法正常参加考试、影响后期证书的发放等，后果由考生自负。

（8）短信通知：考生在填写个人信息时，请填写真实的手机号，考试重要信息将以短信形式定期免费发送。

考生网上报名完成后，请自行打印《××年护士执业资格考试报名申请表》，并妥善保管，供现场报名确认时使用。

（9）修改信息：考生可于审核期间，登录报名系统进行报名信息修改并保存，确保用于现场确认的申请表信息与报名系统的最终信息一致。

考生可通过查看申请表右上角验证码号的后两位数字来判断信息修改的次数，以后两位数字最大的版本作为最终版本来打印申请表，用于现场确认。

3. 现场确认　考生持所打印的《××年护士执业资格考试报名申请表》，按照所在考点的具体要求，进行现场报名及资格审核。申请表盖章，考生应携带申请表至所在单位或档案存放单位审查盖章。提交书面报名材料并确认个人报名信息签字，交费。提交材料：

（1）护士执业资格考试报名申请表一份（A4 规格）。

（2）本人身份证明及复印件（一律用二代身份证报名，身份证丢失的，可到户籍所在地开具带照片的户籍证明或办理临时身份证）。

（3）近 6 个月二寸免冠正面半身照片 3 张。

（4）本人毕业证书。

（5）在教学、综合医院完成8个月以上护理临床实习报告原件及复印件。

（三）考试内容

全国护士执业资格考试每年举行1次，全国统考，统一考试大纲，统一命题，统一合格标准。具体考试日期，在举行考试前3个月向社会发布。

护士执业资格考试包括专业实务和实践能力两个科目。一次考试通过两个科目为考试成绩合格。为加强对考生实践能力的考核，原则上采用"人机对话"考试方式进行。护士执业资格考试遵循公平、公开、公正的原则。

1. "人机对话"考试 对于考生而言，"人机对话"考试就是试卷在计算机上呈现，考生通过鼠标或键盘选择答案，取代了传统的纸笔考试在答题卡上填涂答案。在护士执业资格考试中进行"人机对话"考试，可以让考生更直观地看到接近临床实践的问题场景，更直接地考察考生实际工作能力；试卷的每个部分之间不能退回，有效地防范作弊行为，确保了考试的公平；通过计算机界面让所有试题作答情况、时间进度一目了然，提供计算机等辅助设备，杜绝了填错答题卡、漏行错行等意外的发生。"人机对话"考试与纸笔考试中不同知识模块、不同系统疾病的比例一致，题型比例一致。

2. 考试科目 护士执业资格考试包括专业实务和实践能力两个科目。

专业实务科目考查内容：运用与护理工作相关的知识，有效而安全地完成护理工作的能力。考试内容涉及与健康和疾病相关的医学知识，基础护理和技能以及与护理相关的社会人文知识的临床运用能力等。

实践能力科目考查内容：运用护理专业知识和技能完成护理任务的能力。考试内容涉及疾病的临床表现、治疗原则、健康评估、护理程序及护理专业技术、健康教育等知识的临床运用等。

3. 护士执业证书的取得 符合《护士执业资格考试办法》规定免考条件以及参加全国护士执业考试成绩合格者，发给中华人民共和国护士执业证书，该证书在全国范围有效。取得护士执业证书即获得了中国境内从事执业活动的基本资格。

二、护士执业证书的获得

1. 护士执业资格证书 护士执业资格证书是为贯彻国家人事部、卫生部《关于加强卫生专业技术职务评聘工作的通知》等相关文件的精神，于2001年开始正式实施。通过考试取得的资格代表了相应级别技术职务要求的水平与能力，作为单位聘任相应技术职务的必要依据。

通过护理专业技术资格考试并合格者，由各省、自治区、直辖市人事（职改）部门颁发人事部统一印制，人事部、卫生部用印的专业技术资格证书。该证书在全国范围内有效。各地人事或卫生部门在颁发证书时，不得附加任何条件。聘任专业技术职务所需的其他条件按照国家有关规定办理。

2. 护士执业资格考试成绩合格证明 护士执业资格考试成绩合格证明是证明考生通过护士执业资格考试的凭据。一般由当地人事或卫生部门连同护士执业资格证书一起向通过护士执业资格考试的考生发放。同时，护士执业资格考试成绩合格证明也是履行护士执业注册手续的重要条件。

3. 护士执业证书 护士执业证书是护士执业的法律凭证，核发护士执业证书和护士执业注册的过程是执法的过程，也是实施护士准入制度的具体体现。取得护士执业证书并经执业注册后，方可按照注册的执业地点从事护理工作。未取得护士执业证书并获得有效注册者，不得从事诊疗技术规范规定的护理活动。

第3节　护士执业注册管理

为严格保障护理工作的正常开展，我国实行护士执业注册制度。《护士执业注册管理办法》自 2008 年 5 月 12 日起施行，根据 2021 年国家卫生健康委员会令第 7 号修订。

一、注　册　原　则

按照《护士条例》规定，国家实行护士执业注册制度。护士执业考试合格者，可取得护士执业证书，即取得护士执业资格。但取得护士执业资格的人还必须经过护士执业注册后，才能成为法律意义上的护士，享有护士的权利，并履行护士的义务。

护士执业注册机关为省、自治区、直辖市人民政府卫生健康主管部门。

二、首　次　注　册

（一）申请护士执业注册，应当具备下列条件

1. 具有完全民事行为能力。
2. 在中等职业学校、高等学校完成教育部和国家卫生健康委规定的普通全日制 3 年以上的护理、助产专业课程学习，包括在教学、综合医院完成 8 个月以上护理临床实习，并取得相应学历证书。
3. 通过国家卫生健康委组织的护士执业资格考试。
4. 符合《护士执业注册管理办法》第七条规定的健康标准。

（二）申请护士执业注册，应当符合下列健康标准

1. 无精神病史。
2. 无色盲、色弱、双耳听力障碍。
3. 无影响履行护理职责的疾病、残疾或者功能障碍。

（三）申请护士执业注册，应当提交下列材料

1. 护士执业注册申请审核表。
2. 申请人身份证明。
3. 申请人学历证书及专业学习中的临床实习证明。
4. 医疗卫生机构拟聘用的相关材料。

（四）申请护士执业注册的期限

护士执业注册申请，应当自通过护士执业资格考试之日起 3 年内提出；逾期提出申请的，除上述规定的材料外，还应当提交在省、自治区、直辖市人民政府卫生健康主管部门规定的教学、综合医院接受 3 个月临床护理培训并考核合格的证明。

（五）护士执业注册有效期

护士执业注册有效期为 5 年。护士执业注册有效期届满需要继续执业的，应当在有效期届满前 30 日，向批准设立执业医疗机构或者为该医疗机构备案的卫生健康主管部门申请延续注册。

三、延 续 注 册

申请延续注册，应当提交护士执业注册申请审核表和申请人的护士执业证书。

注册部门自受理延续注册申请之日起 20 个工作日内进行审核。审核合格的，予以延续注册；审核不合格的，不予延续注册，并书面说明理由。

医疗卫生机构可以为本机构聘用的护士集体办理护士执业注册和延续注册。

四、变 更 注 册

护士在其执业注册有效期内变更执业地点等注册项目，应当办理变更注册。

护士在其执业注册有效期内变更执业地点等注册项目的，应当向批准设立执业医疗机构或者为该医疗机构备案的卫生健康主管部门报告，并提交护士执业注册申请审核表和申请人的护士执业证书。

注册部门应当自受理之日起 7 个工作日内为其办理变更手续。

护士跨省、自治区、直辖市变更执业地点的，收到报告的注册部门还应当向其原执业地注册部门通报。县级以上地方卫生健康主管部门应当通过护士管理信息系统，为护士变更注册提供便利。

护士承担经注册执业机构批准的卫生支援、进修、学术交流、政府交办事项等任务和参加卫生健康主管部门批准的义诊，在签订帮扶或者托管协议的医疗卫生机构内执业，以及从事执业机构派出的上门护理服务等，不需办理执业地点变更等手续。

五、重 新 注 册

《护士执业注册管理办法》规定，有下列情形之一的，拟在医疗卫生机构执业时，应当重新申请注册：

1. 注册有效期届满未延续注册的。
2. 受吊销护士执业证书处罚，自吊销之日起满 2 年的。

重新申请注册的，按照《护士执业注册管理办法》第九条的规定提交材料；中断护理执业活动超过 3 年的，还应当提交在省、自治区、直辖市人民政府卫生健康主管部门规定的教学、综合医院接受 3 个月临床护理培训并考核合格的证明。

六、注 销 注 册

《护士执业注册管理办法》规定，护士执业注册后有下列情形之一的，原注册部门办理注销执业注册：

1. 注册有效期届满未延续注册。
2. 受吊销《护士执业证书》处罚。
3. 护士死亡或者丧失民事行为能力。

七、执 业 记 录

《护士条例》规定，县级以上地方人民政府卫生主管部门应当建立本行政区域内的护士执业良好记录和不良记录，并将该记录记入护士执业信息系统。

护士执业良好记录包括护士受到的表彰、奖励以及完成政府指令性任务的情况等内容。护士执业不良记录包括护士因违反本条例以及其他卫生管理法律、法规、规章或者诊疗技术规范的规定受到行政处罚、处分的情况等内容。

第 4 节　法 律 责 任

护士执业行为既是一种民事法律行为，也是一种行政法律行为。护士在执业过程中应严格遵守卫生法律法规，依照《护士条例》的规定履行自己的职责。如若未依照相关条例规定履行职责，医疗卫生机构和护士都应承担相应的民事、行政和刑事法律责任。

 案例 8-2

近日，警方接一核酸检测机构报警称：在核酸采集业务巡检过程中，发现有人持假护士执业资格证上岗。经查，犯罪嫌疑人何某某（男，35 岁）、殷某某（男，36 岁）为应聘从事核酸采集相关工作，通过伪造、购买虚假护士执业资格证书，骗取从事核酸采样资格。5 月 21 日，该 2 人参与某核酸检测点采样工作时，被检测机构巡检工作人员发现其资格造假，后被警方抓获。

问题：两男子应该承担什么法律责任？

一、行 政 责 任

（一）卫生主管部门的责任

卫生主管部门的工作人员未依照《护士条例》规定履行职责，在护士监督管理工作中滥用职权、徇私舞弊，或者有其他失职、渎职行为的，依法给予处分；构成犯罪的，依法追究刑事责任。

（二）医疗机构的责任

1. 医疗卫生机构不按规定配备和使用护士的责任　医疗卫生机构有下列情形之一的，由县级以上地方人民政府卫生主管部门依据职责分工责令限期改正，给予警告；逾期不改正的，根据国务院卫生主管部门规定的护士配备标准和在医疗卫生机构合法执业的护士数量核减其诊疗科目，或者暂停其 6 个月以上 1 年以下执业活动；国家举办的医疗卫生机构有下列情形之一、情节严重的，还应当对负有责任的主管人员和其他直接责任人员依法给予处分：

（1）违反《护士条例》规定，护士的配备数量低于国务院卫生主管部门规定的护士配备标准的。

（2）允许未取得护士执业证书的人员或者允许未依照《护士条例》规定办理执业地点变更手续、延续执业注册有效期的护士在本机构从事诊疗技术规范规定的护理活动的。

2. 医疗卫生机构不按规定落实护士待遇的责任　医疗卫生机构有下列情形之一的，依照有关法律、行政法规的规定给予处罚；国家举办的医疗卫生机构有下列情形之一、情节严重的，还应当对负有责任的主管人员和其他直接责任人员依法给予处分：

（1）未执行国家有关工资、福利待遇等规定的。

（2）对在本机构从事护理工作的护士，未按照国家有关规定足额缴纳社会保险费用的。

（3）未为护士提供卫生防护用品，或者未采取有效的卫生防护措施、医疗保健措施的。

（4）对在艰苦边远地区工作，或者从事直接接触有毒有害物质、有感染传染病危险工作的护士，未按照国家有关规定给予津贴的。

3. 医疗卫生机构不按规定培训管理护士的责任　医疗卫生机构有下列情形之一的，由县级以上地方人民政府卫生主管部门依据职责分工责令限期改正，给予警告：

（1）未制定、实施本机构护士在职培训计划或者未保证护士接受培训的。

（2）未依照《护士条例》规定履行护士管理职责的。

（三）护士的责任

1. 未履行规定义务的责任 护士在执业活动中有下列情形之一的，由县级以上地方人民政府卫生主管部门依据职责分工责令改正，给予警告；情节严重的，暂停其 6 个月以上 1 年以下执业活动，直至由原发证部门吊销其护士执业证书：

（1）发现患者病情危急未立即通知医师的。

（2）发现医嘱违反法律、法规、规章或者诊疗技术规范的规定，未依照《护士条例》第十七条的规定提出或者报告的。

（3）泄露患者隐私的。

（4）发生自然灾害、公共卫生事件等严重威胁公众生命健康的突发事件，不服从安排参加医疗救护的。护士在执业活动中造成医疗事故的，依照医疗事故处理的有关规定承担法律责任。

2. 遵守吊销执业证书的规定 护士被吊销执业证书的，自执业证书被吊销之日起 2 年内不得申请执业注册。

（四）阻碍护士依法执业者的责任

扰乱医疗秩序，阻碍护士依法开展执业活动，侮辱、威胁、殴打护士，或者有其他侵犯护士合法权益行为的，由公安机关依照治安管理处罚法的规定给予处罚；构成犯罪的，依法追究刑事责任。

二、民 事 责 任

我国《民法典》第一百七十九条规定，承担民事责任的方式主要有 11 种。而医疗损害承担民事责任的方式主要有：停止侵害；排除妨碍；消除危险；返还财产；恢复原状；赔偿损失；消除影响和赔礼道歉等 8 种，主要的责任方式是赔偿损失，当然也包括精神损害赔偿。

三、刑 事 责 任

1. 卫生主管部门的责任 《护士条例》第二十七条规定，卫生主管部门的工作人员未依照本条例规定履行职责，在护士监督管理工作中滥用职权、徇私舞弊，或者有其他失职、渎职行为的，依法给予处分；构成犯罪的，依法追究刑事责任。

2. 护士的责任 依照《刑法》第三百三十五条规定，护士由于严重不负责任，造成就诊人死亡或者严重损害就诊人身体健康的，处三年以下有期徒刑或者拘役。

3. 阻碍护士依法执业人员的责任 《护士条例》第三十三条规定，扰乱医疗秩序，阻碍护士依法开展执业活动，侮辱、威胁、殴打护士，或者有其他侵犯护士合法权益行为的，由公安机关依照治安管理处罚法的规定给予处罚；构成犯罪的，依法追究刑事责任。

自 测 题

1. 《护士条例》的根本宗旨是

  A. 维护护士合法权益

  B. 促进护理事业发展，保障医疗安全和人体健康

  C. 规范护理行为

  D. 保持护士队伍稳定

  E. 保证护士数量

2. 医疗卫生机构出现下列情形且逾期没有改正，可以暂停其 6 个月以上 1 年以下执业活动的是

  A. 未为护士提供卫生防护用品

  B. 对从事直接接触有毒有害物质的护士，未按照国家有关规定给予津贴

  C. 未按照国家有关规定为护士足额缴纳社会保险费用

  D. 允许未依照条例规定办理执业变更手续的护士在本机构从事诊疗技术规范规定的护理活动

E. 未按照条例规定保障护士执业权利

3. 关于申请护士执业注册，错误的是
    A. 申请人向拟执业所在地的省级人民政府卫生主管部门提出申请
    B. 护士执业注册的受理期限为 20 个工作日
    C. 护士执业注册证书包含有效期信息
    D. 护士执业注册证书不包含护士执业地点信息
    E. 护士执业注册有效期 5 年

4. 关于注销护士执业注册，错误的说法是
    A. 省级卫生主管部门依据规定予以注销
    B. 护士执业注册可以转让
    C. 护士执业注册有效期届满未延续的，应当注销
    D. 护士执业注册被依法吊销，应当注销
    E. 执业人员死亡，注册信息被注销

5. 护士在执业活动中出现的情形，不适合依照《护士条例》进行处罚的是
    A. 泄露患者隐私
    B. 发生公共卫生事件不服从安排参加医疗救护
    C. 因工作疏忽造成医疗事故
    D. 发现患者病情危急未及时通知医师
    E. 护士未执行查对制度

（何晓彬）

传染病是一类具有传染性、流行性、反复性、突发性特点的，对人体健康和生命威胁巨大的疾病。为了预防、控制和消除传染病的发生与流行，保障人体健康和公共卫生，1989年2月21日第七届全国人大常委会第六次会议通过了《中华人民共和国传染病防治法》（以下简称《传染病防治法》）。1991年10月4日国务院批准1991年12月6日卫生部令第17号发布《中华人民共和国传染病防治法实施办法》。2004年8月28日第十届全国人大常委会第十一次会议对《传染病防治法》进行了修订。2013年6月29日第十二届全国人大常委会第三次会议对部分条款进行了修正。《传染病防治法》的实施，为科学防治传染病和传染病防治工作长期稳定发展提供了法律依据和保障。

第1节 概 述

案例9-1

某高校住校新生成某，在军训期间因感觉身体倦怠乏力、食欲减退、恶心厌油、腹胀等到学校医院就诊。值班医生林某认为成某是军训活动强度大、体力消耗大所致，建议其注意休息，并未引起重视。3天后，成某因症状加重到市中心医院就诊，确诊为甲型肝炎。7天后，成某的4名同学、辅导员、军训教官相继发病，被送往市传染病医院住院治疗。学校立即向所在地区疾病预防控制中心报告并采取消毒和相应预防措施。此后，再无人发病。

问题：1. 甲型肝炎属于哪类法定传染病？

2. 法定传染病的报告主体是什么？

3. 疾病预防控制中心应采取什么措施？

《传染病防治法》明确了立法目的，规定我国对传染病防治实行预防为主的方针，防治结合、分类管理、依靠科学、依靠群众。

一、传染病防治法的概念

传染病防治法是指调整在预防、控制和消除传染病的发生与流行，保障人体健康活动中产生的各种社会关系的法律规范的总称。有广义和狭义之分，狭义的概念仅指为传染病预防、控制和监督管理而制定的有关法律法规及规范性文件，如《传染病防治法》《艾滋病防治条例》等。广义的概念是以《传染病防治法》为核心，包括一切与传染病防治有关的卫生管理法律法规及规范性文件，如《中华人民共和国献血法》《中华人民共和国食品安全法》《传染病信息报告管理规范（2015年版）》《消毒管理办法》等。

二、传染病防治法的适用范围

《传染病防治法》明确规定："在中华人民共和国领域内的一切单位和个人，必须接受疾病预防控制机构、医疗机构有关传染病的调查、检验、采集样本、隔离治疗等预防、控制措施，如实提供有关情况。"

三、传染病的分类

根据传染病的危害程度、传播速度和应采取的监测、监督、管理措施，《传染病防治法》将全国发病率较高、流行面较大、危害严重的 40 种传染病列为法定管理的传染病，分为甲、乙、丙三类，实行分类管理。

1. 甲类传染病 2 种，鼠疫、霍乱。

2. 乙类传染病 27 种，严重急性呼吸综合征（传染性非典型肺炎）、艾滋病、病毒性肝炎、脊髓灰质炎、人感染高致病性禽流感、麻疹、流行性出血热（肾综合征出血热）、狂犬病、流行性乙型脑炎、登革热、炭疽、细菌性和阿米巴性痢疾、肺结核、伤寒和副伤寒、流行性脑脊髓膜炎、百日咳、白喉、新生儿破伤风、猩红热、布鲁氏菌病、淋病、梅毒、钩端螺旋体病、血吸虫病、疟疾、人感染 H7N9 禽流感、新型冠状病毒感染。

3. 丙类传染病 11 种，流行性感冒、流行性腮腺炎、风疹、急性出血性结膜炎、麻风病、流行性和地方性斑疹伤寒、黑热病、包虫病、丝虫病，除霍乱、细菌性和阿米巴性痢疾、伤寒和副伤寒以外的感染性腹泻病，手足口病。

国务院卫生行政部门根据传染病暴发、流行情况和危害程度，可以决定增加、减少或者调整乙类、丙类传染病病种并予以公布。

对乙类传染病中严重急性呼吸综合征、炭疽中的肺炭疽，采取甲类传染病的预防、控制措施。

第 2 节 传染病的预防控制

加强对传染病的预防，可以减少传染病的发生；传染病发生后，快速准确报告和公布疫情信息并积极采取控制措施，有利于消除传染病的扩散和蔓延。

一、传染病预防的制度和职责

（一）预防传染病的相关制度

预防传染病的相关制度包括：①国家实行有计划的预防接种制度；②国家对儿童实行预防接种证制度；③国家建立传染病监测制度；④国家建立传染病预警制度；⑤国家建立传染病疫情信息公布制度等。以上各项制度均由国家卫生行政部门组织实施。

（二）各级人民政府及政府相关部门的职责

1. 各级人民政府组织开展群众性卫生活动，进行预防传染病的健康教育，倡导文明健康的生活方式，提高公众对传染病的防治意识和应对能力，加强环境卫生建设，消除鼠害和蚊、蝇等病媒生物的危害。

2. 各级人民政府农业、水利、林业行政部门按照职责分工负责指导和组织消除农田、湖区、河流、牧场、林区的鼠害与血吸虫危害以及其他传播传染病的动物和病媒生物的危害。

3. 铁路、交通、民用航空行政部门负责组织消除交通工具以及相关场所的鼠害和蚊、蝇等病媒生物的危害。

4. 地方各级人民政府应当有计划地建设和改造公共卫生设施，改善饮用水卫生条件，对污水、污物、粪便进行无害化处置。

5. 县级以上地方人民政府应当制定传染病预防、控制预案，接到传染病预警后，应当按照预案，采取相应的预防、控制措施。

（三）各级疾病预防控制机构的职责

1. 实施传染病预防控制规划、计划和方案。
2. 收集、分析和报告传染病监测信息，预测传染病的发生、流行趋势。
3. 开展对传染病疫情和突发公共卫生事件的流行病学调查、现场处理及其效果评价。
4. 开展传染病实验室检测、诊断、病原学鉴定。
5. 实施免疫规划，负责预防性生物制品的使用管理。
6. 开展健康教育、咨询，普及传染病防治知识。
7. 指导、培训下级疾病预防控制机构及其工作人员开展传染病监测工作。
8. 开展传染病防治应用性研究和卫生评价，提供技术咨询。
9. 指定专门人员负责对医疗机构内传染病预防工作进行指导、考核、开展流行病学调查。

（四）医疗机构的职责

1. 必须严格执行国务院卫生行政部门规定的管理制度、操作规范，防止传染病的医源性感染和医院感染。
2. 确定专门的部门或者人员，承担传染病疫情报告、本单位的传染病预防、控制以及责任区域内的传染病预防工作。
3. 承担医疗活动中与医院感染有关的危险因素监测、安全防护、消毒、隔离和医疗废物处置工作。

（五）实验室机构职责

疾病预防控制机构、医疗机构的实验室和从事病原微生物实验的单位，应当符合国家规定的条件和技术标准，建立严格的监督管理制度，对传染病病原体样本按照规定的措施实行严格监督管理，严防传染病病原体的实验室感染和病原微生物的扩散。

（六）采供血机构、生物制品机构职责

必须严格执行国家有关规定，保证血液、血液制品的质量。禁止非法采集血液或者组织他人出卖血液。

（七）单位和个人的职责

1. 对被传染病病原体污染的污水、污物、场所和物品，必须在疾病预防控制机构的指导下或者按照其提出的卫生要求，进行严格消毒处理；拒绝消毒处理的，由当地卫生行政部门或者疾病预防控制机构进行强制消毒处理。
2. 在国家确认的自然疫源地计划兴建水利、交通、旅游、能源等大型建设项目的，应当事先由省级以上疾病预防控制机构对施工环境进行卫生调查。建设单位应当根据疾病预防控制机构的意见，采取必要的传染病预防、控制措施。施工期间，建设单位应当设专人负责工地上的卫生防疫工作。
3. 用于传染病防治的消毒产品、饮用水供水单位供应的饮用水和涉及饮用水卫生安全的产品，应当符合国家卫生标准和卫生规范。
4. 应当关心、帮助传染病病人、病原携带者和疑似传染病病人，使其得到及时救治；在治愈前或者在排除传染病嫌疑前，不得从事法律、行政法规和国务院卫生行政部门规定禁止从事的易使该传染病扩散的工作。

二、传染病疫情的告知制度

（一）传染病疫情报告

1. 疫情报告管理原则　疾病预防控制机构、医疗机构和采供血机构及其执行职务的人员发现法定传染病疫情或者发现其他传染病暴发、流行以及突发原因不明的传染病时，应当遵循疫情报告属地管理原则。

2. 责任报告单位及责任疫情报告人　各级各类医疗机构、疾病预防控制机构、采供血机构均为责任报告单位；其执行职务的人员和乡村医生、个体开业医生均为责任疫情报告人。

3. 疫情报告时限　责任报告单位和责任疫情报告人发现甲类传染病和乙类传染病中的肺炭疽、传染性非典型肺炎等按照甲类管理的传染病病人或疑似病人时，或发现其他传染病和不明原因疾病暴发时，应于 2 小时内将传染病报告卡通过网络报告；对其他乙、丙类传染病病人、疑似病人和规定报告的传染病病原携带者在诊断后，应于 24 小时内进行网络报告。

 医者仁心

张继先——"疫情上报第一人"

2020 年，新冠肺炎疫情全球蔓延，这是一次罕见的全球性危机，也是全人类面临的共同挑战。作为最早向国际社会通报疫情、最早迎战疫情的国家，中国全民动员、举国上阵，经过艰苦奋战，付出巨大牺牲，成为世界上率先控制住国内疫情的国家之一。2019 年 12 月 27 日，时任湖北省中西医结合医院呼吸与危重症科主任的张继先，首先上报了接诊的三个可疑病例，她以超强的专业敏感意识，最早判断并坚持上报新冠肺炎疫情，第一个为疫情防控工作拉响警报，吹响了号角，为中国及时采取有效防控措施，成功打破病毒传播链，赢得了宝贵时间。2020 年 10 月 23 日，张继先被中央文明办、国家卫生健康委员会评为"中国好医生、中国好护士"抗疫特别人物。

（二）传染病疫情通报

1. 港口、机场、铁路疾病预防控制机构以及国境卫生检疫机关发现甲类传染病病人、病原携带者、疑似病人时，应当立即向国境口岸所在地的疾病预防控制机构或者所在地县级以上卫生行政部门报告并互相通报。

2. 县级以上地方人民政府卫生行政部门应当及时向本行政区域内的疾病预防控制机构和医疗机构通报传染病疫情以及监测、预警的相关信息。

3. 国务院卫生行政部门应当及时向国务院其他有关部门和各省级人民政府卫生行政部门通报全国传染病疫情以及监测、预警的相关信息。

4. 毗邻的以及相关的地方人民政府卫生行政部门，应当及时互相通报本行政区域的传染病疫情以及监测、预警的相关信息。

5. 县级以上人民政府有关部门发现传染病疫情时，应当及时向同级人民政府卫生行政部门通报。

6. 中国人民解放军卫生主管部门发现传染病疫情时，应当向国务院卫生行政部门通报。

7. 动物防疫机构和疾病预防控制机构，应当及时互相通报动物间和人间发生的人畜共患传染病疫情以及相关信息。

（三）传染病疫情公布

国务院卫生行政部门定期公布全国传染病疫情信息，省级人民政府卫生行政部门定期公布本行政区域的传染病疫情信息；传染病暴发、流行时，国务院卫生行政部门负责向社会公布传染病疫情信息，并可以授权省级人民政府卫生行政部门向社会公布本行政区域的传染病疫情信息。

三、传染病的控制

传染病发生或暴发、流行时，为阻止传染病的扩散和蔓延而采取的控制措施称为传染病的控制。对传染病的控制由政府、卫生行政部门、医疗机构、疾病预防控制机构和政府其他有关部门实行分级分工管理。

（一）一般性控制措施

一般性控制措施包括消灭或控制传染源、切断传播途径、保护易感人群。

1. 对甲类传染病和乙类传染病中传染性非典型肺炎、炭疽中的肺炭疽采取下列措施：①对病人、病原携带者，予以隔离治疗，隔离期限根据医学检查结果确定；②对疑似病人，确诊前在指定场所单独隔离治疗；③对医疗机构内的病人、病原携带者、疑似病人的密切接触者，在指定场所进行医学观察和采取其他必要的预防措施。

2. 对乙类或丙类传染病采取的措施：对除传染性非典型肺炎、炭疽中的肺炭疽以外的乙类传染病或者丙类传染病病人，应当根据病情采取必要的治疗和控制传播措施。

（二）传染病暴发、流行时的紧急控制措施

紧急控制措施也称即时强制，是指传染病暴发、流行时，当地政府应当立即组织力量，按照预防、控制预案进行防治，切断传染病的传染途径。可以采取下列紧急措施：①限制或者停止集市、影剧院演出或者其他人群聚集的活动；②停工、停业、停课；③封闭或者封存被传染病病原体污染的公共饮用水源、食品以及相关物品；④控制或者扑杀染疫野生动物、家畜家禽；⑤封闭可能造成传染病扩散的场所。

当地政府采取紧急控制措施，必要时，报经上一级人民政府决定并予以公告；上级人民政府接到下级人民政府关于采取紧急措施的报告时，应当即时作出决定。

（三）特殊措施

1. 宣布疫区和疫区封锁 疫区是指传染病在人群中暴发、流行，其病原体向周围播散时所能波及的地区。县级以上地方人民政府报经上一级人民政府决定，可以宣布本行政区域部分或者全部为疫区；在疫区内可以采取前述紧急措施，并可对出入疫区的人员、物资和交通工具实施卫生检疫。

2. 调集人员和调用物资 传染病暴发、流行时，根据传染病疫情控制的需要，国务院有权在全国范围或者跨省范围内，县级以上地方人民政府有权在本行政区域内紧急调集人员或者调用储备物资，临时征用房屋、交通工具以及相关设施、设备。

3. 尸体处理 患甲类传染病、炭疽死亡的，应当将尸体立即进行卫生处理，就近火化。患其他传染病死亡的，必要时，应当将尸体进行卫生处理后火化或者按照规定深埋。为了查找传染病病因，医疗机构在必要时可以按照国务院卫生行政部门的规定，对传染病病人尸体或者疑似传染病病人尸体进行解剖查验，并应当告知死者家属。

第3节 传染病的防治管理

加强传染病的防治管理，主要涉及对生活饮用水、交通、医院废物、消毒各个环节的管理，以有效防治传染性疾病的发生，保障人民健康。

一、生活饮用水卫生管理

生活饮用水的安全，直接关系到人类的生活、健康和疾病的控制，与民生息息相关。建设部、卫生部在 1996 年 7 月 9 日颁布了《生活饮用水卫生监督管理办法》，后于 2016 年 4 月 17 日进行了修订，同年 6 月 1 日起施行。适用于集中式供水、二次供水和涉及饮用水卫生安全的产品的卫生监督管理。

（一）生活饮用水卫生管理

1. 供水单位供应的饮用水必须符合国家生活饮用水卫生标准。

2. 集中式供水单位取得工商行政管理部门颁发的营业执照后，还应当取得县级以上地方人民政府卫生计生主管部门颁发的卫生许可证，方可供水；必须有水质净化消毒设施及必要的水质检验仪器、设备和人员，对水质进行日常性检验。

3. 供水单位新建、改建、扩建的饮用水供水工程项目，应当符合卫生要求，选址和设计审查、竣工验收必须有建设卫生计生主管部门参加。

4. 供水单位应建立饮用水卫生管理规章制度，配备专职或兼职人员，负责饮用水卫生管理工作。直接从事供、管水的人员必须取得体检合格证后方可上岗工作，并每年进行一次健康检查，凡患有痢疾、伤寒、病毒性肝炎、活动性肺结核、化脓性或渗出性皮肤病及其他有碍饮用水卫生的疾病和病原携带者，不得直接从事供、管水工作，未经卫生知识培训不得上岗工作。

5. 任何单位和个人不得生产、销售、使用无批准文件的涉及饮用水卫生安全产品。

6. 饮用水水源地必须设置水源保护区。

7. 二次供水设施选址、设计、施工及所用材料，应保证不使饮用水水质受到污染，并有利于清洗和消毒。

8. 当饮用水被污染，可能危及人体健康时，有关单位或责任人应立即采取措施，消除污染，并向当地人民政府卫生计生主管部门和建设行政主管部门报告。

（二）生活饮用水卫生监督

1. 监督部门 国务院卫生计生主管部门主管全国饮用水卫生监督工作。县级以上人民政府卫生计生主管部门负责本行政区域内饮用水卫生监督监测工作。

2. 监督人员 县级以上人民政府卫生计生主管部门设饮用水卫生监督员。

3. 职责 新建、改建、扩建集中式供水项目时，应做好预防性卫生监督工作，并负责本行政区域内饮用水的水源水质监测和评价。负责本行政区域内饮用水污染事故对人体健康影响的调查并及时报告。涉及饮用水卫生安全的产品，应当按照有关规定进行卫生安全性评价，符合卫生标准和卫生规范要求。

二、交通卫生检疫

为了控制检疫传染病通过交通工具及其乘运的人员、物资传播，防止检疫传染病流行，保障人体健康，国务院于 1998 年 11 月 28 日颁布《国内交通卫生检疫条例》，自 1999 年 3 月 1 日起施行。根据《国内交通卫生检疫条例》规定，卫生部会同铁道部、交通部、民航总局发布了《国内交通卫生检疫条例实施方案》，于 1999 年 9 月 16 日起实施。交通卫生检疫包括铁路检疫、公路检疫、水运检疫、航空检疫。

（一）交通卫生检疫原则及部门

1. 原则 遵循最大限度地控制检疫传染病的传播、扩散，最小限度地影响社会安定和干扰交通运输及社会经济发展的原则。

2. 部门 县级以上地方人民政府卫生行政部门或者铁路、交通、民用航空行政主管部门的卫生主管机构，根据各自的职责，对出入检疫传染病疫区的或者在非检疫传染病疫区发现检疫传染病疫情的交通工具及其乘运的人员、物资，实施交通卫生检疫。

（二）出入检疫传染病疫区的交通卫生检疫

1. 对出入检疫传染病疫区的人员、交通工具及其承运的物资进行查验。

2. 对检疫传染病病人、病原携带者、疑似检疫传染病病人和与其密切接触者，实施临时隔离、医学检查及其他应急医学措施。

3. 对被检疫传染病病原体污染或者可能被污染的物品，实施控制和卫生处理。

4. 对通过该疫区的交通工具及其停靠场所，实施紧急卫生处理。

5. 需要采取的其他卫生检疫措施。

（三）非检疫传染病疫区的交通卫生检疫

1. 实施交通卫生检疫的情形 ①发现有感染鼠疫的啮齿类动物或者啮齿类动物反常死亡，并且死因不明；②发现鼠疫、霍乱病人、病原携带者和疑似鼠疫、霍乱病人；③发现国务院确定并公布的需要实施国内交通卫生检疫的其他传染病。

2. 发现检疫传染病病人、病原携带者、疑似检疫传染病病人时，应当采取的临时措施 ①以最快的方式通知前方停靠点，并向交通工具营运单位的主管部门报告；②对检疫传染病病人、病原携带者、疑似检疫传染病病人和与其密切接触者实施隔离；③封锁已经污染或者可能污染的区域，采取禁止向外排放污物等卫生处理措施；④在指定的停靠点将检疫传染病病人、病原携带者、疑似检疫传染病病人和与其密切接触者以及其他需要跟踪观察的旅客名单，移交当地县级以上地方人民政府卫生行政部门；⑤对承运过检疫传染病病人、病原携带者、疑似检疫传染病病人的交通工具和可能被污染的环境实施卫生处理。

三、医院废物管理

为了加强医疗废物的安全管理，防止疾病传播，保护环境，保障人体健康，2003年6月16日国务院颁布了《医疗废物管理条例》，2011年1月8日进行了修订。卫生部于2003年10月15日发布了《医疗卫生机构医疗废物管理办法》，对规范医疗卫生机构对医疗废物的管理，有效预防和控制医疗废物对人体健康和环境产生危害有重要作用。

（一）医疗废物管理的一般规定

1. 医疗卫生机构和医疗废物集中处置单位应当：①建立、健全医疗废物管理责任制。②制定与医疗废物安全处置有关的规章制度和在发生意外事故时的应急方案；设置监控部门或者专（兼）职人员。③对本单位从事医疗废物收集、运送、储存、处置等工作的人员和管理人员，进行相关法律和专业技术、安全防护以及紧急处理等知识的培训，采取有效的职业卫生防护措施。④执行危险废物转移联单管理和登记管理制度，采取有效措施，防止医疗废物流失、泄漏、扩散。

2. 禁止任何单位和个人转让、买卖医疗废物，禁止在运送过程中丢弃医疗废物，禁止在非储存地点倾倒、堆放医疗废物或者将医疗废物混入其他废物和生活垃圾，禁止邮寄医疗废物，禁止通过铁路、航空运输医疗废物，禁止将医疗废物与旅客在同一运输工具上载运，禁止在饮用水源保护区的水体上运输医疗废物。

（二）医疗卫生机构对医疗废物的管理

1. 及时收集本单位产生的医疗废物，并按照类别分置于防渗漏、防锐器穿透的专用包装物或者密闭的容器内，并有明显的警示标识和警示说明。

2. 建立医疗废物的暂时储存设施、设备，不得露天存放医疗废物；医疗废物暂时储存的时间不得超过 2 天。医疗废物的暂时储存设施、设备，应当远离医疗区、食品加工区和人员活动区以及生活垃圾存放场所，并设置明显的警示标识和必要的安全措施。

3. 使用防渗漏、防遗撒的专用运送工具，按照本单位确定的内部医疗废物运送时间、路线，将医疗废物收集、运送至暂时储存地点。

4. 根据就近集中处置的原则，及时将医疗废物交由医疗废物集中处置单位处置。

5. 产生的污水、传染病病人或者疑似传染病病人的排泄物，应当按照国家规定严格消毒达到国家规定的排放标准后，方可排入污水处理系统。

（三）医疗废物的集中处置

1. 从事医疗废物集中处置活动的单位，应当向县级以上人民政府环境保护行政主管部门申请领取经营许可证；未取得经营许可证的单位，不得从事有关医疗废物集中处置的活动。

2. 医疗废物集中处置单位的储存、处置设施，应当符合国务院环境保护行政主管部门的规定。运送医疗废物，应当遵守国家有关危险货物运输管理的规定，使用有明显医疗废物标识，达到防渗漏、防遗撒以及其他环境保护和卫生要求的专用车辆。

四、消 毒 管 理

为了加强消毒管理，预防和控制感染性疾病的传播，保障人体健康，2002 年 3 月 28 日，卫生部发布《消毒管理办法》，自 2002 年 7 月 1 日起施行，于 2016 年 1 月 19 日、2017 年 12 月 26 日进行了修订。本办法适用于医疗卫生机构、消毒服务机构以及从事消毒产品生产、经营活动的单位和个人及需要消毒的场所和物品管理。

1. 经营者采购消毒产品时应当索取的有效证件　①生产企业卫生许可证复印件；②产品卫生安全评价报告或者新消毒产品卫生许可批件复印件。有效证件的复印件应当加盖原件持有者的印章。

2. 禁止生产经营的消毒产品　①无生产企业卫生许可证或新消毒产品卫生许可批准文件的；②产品卫生安全评价不合格或产品卫生质量不符合要求的。

3. 消毒服务机构的要求　①具备符合国家有关规范、标准和规定的消毒与灭菌设备；②其消毒与灭菌工艺流程和工作环境必须符合卫生要求；③具有能对消毒与灭菌效果进行检测的人员和条件，建立自检制度；④用环氧乙烷和电离辐射的方法进行消毒与灭菌的，其安全与环境保护等方面的要求按国家有关规定执行。

4. 监督机构　县级以上卫生计生行政部门对消毒工作行使监督管理职权。

第 4 节　常见传染病防治的法律规定

一、结核病防治的法律规定

结核病是由结核杆菌引起的以呼吸道传播为主的慢性传染病，以肺部感染为主，常可累及多处器官及组织。世界卫生组织（World Health Organization，WHO）《2021 年全球结核病报告》中指出，全球范围内，结核病是导致死亡的主要原因之一，2020 年结核病是位于 COVID-19 之后的第二大单一感染源致死原因。目前我国仍是全球 30 个结核病高负担国家之一，近年来，我国结核病发病呈下降趋势，但形势仍十分严重，特别是西部和农村地区，结核病死亡人数总体呈现较高水平。

为进一步做好结核病防治工作，有效预防、控制结核病的传播和流行，保障人体健康和公共卫生安全，2013 年 2 月 20 日卫生部第 92 号令公布《结核病防治管理办法》，自 2013 年 3 月 24 日起施行。制定了坚持预防为主、防治结合的方针，建立政府组织领导、部门各负其责、全社会共同参与的防治机制，以加强宣传教育，实行及时发现患者、规范治疗管理和关怀救助为重点的防治策略。

（一）结核病防治机构及职责

卫生行政部门应当积极协调有关部门加强结核病防治能力建设，逐步构建结核病定点医疗机构、基层医疗卫生机构、疾病预防控制机构分工明确、协调配合的防治服务体系。各级各类医疗卫生机构应当按照有关法律法规和卫生行政部门的规定，在职责范围内做好结核病防治的疫情监测和报告、诊断治疗、感染控制、转诊服务、患者管理、宣传教育等工作。

（二）结核病预防

1. 结核病防治　各级各类医疗卫生机构应当开展结核病防治的宣传教育，对就诊的肺结核患者及家属进行健康教育，宣传结核病防治政策和知识。根据国家免疫规划对适龄儿童开展卡介苗预防接种工作。

2. 肺结核筛查　医疗卫生机构应当重点做好以下人群的肺结核筛查工作：①从事结核病防治的医疗卫生人员；②食品、药品、化妆品从业人员；③《公共场所卫生管理条例》中规定的从业人员；④各级各类学校、托幼机构的教职员工及学校入学新生；⑤接触粉尘或者有害气体的人员；⑥乳牛饲养业从业人员；⑦其他易使肺结核扩散的人员。

3. 防止医源性感染　医疗卫生机构要制订结核病感染预防与控制计划，健全规章制度和工作规范，开展结核病感染预防与控制相关工作，落实各项结核病感染防控措施，防止医源性感染和传播。

（三）肺结核患者发现、报告与登记

1. 发现　①各级各类医疗机构应当对肺结核可疑症状者及时进行检查；②卫生行政部门指定的医疗卫生机构应当按照有关工作规范，对艾滋病病毒感染者和艾滋病患者进行结核病筛查和确诊；③结核病定点医疗机构应当对肺结核患者进行诊断，并对其中的传染性肺结核患者的密切接触者进行结核病筛查。

2. 报告　各级各类医疗机构对发现的确诊和疑似肺结核患者应当按照有关规定进行疫情报告，并将其转诊到患者居住地或者就诊医疗机构所在地的结核病定点医疗机构。

3. 登记　结核病定点医疗机构对肺结核患者进行管理登记。登记内容包括患者诊断、治疗及管理等相关信息。结核病定点医疗机构应当根据患者治疗管理等情况，及时更新患者管理登记内容。

（四）肺结核患者治疗与管理

1. 治疗　①结核病定点医疗机构应当为肺结核患者制定合理的治疗方案，提供规范化的治疗服务；②各级各类医疗机构对危、急、重症肺结核患者负有救治的责任，应当及时对患者进行医学处置，不得以任何理由推诿。

2. 管理　①疾病预防控制机构应当督促辖区内医疗卫生机构落实肺结核患者的治疗和管理工作；②基层医疗卫生机构应当对居家治疗的肺结核患者进行定期访视、督导服药等管理；③卫生行政部门指定的医疗机构应当按照有关工作规范对结核菌/艾滋病病毒双重感染患者进行抗结核和抗艾滋病病毒治疗、随访复查和管理；④医疗卫生机构对流动人口肺结核患者实行属地化管理，提供与当地居民同等的服务。

二、性病防治的法律规定

性病是以性接触为主要传播途径的疾病。为预防、控制性病的传播流行，保护人体健康，2012 年 11 月 23 日卫生部第 89 号令发布了《性病防治管理办法》，2013 年 1 月 1 日起施行。性病防治坚持预防为主、防治结合的方针，遵循依法防治、科学管理、分级负责、专业指导、部门合作、社会参与的原则。

（一）性病的范围

《传染病防治法》规定的乙类传染病中的梅毒和淋病；生殖道沙眼衣原体感染、尖锐湿疣、生殖器疱疹；卫生部根据疾病危害程度、流行情况等因素，确定需要管理的其他性病。

（二）性病防治机构

卫生行政部门根据当地性病防治工作需求，指定承担性病防治任务的疾病预防控制机构，合理规划开展性病诊疗业务的医疗机构。医疗机构应当积极提供性病诊疗服务，方便患者就医。

（三）性病的预防和控制

1. 各级疾病预防控制机构应当通过多种形式在有易感染性病危险行为的人群集中的场所宣传性病防治知识，倡导安全性行为，鼓励有易感染性病危险行为的人群定期到具备性病诊疗资质的医疗机构进行性病检查。

2. 开展性病诊疗业务的医疗机构应当为性病就诊者提供性病和生殖健康教育、咨询检测以及其他疾病的转诊服务。开展妇幼保健和助产服务的医疗机构应当对孕产妇进行梅毒筛查检测、咨询、必要的诊疗或者转诊服务，预防先天梅毒的发生。

3. 性病流行严重的地区，卫生行政部门可以根据当地情况，对特定人群采取普查普治的防治措施。

（四）性病的诊断和治疗

1. 首诊医师负责制　开展性病诊疗业务的医疗机构，实行首诊医师负责制，建立门诊日志，对就诊者逐例登记，对有可能感染性病或者具有性病可疑症状、体征的就诊者应当及时进行相关性病检查，不得以任何理由推诿。

2. 转诊和其他伴随疾病诊疗支持　不具备开展性病诊疗条件的医疗机构或者科室，在诊治、体检、筛查活动中发现疑似或者确诊的性病患者时，应当及时转诊至具备性病诊疗条件的医疗机构或者科室处置。当患者存在严重危及健康和生命的伴随疾病，可以安排在伴随疾病的专科继续诊治，开展性病诊疗业务的医疗机构或者科室应当给予性病诊治支持。

3. 规范诊治　①医疗机构及其医务人员对就诊者进行性病相关检查时，应当遵循知情同意的原则；②开展性病诊疗业务的医疗机构，应当按照安全、有效、经济、方便的原则提供性病治疗服务，优先使用基本药物；③开展性病诊疗业务的医务人员，应当严格按照卫生部发布的性病诊断标准及相关规范的要求，采集完整病史，进行体格检查、临床检验和诊断治疗；④开展性病诊疗业务的医务人员，应当规范书写病历，准确填报传染病报告卡报告疫情，对性病患者进行复查，提供健康教育与咨询等预防服务，并予以记录；⑤开展性病诊疗业务的医务人员，应当告知性病患者及早通知与其有性关系者及时就医。

（五）性病的报告

1. 开展性病诊疗业务的医疗机构是性病疫情责任报告单位，开展性病诊疗的医务人员是性病疫情责任报告人。性病疫情责任报告单位应当建立健全性病疫情登记和报告制度；性病疫情责任报告人发现应当报告的性病病例时，应当按照要求及时报告疫情。

2. 开展性病诊疗业务的医疗机构不得隐瞒、谎报、缓报疫情。

三、艾滋病防治的法律规定

艾滋病，是指人类免疫缺陷病毒（艾滋病病毒）引起的获得性免疫缺陷综合征。我国自 1985 年发现首例输入型艾滋病感染者以来，截至 2021 年 10 月底，我国现存艾滋病感染者是 114 万。目前，我国艾滋病流行形势依然严峻，防治工作中新老问题和难点问题并存，防治任务艰巨。2006 年 1 月 29日，国务院发布了《艾滋病防治条例》，2019 年 3 月 2 日进行了修订，为预防、控制艾滋病的发生与流行，保障人体健康和公共卫生提供了法律保证。

（一）艾滋病防治方针

艾滋病防治工作坚持预防为主、防治结合的方针，建立政府组织领导、部门各负其责、全社会共同参与的机制，加强宣传教育，采取行为干预和关怀救助等措施，实行综合防治。

（二）宣传教育

1. 普遍性宣传教育　①地方各级人民政府和政府有关部门应当组织开展艾滋病防治以及关怀和不歧视艾滋病病毒感染者、艾滋病病人及其家属的宣传教育，提倡健康文明的生活方式，营造良好的艾滋病防治的社会环境；应当在车站、码头、机场、公园等公共场所以及旅客列车和从事旅客运输的船舶等公共交通工具显著位置，设置固定的艾滋病防治广告牌或者张贴艾滋病防治公益广告，组织发放艾滋病防治宣传材料；应当在医疗卫生机构开通艾滋病防治咨询服务电话，向公众提供艾滋病防治咨询服务和指导。②广播、电视、报刊、互联网等新闻媒体应当开展艾滋病防治的公益宣传。③机关、团体、企业事业单位、个体经济组织应当组织本单位从业人员学习有关艾滋病防治的法律、法规、政策和知识，支持本单位从业人员参与艾滋病防治的宣传教育活动。④县级以上人民政府卫生主管部门应当加强艾滋病防治的宣传教育工作，对有关部门、组织和个人开展艾滋病防治的宣传教育工作提供技术支持。

2. 对重点人群的宣传教育　①医疗卫生机构应当组织工作人员学习有关艾滋病防治的法律、法规、政策和知识；医务人员应当对就诊者进行艾滋病防治的宣传教育。②县级以上人民政府教育主管部门应当指导、督促高等院校、中等职业学校和普通中学将艾滋病防治知识纳入有关课程，开展有关课外教育活动。③县级以上人民政府人口和计划生育主管部门应当利用计划生育宣传和技术服务网络，组织开展艾滋病防治的宣传教育。④县级以上人民政府有关部门和从事劳务中介服务的机构，应当对进城务工人员加强艾滋病防治的宣传教育。⑤出入境检验检疫机构应当在出入境口岸加强艾滋病防治的宣传教育工作。⑥国家鼓励和支持妇女联合会、红十字会开展艾滋病防治的宣传教育，纳入妇女儿童工作内容，提高妇女预防艾滋病的意识和能力。⑦地方各级人民政府和政府有关部门应当采取措施，鼓励和支持有关组织和个人对有易感染艾滋病病毒危险行为的人群开展艾滋病防治的咨询、指导和宣传教育。

（三）预防与控制

1. 国家建立健全艾滋病监测网络　国务院卫生主管部门制定国家艾滋病监测规划和方案；省、自治区、直辖市人民政府卫生主管部门根据国家艾滋病监测规划和方案，制定本行政区域的艾滋病监测计划和工作方案，组织开展艾滋病监测和专题调查，掌握艾滋病疫情变化情况和流行趋势；疾病预防控制机构负责对艾滋病发生、流行以及影响其发生、流行的因素开展监测活动；出入境检验检疫机构负责对出入境人员进行艾滋病监测，并将监测结果及时向卫生主管部门报告。

2. 国家实行艾滋病自愿咨询和自愿检测制度　县级以上地方人民政府卫生主管部门指定的医疗卫生机构，应当按照国务院卫生主管部门会同国务院其他有关部门制定的艾滋病自愿咨询和检测办法，为自愿接受艾滋病咨询、检测的人员免费提供咨询和初筛检测。

3. 推广使用安全套　①县级以上人民政府卫生、市场监督管理、药品监督管理、广播电视等部门应当组织推广使用安全套，建立和完善安全套供应网络；②省、自治区、直辖市人民政府确定的公共场所的经营者应当在公共场所内放置安全套或者设置安全套发售设施。

4. 严防艾滋病医院感染和医源性感染　医疗卫生机构和出入境检验检疫机构应当按照国务院卫生主管部门的规定，遵守标准防护原则，严格执行操作规程和消毒管理制度，防止发生艾滋病医院感染和医源性感染。

5. 对特定人群的管理　①县级以上地方人民政府和政府有关部门应当依照《艾滋病防治条例》规定，根据本行政区域艾滋病的流行情况，制定措施，鼓励和支持居民委员会、村民委员会以及其他有关组织和个人推广预防艾滋病的行为干预措施，帮助有易感染艾滋病病毒危险行为的人群改变行为；②县级以上人民政府应当建立艾滋病防治工作与禁毒工作的协调机制，组织有关部门落实针对吸毒人群的艾滋病防治措施；③公共场所的服务人员应当依照《公共场所卫生管理条例》的规定，定期进行相关健康检查，取得健康合格证明，经营者应当查验其健康合格证明，不得允许未取得健康合格证明的人员从事服务工作；④对卫生技术人员和在执行公务中可能感染艾滋病病毒的人员，县级以上人民政府卫生主管部门和其他有关部门应当组织开展艾滋病防治知识和专业技能的培训，有关单位应当采取有效的卫生防护措施和医疗保健措施；⑤疾病预防控制机构应当按照属地管理的原则，对艾滋病病毒感染者和艾滋病病人进行医学随访。

6. 加强血液和血液制品及人体组织器官的管理　①血站、单采血浆站应当对采集的人体血液、血浆进行艾滋病检测，不得向医疗机构和血液制品生产单位供应未经艾滋病检测或者艾滋病检测阳性的人体血液、血浆；②采集或者使用人体组织、器官、细胞、骨髓的，应当进行艾滋病检测；③进口的人体血液、血浆、组织、器官、细胞、骨髓等，应当依照国境卫生检疫法律、行政法规的有关规定，接受出入境检验检疫机构的检疫。

（四）治疗与救助

1. 治疗　①医疗机构应当为艾滋病病毒感染者和艾滋病病人提供艾滋病防治咨询、诊断和治疗服务，不得因就诊的病人是艾滋病病毒感染者或者艾滋病病人，推诿或者拒绝对其其他疾病进行治疗；②对确诊的艾滋病病毒感染者和艾滋病病人，医疗卫生机构的工作人员应当将其感染或者发病的事实告知本人，本人为无行为能力人或者限制行为能力人的，应当告知其监护人；③医疗卫生机构应当按照国务院卫生主管部门制定的预防艾滋病母婴传播技术指导方案的规定，对孕产妇提供艾滋病防治咨询和检测，对感染艾滋病病毒的孕产妇及其婴儿，提供预防艾滋病母婴传播的咨询、产前指导、阻断、治疗、产后访视、婴儿随访和检测等服务。

2. 救助　①县级以上人民政府应当采取下列艾滋病防治关怀、救助措施：向农村艾滋病病人和城镇经济困难的艾滋病病人免费提供抗艾滋病病毒治疗药品，对农村和城镇经济困难的艾滋病病毒感染者、艾滋病病人适当减免抗机会性感染治疗药品的费用，向接受艾滋病咨询、检测的人员免费提供咨询和初筛检测，向感染艾滋病病毒的孕产妇免费提供预防艾滋病母婴传播的治疗和咨询。②生活困难的艾滋病病人遗留的孤儿和感染艾滋病病毒的未成年人接受义务教育的，应当免收杂费、书本费；接受学前教育和高中阶段教育的，应当减免学费等相关费用。③县级以上地方人民政府应当对生活困难并符合社会救助条件的艾滋病病毒感染者、艾滋病病人及其家属给予生活救助。④县级以上地方人民政府有关部门应当创造条件，扶持有劳动能力的艾滋病病毒感染者和艾滋病病人，从事力所能及的生产和工作。

（五）艾滋病病毒感染者和艾滋病病人的权利和义务

1. 权利　①任何单位和个人不得歧视艾滋病病毒感染者、艾滋病病人及其家属；②艾滋病病毒感染者、艾滋病病人及其家属享有的婚姻、就业、就医、入学等合法权益受法律保护；③未经本人或者其监护人同意，任何单位或者个人不得公开艾滋病病毒感染者、艾滋病病人及其家属的姓名、住址、工作单位、肖像、病史资料以及其他可能推断出其具体身份的信息。

2. 义务　①接受疾病预防控制机构或者出入境检验检疫机构的流行病学调查和指导；②将感染或者发病的事实及时告知与其有性关系者；③就医时，将感染或者发病的事实如实告知接诊医生；④采取必要的防护措施，防止感染他人。艾滋病病毒感染者和艾滋病病人不得以任何方式故意传播艾滋病。

四、新型冠状病毒感染

新型冠状病毒感染（corona virus disease 2019，COVID-19），是由新型冠状病毒（SARS-CoV-2，以下简称新冠病毒）引发的，其传染源主要是新型冠状病毒感染者；主要传播途径为经呼吸道飞沫和密切接触传播，在相对封闭的环境中经气溶胶传播，接触被病毒污染的物品后也可能造成感染。新型冠状病毒感染为急性呼吸道传染病，世界卫生组织总干事谭德塞，于 2020 年 3 月 11 日在日内瓦召开的新闻发布会上表示，经评估和判定，新冠病毒已构成全球大流行。

2020 年 1 月 20 日，国家卫生健康委发布公告，将新型冠状病毒感染导致的肺炎纳入《中华人民共和国传染病防治法》规定的乙类传染病，并采取甲类传染病的预防、控制措施。2022 年 12 月 26 日，国家卫生健康委发布 2022 年第 7 号公告，将新型冠状病毒肺炎更名为新型冠状病毒感染，自 2023 年 1 月 8 日起，解除对其采取的甲类传染病预防、控制措施。为贯彻落实党中央、国务院决策部署，稳妥有序将新型冠状病毒感染从"乙类甲管"调整为"乙类乙管"，有力有序有效应对调整后可能出现的风险，2023 年 1 月 7 日按照《关于对新型冠状病毒感染实施"乙类乙管"的总体方案》及其配套文件的相关要求，国务院联防联控机制综合组组织修订形成了《新型冠状病毒感染防控方案（第十版）》。指导各地做好疫情防控工作，进一步提高疫情防控的科学性、精准性，充分利用资源，提高防控效率，统筹疫情防控和经济社会发展。

（一）防控原则

坚持"预防为主、防治结合、依法科学、分级分类"的原则，坚持常态化精准防控和疫情流行期间应急处置相结合，压实"四方责任"，提高监测预警灵敏性，强化重点人群保护，实现"保健康、防重症"的工作目标，最大程度保护人民生命安全和身体健康，最大限度减少疫情对经济社会发展的影响。

（二）防控措施

1. 疫苗接种　①坚持知情、同意、自愿原则；②对于符合条件的 18 岁以上目标人群进行加强免疫接种；③对于感染高风险人群在完成第一剂次加强免疫接种满 6 个月后，可进行第二剂次加强免疫接种；④根据疫苗研发进展和临床试验结果，进一步完善疫苗接种策略。

2. 个人防护与宣传教育　①强调"每个人都是自己健康的第一责任人"；②全方位、多渠道开展新型冠状病毒感染防控知识宣传教育；③深入开展爱国卫生运动，推动将健康融入所有政策。

3. 监测预警　①常态监测包括病毒变异监测、个案报告、哨点医院监测、不明原因肺炎监测、城市污水监测。②应急监测包括核酸和抗原检测监测、医疗机构发热门诊（诊室）监测、重点机构监测、学生监测、社区人群哨点监测。③疾病预防控制机构动态分析、及时核实病例变化趋势，并向同级卫生健康行政部门及上级疾病预防控制机构报告，并定期向下级疾病预防控制机构和医疗机构通报疫情分析信息。根据防控需要，及时向社会发布预警信息。④适时发布疫情信息。根据工作需要通过多种形式解疑释惑，普及防护知识，及时回应热点问题。

4. 检测策略　①社区居民根据需要"愿检尽检"，不再开展全员核酸筛查。②对医疗机构收治的有发热等新冠病毒感染相关症状的患者开展抗原或核酸检测。③疫情流行期间，对养老机构、社会福利机构等脆弱人群集中场所的工作人员和被照护人员定期开展抗原或核酸检测。外来人员进入脆弱人群聚集场所等，查验48小时内核酸检测阴性证明并现场开展抗原检测。④对社区65岁及以上老年人、长期血液透析患者、严重糖尿病患者等重症高风险的社区居民、3岁及以下婴幼儿，出现发热等症状后及时指导开展抗原检测，或前往社区设置的便民核酸检测点进行核酸检测。⑤在社区保留足够的便民核酸检测点，保证居民"愿检尽检"需求。保障零售药店、药品网络销售电商等抗原检测试剂充足供应。

5. 传染源管理　①新型冠状病毒感染者不再实行隔离措施，实施分级分类收治；不再判定密切接触者，不再划定高低风险区。②未合并严重基础疾病的无症状感染者、轻型病例可采取居家自我照护，其他病例应及时到医疗机构就诊。③感染者居家期间，尽可能待在通风较好、相对独立的房间，减少与同住人员近距离接触。感染者非必要不外出，避免前往人群密集的公共场所，不参加聚集性活动；如需外出，应全程佩戴N95或KN95口罩。④感染者要做好接触频繁部位及共用区域的清洁和消毒；社区对感染者产生的生活垃圾，采取科学收运管理。

6. 重点环节防控　①重点人群：老年人、慢性基础疾病患者、孕妇、儿童和伤残人士、智障人士等社区人群；维持社会基本运行的保障行业，包括公安、交通、物流、寄递、水电气暖保供等行业，以及大型企业等行业从业人员。②重点机构：养老机构、社会福利机构等重点机构、医疗机构、学校、学前教育机构、党政机关、企事业单位。③重点场所：人员密集、空间密闭，容易发生聚集性疫情的场所。④重点地区：农村地区。应根据防控需要采取相应的防控措施。

7. 流行期间紧急防控措施　①暂缓非必要的大型活动（会展、赛事、演出、大型会议等）；②暂停大型娱乐场所营业活动；③博物馆、艺术馆等室内公共场所采取限流措施；④严格管理养老机构、社会福利机构、精神病院等脆弱人群集中场所；⑤企事业单位、工厂等实行错时上下班，弹性工作制或采取居家办公措施；⑥幼儿园、中小学和高等教育机构采取临时性线上教学；⑦其他紧急防控措施。

8. 组织保障　①地方各级党委和政府要守土有责，守土尽责，压实主体责任，明确责任分工，加强力量统筹，周密组织实施，按照国家有关要求抓紧抓实抓细各项工作。②强化培训指导，明确工作目标，细化工作要求，推动工作落实。③强化督导检查，确保疫情防控各项政策措施落地落实。

第5节　法　律　责　任

加强传染病防治的监督管理、明确各级各类机构组织和个人的法律责任是防治传染病的重要环节。完善的监督管理体系、严肃的法律责任体系，有利于传染病防治工作的开展、落实。

一、传染病防治监督机构及职责

（一）监督机构

国务院卫生行政部门主管全国传染病防治及其监督管理工作。县级以上地方人民政府卫生行政部门负责本行政区域内的传染病防治及其监督管理工作。中国人民解放军卫生主管部门对军队的防治工作实施监督管理。

（二）职责

1. 对下级人民政府卫生行政部门履行传染病防治法规定的传染病防治职责进行监督检查。
2. 对疾病预防控制机构、医疗机构的传染病防治工作进行监督检查。
3. 对采供血机构的采供血活动进行监督检查。
4. 对用于传染病防治的消毒产品及其生产单位进行监督检查，并对饮用水供水单位从事生产或者供应活动以及涉及饮用水卫生安全的产品进行监督检查。
5. 对传染病菌种、毒种和传染病检测样本的采集、保藏、携带、运输、使用进行监督检查。
6. 对公共场所和有关单位的卫生条件和传染病预防、控制措施进行监督检查。

二、传染病防治的法律责任

 案例 9-2

2022 年 3 月开始，上海陆续出现 COVID-19 本土确诊病例。王某自 4 月份以来，多次驾驶大货车在山东某市与上海两地往返，通过向防疫人员出示其妻子的行程码，隐瞒自身真实行程的方式进入该市。4 月 12 日王某新冠病毒核酸检测呈阳性。王某使用他人行程码隐瞒自身真实行程且未按规定如实报备的行为，导致该市隔离 359 人、封闭场所 14 处，其行为引起 COVID-19 传播严重危险，扰乱防疫秩序，造成重大经济损失。法院判处被告人王某有期徒刑十个月，缓刑一年。该案系该市首例疫情防控期间妨害传染病防治罪案。

问题：1. 违反《传染病防治法》需要承担哪些法律责任？

2. 妨害传染病防治罪的立案标准是什么？

凡违反《传染病防治法》的行为均应承担法律责任，包括行政责任、民事责任和刑事责任。

（一）行政责任

1. 承担行政责任的主体 地方各级人民政府；县级以上人民政府卫生行政部门；县级以上人民政府有关部门；疾病预防控制机构；医疗机构；采供血机构；国境卫生检疫机关；动物防疫机构；铁路、交通、民用航空等经营单位及其他单位与部门。

2. 承担行政责任的行为 未履行报告、通报和公布职责或者隐瞒、谎报、缓报传染病疫情的；未及时采取预防、控制措施的；未履行监督检查责任的；未履行传染病监测职责的；未履行传染病防治和保障职责的；未主动收集疫情或未及时分析调查核实疫情的；泄露个人隐私的；未履行院内感染预防、控制职责的；未提供医疗救护、现场救援的；未进行院内消毒与废物处置的；非法采集血液或者组织他人出卖血液的；引起经血液传播疾病发生的；饮用水及其产品、消毒产品、血液制品不符合国家卫生标准和卫生规范的；造成实验室感染和病原微生物扩散的；菌种、毒种管理和使用不当的；未经卫生调查进行大型建设项目施工的等。

（二）民事责任

1. 单位和个人违反《传染病防治法》规定，导致传染病传播、流行，给他人人身、财产造成损失的，应当依法承担民事责任。

2. 疫病预防控制机构、医疗机构、采供血机构和血液制品生产单位违反法律法规的规定，造成他人发生经血液感染传染病的，应当依法承担民事赔偿责任。

（三）刑事责任

《传染病防治法》规定，违反传染病防治法，情节严重，构成犯罪的，依照《刑法》有关规定追究刑事责任。主要有妨害传染病防治罪，传染病菌种、毒种扩散罪，污染环境罪，传播性病罪，传染病防治失职罪等。

1. 《传染病防治法》规定，下列乙类传染病按甲类传染病管理的是
   A. 艾滋病
   B. 病毒性肝炎
   C. 肺结核
   D. 传染性非典型肺炎
   E. 白喉

2. 在传染病的预防工作中，国家实行的制度不包括
   A. 卫生健康教育制度
   B. 监测与预警制度
   C. 医疗救治制度
   D. 卫生调查制度
   E. 有计划的预防接种制度

3. 下列应采取强制隔离治疗措施的是
   A. 甲型肝炎病人
   B. 肺炭疽病人

   C. 麻风病人
   D. 艾滋病病原携带者
   E. 肺结核病人

4. 《传染病防治法》规定的法定传染病有
   A. 28 种
   B. 35 种
   C. 37 种
   D. 40 种
   E. 48 种

5. 对疑似甲类传染病病人在明确诊断前，应在指定的场所进行
   A. 访视
   B. 留验
   C. 隔离
   D. 医学观察
   E. 就地诊验

（汪　祎）

第10章
母婴保健管理法律制度

母婴保健管理法律制度是调整保障母亲和婴儿健康、提高出生人口素质活动中产生的各种社会关系的法律规范的总称。主要法律依据包括 1995 年 6 月 1 日起施行的《母婴保健法》和 2001 年 6 月 20 日公布、2017 年 11 月 17 日修订的《中华人民共和国母婴保健法实施办法》（以下简称《母婴保健法实施办法》）。母婴保健工作应遵循以保健为中心，以保障生殖健康为目的，实行保健和临床相结合，面向群体、面向基层和预防为主的工作方针。

第1节 概 述

母婴保健是世界各国共同关注的社会问题，"儿童优先""母亲安全"成为国际社会的共识。自中华人民共和国成立以来，特别是改革开放以来，在党和政府的关怀下，关于母婴保健的立法不断完善和发展，并逐步与世界接轨。我国的《母婴保健法》界定了母婴保健服务的内容、对象和管理方式，规定了政府对母婴提供保健服务的责任。它的颁布与实施为广大妇女儿童的身体健康提供了法律保障，有利于促进母婴保健事业的发展和妇女儿童健康水平的提高。2021 年 9 月，国务院印发《中国妇女发展纲要（2021—2030 年）》和《中国儿童发展纲要（2021—2030 年）》（以下简称两纲），国家卫生健康委制定了《国家卫生健康委关于贯彻 2021—2030 年中国妇女儿童发展纲要的实施方案》等。这些法律法规及政策的颁布和实施，充分显示了党和政府对广大妇女儿童身心健康的关怀和重视，有利于改善农村和边远贫困地区妇女儿童的健康状况，对于发展我国妇幼卫生事业，保障妇女儿童健康，提高人口素质，促进家庭幸福、民族兴旺和社会进步都具有十分重要的意义。

案例 10-1

王某因怀孕定期在某二级甲等医院进行产前检查，先后做了四次 B 超，其中两次显示胎儿"远端显示不清"或"欠理想"，但院方未告知其需要进一步检查，王某足月产下一名右前臂 2/3 处缺如的男性婴儿。产妇王某与丈夫刘某认为，由于医院 B 超诊断失误，致使婴儿的健康权受到损害，而未履行告知的义务也损害了夫妇俩的知情权和选择权，最终造成残疾婴儿的出生，对夫妇俩和孩子以后的生活、婚姻等带来很大影响，为此诉至法院，要求医院承担赔偿责任。

问题：1. 法院是否应支持他们的诉讼请求？

2. 我国《母婴保健法》对于婚前保健和孕产期保健有哪些规定？

一、母婴保健法的概念

母亲，在一般意义上泛指生长发育成熟、进入成年期以后的妇女，而《母婴保健法》所涉及的母亲，主要是指围婚、围产、围哺期的妇女。婴儿，在医学上是指 1 周岁以内的儿童，而《母婴保健法》中的婴儿保健泛指整个儿童期的保健。

母婴保健是指医疗保健机构运用医学科学技术，为公民提供婚前保健、孕产期保健和婴儿保健服务，保障母婴健康，提高出生人口素质。

母婴保健法是指在调整保障母亲和婴儿健康，提高出生人口素质活动中产生的各种社会关系的法律规范的总称。具体是指《母婴保健法》《母婴保健法实施办法》及与其相配套实施的法规、规章和规范性文件。

二、母婴保健法的适用范围

凡在中华人民共和国境内从事母婴保健服务活动的机构及其人员（包括母婴保健的服务对象和当事人）都应当遵守《母婴保健法》及与其相关的法规、规章和规范性文件。

从事计划生育技术服务的机构开展计划生育技术服务活动，还应当遵守《中华人民共和国人口与计划生育法》的规定。

三、母婴保健技术服务事项

母婴保健技术服务主要包括下列7个事项：①有关母婴保健的科普宣传、教育和咨询；②婚前医学检查；③产前诊断和遗传病诊断；④助产技术；⑤实施医学上需要的节育手术；⑥新生儿疾病筛查；⑦有关生育、节育、不育的其他生殖保健服务。

第2节　婚　前　保　健

婚前保健是妇幼保健工作的重要内容之一。婚前保健的目的不仅能对准备结婚的男女双方实行婚前卫生指导，而且还能通过医学检查及时发现影响结婚和生育的疾病，从而及时采取相应措施，预防和减少严重缺陷新生儿的出生。

一、婚前保健的内容

《母婴保健法》第七条规定："医疗保健机构应当为公民提供婚前保健服务"，对准备结婚的男女双方提供与结婚和生育有关的生殖健康知识，并根据需要提出医学指导意见。

婚前保健服务包括下列内容：

（一）婚前卫生指导

婚前卫生指导是指对准备结婚的男女双方进行的以生殖健康为核心、与结婚和生育有关的保健知识的宣传教育。其内容主要包括：①有关性卫生的保健和教育；②新婚避孕知识及计划生育指导；③受孕前的准备、环境和疾病对后代影响等孕前保健知识；④遗传病的基本知识；⑤影响婚育的有关疾病的基本知识；⑥其他生殖健康知识。

（二）婚前卫生咨询

婚前卫生咨询是指受过专业培训的医师与服务对象面对面地交谈，针对医学检查结果发现的异常情况以及服务对象提出的具体问题进行解答、交换意见、提供信息，帮助其做出合适的决定。医师进行婚前卫生咨询时，应当为服务对象提供科学的信息，对可能产生的后果进行指导，并提出适当的建议。

（三）婚前医学检查

婚前医学检查是指医疗保健机构对准备结婚的男女双方可能患有影响结婚和生育的疾病进行医学

检查。婚前医学检查应当遵循婚前保健工作规范，并按照婚前医学检查项目进行。

医者仁心

人民医学家林巧稚教授

林巧稚（1901年12月—1983年4月），医学家，新中国第一位中国科学院女学部委员，中国现代妇产科学的奠基者和开拓者。她亲手接生了5万多个孩子，筹建了北京妇产医院，为我国妇产科学界培养了一代又一代的优秀接班人。2009年被评为"100位新中国成立以来感动中国人物"，2019年荣获"最美奋斗者"称号。让我们重温林巧稚教授的话，"关爱，是医生给病人的第一张处方。"林巧稚用对亲人的方式对待病人，直接用耳朵贴在病人的肚子上，为病人擦擦汗水，披披被角。每当产妇因为阵痛而乱抓的时候，林巧稚总是让她们抓自己的手，她后来说了原因，不能让她们去抓冰凉的铁床栏，那样将来会留下病根的。

二、婚前医学检查的内容

我国《民法典》第五编婚姻家庭第一千零五十三条规定："一方患有重大疾病的，应当在结婚登记前如实告知另一方；不如实告知的，另一方可以向人民法院请求撤销婚姻。"《母婴保健法》第九条明确规定，经婚前医学检查，对患指定传染病在传染期内或者有关精神病在发病期内的，医师应当提出医学意见；准备结婚的男女双方应当暂缓结婚。因而，婚前医学检查机构应当对接受婚前医学检查的当事人出具检查意见。

婚前医学检查的项目主要有询问病史、体格检查、常规辅助检查和其他特殊检查，其中常规辅助检查包括胸部透视、血常规、尿常规、梅毒筛查、血氨基转移酶和乙肝表面抗原检测、女性阴道分泌物滴虫和霉菌检查；其他特殊检查包括乙型肝炎血清学标志检测，淋病、艾滋病、支原体和衣原体检查，精液常规，B超，乳腺、染色体检查等。婚前医学检查的目的是检查当事人是否患有以下疾病：①严重遗传性疾病，指由于遗传因素先天形成，患者全部或部分丧失自主生活能力、后代再现风险高、婚后不宜生育的疾病。②指定传染病，指《传染病防治法》中规定的艾滋病、淋病、梅毒、麻风病的传染期内以及医学上认为影响结婚和生育的其他传染病。③有关精神病，主要指精神分裂症、躁狂抑郁型精神病及其他重型精神病。④其他与婚育有关的疾病，如重要脏器疾病和生殖系统疾病等。

在实行婚前医学检查的地区，准备结婚的男女双方在办理结婚登记前，应当到医疗、保健机构进行婚前医学检查。

三、婚前医学检查的意见

婚前医学检查由经所在地县级人民政府卫生行政部门审查符合条件的医疗、保健机构承担。经婚前医学检查，医疗保健机构不能确诊的，应当转到设区的市级以上人民政府卫生行政部门指定的医疗保健机构确诊。接受婚前医学检查的人员对检查结果持有异议的，可以申请医学技术鉴定，取得医学鉴定证明。

婚前医学检查机构应向接受婚前医学检查的当事人出具《婚前医学检查证明》，并注明医学检查意见。婚前医学检查意见一般包括以下几种。

1. 建议不宜结婚 双方为直系血亲、三代内旁系血亲关系以及患有医学上认为不应结婚的疾病，如发现一方或双方患有重度、极重度智力低下，不具有婚姻意识能力的；重型精神病，在病情发作期有攻击危害行为的，应注明"建议不宜结婚"。

2. 建议暂缓结婚 发现指定传染病在传染期内、有关精神病在发病期内或其他医学上认为应暂缓结婚的疾病时，应注明"建议暂缓结婚"。

3. 建议不宜生育　发现医学上认为不宜生育的严重遗传性疾病或其他重要脏器疾病以及医学上认为不宜生育的疾病，医师应向男女双方说明情况，提出医学意见，经男女双方同意，采取长效避孕措施或施行结扎手术后不生育的，应注明"可以结婚，建议不宜生育"。

4. 建议采取医学措施，尊重受检者意愿　对于婚检发现的可能会终生传染的不在发病期的传染病患者或病原体携带者，在出具婚前检查医学意见时，应向受检者说明情况，提出预防、治疗及采取其他医学措施的意见。若受检者坚持结婚，应充分尊重受检双方的意愿，应注明"建议采取医学措施，尊重受检者意愿"。

5. 未发现医学上不宜结婚的情形，可以结婚　未发现上述第 1、2、3、4 种情况，为婚检时法定允许结婚的情形，注明"未发现医学上不宜结婚的情形"。

在出具任何一种医学意见时，婚检医师应当向当事人说明情况，并进行指导。

应当注意的是，无论是婚前医学检查和证明，还是医学鉴定和证明，都只是一种医学结论，而不是行政决定，并不具备强制执行力。在出具这些医学结论证明后，当事人是否可以结婚或是否暂缓结婚应当由当事人或婚姻登记机关决定。可见，婚前医学检查以科学为依据，对公民提出要求，有限制但不强制，它对促进婚姻美满、家庭幸福，预防和减少严重先天残疾儿的出生具有重要意义。

第 3 节　孕产期保健

孕产期保健是指各级各类医疗保健机构为准备妊娠至产后 42 天的妇女及胎婴儿提供全程系列的医疗保健服务，包括孕前、孕期、分娩期及产褥期各阶段的系统保健。孕产期保健是母婴保健的中心环节。

一、孕产期保健的内容

《母婴保健法实施办法》规定，医疗保健机构应当开展母婴保健指导、孕产妇保健、胎儿保健和新生儿保健，为育龄妇女和孕产妇提供有关避孕、节育、生育、不育和生殖健康的咨询和医疗保健服务。通过系列保健服务，为产妇提供科学育儿、合理营养和母乳喂养的指导，同时提供对婴儿进行体格检查和预防接种、逐步开展新生儿疾病筛查、婴儿多发病和常见病防治等医疗保健服务。

（一）母婴保健指导

母婴保健指导，是指医疗保健机构为服务对象孕育健康后代提供医学指导与咨询，对孕育健康后代以及严重遗传性疾病和碘缺乏病等地方病的发病原因、治疗与预防措施提供医学意见。即医疗保健机构为准备妊娠的夫妇提供孕前保健，包括健康教育与咨询、孕前医学检查、健康状况评估和健康指导等。孕前保健一般在计划受孕前 6 个月进行。

（二）孕产妇保健

医疗保健机构应当为孕妇、产妇提供卫生、营养、心理等方面的咨询和指导，以及产前定期检查、产时及产后保健等医学保健服务。主要包括：①为孕产妇建立孕产期保健册（卡）、提供产前检查、筛查危险因素、诊治妊娠合并症和并发症等；②对高危孕妇进行专案管理，密切观察并及时处理危险因素；③为孕产妇提供安全分娩技术服务；④定期进行产后访视，指导产妇科学喂养婴儿；⑤提供避孕咨询指导和技术服务；⑥对产妇及家属进行生殖健康教育和科学育儿知识教育。

（三）胎儿保健

胎儿保健是指为胎儿生长发育提供监护，提供咨询和医学指导。胎儿保健需要在医师的指导下定期开展，包括：①孕妇早期妊娠阶段的保健。这是胚胎和胎儿各器官形成期，重点预防先天畸形。孕妇患病毒感染或吸烟、饮酒，滥用药物，接受放射线照射、身处噪声环境，甚至情绪不好等情况，均可能导致胎儿先天畸形。②妊娠中、晚期保健。这是胎儿快速生长发育阶段，此时期孕妇的营养很重要，应多进食优质蛋白质和富含铁的食品，多吃绿色蔬菜和水果，补充适量的钙和维生素 D，减少胎儿宫内营养不良，同时孕妇要防止感染和过劳，生活要规律化，心情要愉快，以保证顺利分娩。

（四）新生儿保健

新生儿保健是指为新生儿生长发育、哺乳和护理提供医疗保健服务。主要包括：①按照国家有关规定开展新生儿先天性、遗传性代谢病筛查、诊断、治疗和监测。②进行新生儿访视，建立儿童保健手册（卡），定期对其进行健康检查，提供有关预防疾病、合理膳食、促进智力发育等科学知识，做好婴儿多发病、常见病防治等医疗保健服务。③按照规定的程序和项目对婴儿进行预防接种，婴儿的监护人应当保证婴儿及时接受预防接种。④国家推行母乳喂养，为实施母乳喂养提供技术指导，为住院分娩的产妇提供必要的母乳喂养条件；医疗、保健机构不得向孕产妇和婴儿家庭宣传、推荐母乳代用品。⑤母乳代用品产品包装标签应当在显著位置标明母乳喂养的优越性；母乳代用品生产者、销售者不得向医疗、保健机构赠送产品样品或者以推销为目的有条件地提供设备、资金和资料。⑥妇女享有国家规定的产假。有不满 1 周岁婴儿的妇女，所在单位应当在劳动时间内为其安排一定的哺乳时间。

二、医学指导和医学意见

为保证孕妇和胎儿的生命安全和身体健康，医疗保健机构应当出具医学指导意见并进行医学指导。

（一）医学指导

对患有严重疾病或者接触致畸物质，妊娠可能危及孕妇生命安全或者严重影响孕妇健康和胎儿正常发育的，医疗保健机构应当予以医学指导和必要的医学检查。①严重的妊娠合并症或者并发症；②严重的精神性疾病；③国务院卫生行政部门规定的严重影响生育的其他疾病。

（二）医学意见

医师发现或怀疑患严重遗传性疾病的育龄夫妻，应当提出医学意见；限于现有医疗技术水平难以确诊的，应当向当事人说明情况。育龄夫妻可以自愿选择避孕、节育、不育等相应的医学措施。生育过严重缺陷患儿的妇女再次妊娠前，夫妻双方应当到县级以上妇幼保健院或省级卫生行政部门指定的医疗保健机构接受检查。医疗保健机构应当向当事人介绍有关遗传性疾病的知识，给予咨询和指导。对诊断患有医学上认为不宜生育的严重遗传性疾病的，医师应当向当事人说明情况，并提出医学意见。

三、产前诊断和终止妊娠

《母婴保健法》规定，经产前检查，医师发现或者怀疑胎儿异常的，应当对孕妇进行产前诊断，即对胎儿进行先天性缺陷和遗传性疾病的诊断。经产前诊断，有《母婴保健法》规定情形的，医师应当向夫妻双方说明情况，并提出终止妊娠的医学意见。

（一）产前诊断

产前诊断是对胎儿进行先天性缺陷和遗传性疾病的诊断。目前常用的产前诊断技术有染色体检查、基因诊断、超声诊断以及实验室检查等。孕妇有下列情形之一的，医师应当对其做产前诊断：①羊水过多或者过少的；②胎儿发育异常或者胎儿有可疑畸形的；③孕早期接触过可能导致胎儿先天性缺陷的物质的；④有遗传病家族史或者曾经分娩过先天性严重缺陷儿的；⑤初产妇年龄超过35周岁的。

（二）终止妊娠

经产前检查和产前诊断有下列情形之一的，医师应当向夫妻双方说明情况，并提出终止妊娠的医学意见：①胎儿患有严重遗传性疾病的；②胎儿有严重缺陷的；③因患严重疾病，继续妊娠可能危及孕妇生命安全或者严重危害孕妇健康的。

依照《母婴保健法》规定施行终止妊娠或者结扎手术，应当经本人同意，并签署意见。本人无行为能力的，应当经其监护人同意，并签署意见。施行终止妊娠或者结扎手术的，接受免费服务。

四、胎儿性别鉴定的禁止性规定

我国政府对胎儿性别鉴定一直采取禁止的态度，《母婴保健法》第三十二条规定："严禁采用技术手段对胎儿进行性别鉴定，但医学上确有需要的除外"。这里所说的医学需要主要是指与性别有关的遗传性疾病的产前诊断。为促进出生人口性别结构趋向平衡，依法严厉打击非医学需要的胎儿性别鉴定和选择性别人工终止妊娠行为，国家卫生行政部门单独或者联合其他部门出台相关规定、通知。

国家计划生育委员会第八号部长令发布《关于禁止非医学需要的胎儿性别鉴定和选择性的人工终止妊娠的规定》中强调"禁止非医学需要的胎儿性别鉴定，该规定自2003年1月1日起施行。未经卫生行政部门或计划生育行政部门批准，任何机构和个人不得开展胎儿性别鉴定和人工终止妊娠手术"。"实施医学需要的胎儿性别鉴定，应当由实施机构三人以上的专家组集体审核"。2006年7月21日卫生部发布《关于严禁利用超声等技术手段进行非医学需要的胎儿性别鉴定和选择性别人工终止妊娠的通知》，指出"对开展遗传诊断和治疗的医疗机构及其医务人员实行准入管理，只有具备遗传性疾病诊断能力的二级甲等以上综合医院和妇幼保健院方可申请开展医学需要的胎儿性别鉴定"。

2016年3月28日，国家卫生和计划生育委员会、国家工商行政管理总局、国家食品药品监督管理总局共同发布的《关于禁止非医学需要的胎儿性别鉴定和选择性别人工终止妊娠的规定》；2018年9月19日，国家卫生健康委员会、中央网信办、工业和信息化部、国家市场监督管理总局和国家药品监督管理局联合发布《关于严禁非法使用超声诊断仪开展"胎儿摄影"活动的通知》规定有些"胎儿摄影"涉嫌非医学需要的胎儿性别鉴定行为，各地要按照《人口与计划生育法》《母婴保健法》《禁止非医学需要的胎儿性别鉴定和选择性别人工终止妊娠的规定》等法律法规和规章，禁止任何单位和个人实施"两非"（非医学需要的胎儿性别鉴定和非医学需要的选择性别的人工终止妊娠），或者介绍、组织孕妇实施"两非"。一经发现，各地卫生健康和药监部门要按照各自职责，依法依规坚决予以查处。

五、住 院 分 娩

国家提倡住院分娩。医疗保健机构应当按照国务院卫生行政部门制定的技术操作规范，实施消毒接生和新生儿复苏工作，降低孕产妇及围产儿发病率、死亡率。没有条件住院分娩的，应当由经县级地方人民政府卫生行政部门许可并取得家庭接生员技术证书的人员接生。高危孕妇应当在医疗保健机构住院分娩。

2021 年《全国第六次卫生服务统计调查报告》显示，我国孕产妇住院分娩率为 98.6%。国家卫生健康委员会 2022 年 5 月 30 日新闻发布会中，国家卫生健康委妇幼司司长宋莉答记者问时公布数据：近年来，全国孕产妇住院分娩率持续稳定在 99% 以上，孕产妇系统管理率、儿童健康管理率保持在 90% 以上。妇女儿童健康水平城乡地区间差距进一步缩小。

链　接　出生缺陷"三级预防"

世界卫生组织（WHO）提出的出生缺陷"三级预防"策略部署。一级预防是指通过健康教育、选择最佳生育年龄、遗传咨询、婚前检查、孕早期保健（包括合理营养、谨慎用药、戒烟戒酒、避免接触放射线和有毒有害物质、避免接触高温环境等）减少出生缺陷的发生；二级预防是指通过孕期筛查和产前诊断识别胎儿的严重先天缺陷，早期发现，早期干预减少缺陷儿的出生；三级预防是指对新生儿疾病的早期筛查，早期诊断，及时治疗，避免或减轻致残率，提高患儿的生活品质。

六、新生儿出生医学证明

新生儿出生医学证明，又称出生医学证明，是依据《母婴保健法》出具的、证明婴儿出生状态、血亲关系以及申报国籍、户籍取得公民身份的法定医学证明。医疗保健机构和从事家庭接生的人员按照国务院卫生行政部门的规定，出具统一制发的新生儿出生医学证明；有产妇和婴儿死亡以及新生儿出生缺陷情况的，应当向卫生行政部门报告。新生儿出生医学证明是新生儿申报户口的依据，由新生儿父母或监护人到新生儿常住地户口登记机关申报。

七、医学技术鉴定

医学技术鉴定是指接受母婴保健服务的公民或提供母婴保健服务的医疗保健机构，对婚前医学检查、遗传病诊断和产前诊断结果或医学技术鉴定结论持有异议时所进行的技术鉴定。

（一）医学技术鉴定组织

省、市、县级人民政府应当分别设立母婴保健医学技术鉴定组织，统称母婴保健医学技术鉴定委员会，负责本行政区域内有异议的婚前医学检查、遗传病诊断、产前检查的结果和有异议的下一级医学技术鉴定结论的医学技术鉴定工作。母婴保健医学技术鉴定工作必须坚持实事求是、尊重科学、公正鉴定、保守秘密的原则。

（二）医学技术鉴定人员

医学技术鉴定委员会应由妇产科、儿科、妇女保健、儿童保健、生殖保健、医学遗传、神经病学、精神病学、传染病学等学科的医学专家组成，必须具有临床经验和医学遗传学知识，并且具备下列条件：①认真负责的精神和良好的医德风尚；②县级母婴保健医学技术鉴定委员会成员应当具有主治医师以上专业技术职务，设区的市级和省级母婴保健医学技术鉴定委员会成员应当具有副主任医师以上专业技术职务。医学技术鉴定组织的组成人员，由卫生行政部门提名，同级人民政府聘任。

（三）医学技术鉴定程序

当事人对许可的医疗保健机构出具的婚前医学检查、遗传病诊断、产前诊断结果持有异议的，可在接到诊断结果之日起 15 日内向所在地县或设区的市级母婴保健医学技术鉴定委员会申请医学技术鉴定，填写《母婴保健医学技术鉴定申请表》，并提交有关材料。母婴保健医学技术鉴定委员会应当在接到鉴定申请之日起 30 日内做出医学技术鉴定意见，并及时通知当事人。当事人对鉴定结论有异议，可在接到《母婴保健医学技术鉴定证明》之日起 15 日内向上一级医学技术鉴定委员会申请重新鉴定。省级母婴保健医学技术鉴定委员会的鉴定为最终鉴定结论。

医学技术鉴定委员会进行医学技术鉴定时必须有五名以上相关专业医学技术鉴定委员会成员参加。参加鉴定人员中与当事人有利害关系的，应当回避。鉴定委员会成员应当在鉴定结论上署名；不同意见应当如实记录。鉴定委员会根据鉴定结论向当事人出具鉴定意见书。

第 4 节 法 律 责 任

母婴保健工作是一项技术性很强的工作，而且直接涉及公民的健康权、生育权以至生命权。为开展母婴保健工作的管理和监督，规范母婴保健工作和提高母婴保健的技术水平，我国明确规定了卫生行政部门、医疗保健机构、母婴保健工作人员的职责和权限，实现了母婴保健管理工作的规范化。1995年 8 月 7 日卫生部发布、2019 年修订、2021 年再次修订的《母婴保健专项技术服务许可及人员资格管理办法》，有力地推动了母婴保健事业的发展。

一、母婴保健工作概述

（一）母婴保健机构

母婴保健机构是指依据《母婴保健法》开展母婴保健业务的各级妇幼保健机构以及其他开展母婴保健技术服务的医疗保健机构，其职责是负责其职责范围内的母婴保健工作，建立医疗保健工作规范，提高医学技术水平，采取各种措施方便人民群众，做好母婴保健服务工作。

《母婴保健法》规定，医疗保健机构开展母婴保健技术服务须取得执业许可。包括：①医疗保健机构和其他开展母婴保健技术服务的机构开展结扎手术和终止妊娠手术，必须经县级以上卫生行政部门许可，取得相应的合格证书。②医疗保健机构开展婚前医学检查，由其所在地县级人民政府卫生行政部门进行审查，符合条件的，在其医疗机构执业许可证上注明。③医疗保健机构开展遗传病诊断和产前诊断，必须经省级卫生行政部门许可；但是，从事产前诊断中产前筛查的医疗、保健机构，须经县级人民政府卫生行政部门许可，取得相应的合格证书。

 案例 10-2

某区卫生监督所接到举报，称"某医院擅自开展终止妊娠服务项目"，经过现场检查，发现该院的人工流产病历 4 份。经过调查，该院未取得母婴保健技术服务执业许可证，任用的医师贾某未取得母婴保健技术考核合格证书，开展人工流产手术4例，共收入人民币 13 000 元。由此，该区卫生监督所依据《母婴保健法》第三十二条第一款、第三十三条第二款、《母婴保健法实施办法》第三十五条第三款的规定，对该医院处以没收违法所得 13 000 元，并处违法所得 5 倍的罚款即 65 000元的行政处罚。

问题：1. 医疗保健机构和个人进行终止妊娠手术需要取得哪些资格？
2. 医疗保健机构和个人违反《母婴保健法》需承担的法律责任是什么？

（二）母婴保健人员

从事遗传病诊断、产前诊断的人员，必须经过省、自治区、直辖市人民政府卫生行政部门的考核，并取得相应的合格证书。从事婚前医学检查、施行结扎手术和终止妊娠手术的人员以及从事家庭接生的人员，必须经过县级以上地方人民政府卫生行政部门的考核，并取得相应的合格证书。

经考核并取得卫生行政部门颁发的母婴保健技术人员考核合格证后，方可从事母婴保健技术工作。与此同时，不得私自或者在未取得母婴保健技术服务执业许可证的机构中开展母婴保健专项技术服务。

从事母婴保健工作的人员应当严格遵守职业道德，为当事人保守秘密。

二、母婴保健监督管理机构概述

《母婴保健法》确立了各项严格的监督管理制度，规定了各级卫生行政部门对母婴保健工作的监督管理职责。

（一）国务院卫生行政部门及其职责

国务院卫生行政部门主管全国母婴保健工作，履行下列职责：①制定《母婴保健法》及本办法的配套规章和技术规范；②按照分级分类指导的原则，制定全国母婴保健工作发展规划和实施步骤；③组织推广母婴保健及其他生殖健康的适宜技术；④对母婴保健工作实施监督。

（二）县级以上地方人民政府卫生行政部门及其职责

县级以上地方人民政府卫生行政部门负责管理本辖区内母婴保健工作，并实施监督管理。其主要职责是：①按照国务院卫生行政部门规定的条件和技术标准，对申请从事婚前医学检查、遗传病诊断、产前诊断以及结扎手术和终止妊娠手术的医疗保健机构进行审批；②对从事婚前医学检查、遗传病诊断、产前诊断、结扎手术和终止妊娠手术的人员以及从事家庭接生的人员进行考核，并颁发相应的证书；③对《母婴保健法》及其实施办法的执行情况进行监督检查；④依照《母婴保健法》及其实施办法决定行政处罚。

（三）卫生监督人员

母婴保健监督属于卫生监督的内容之一，根据实施综合监管的要求，母婴保健监督已经纳入常态化卫生监督工作。

卫生监督人员在执行职务时，应当出示证件。卫生监督人员可以向医疗、保健机构了解情况，索取必要的资料，对母婴保健工作进行监督、检查，医疗、保健机构不得拒绝和隐瞒。卫生监督人员对医疗、保健机构提供的技术资料负有保密的义务。

三、违反母婴保健管理的法律责任

《母婴保健法》是国家保护妇女儿童健康、提高出生人口素质的一部专门法律，对违反本法有关规定的，视其情节轻重，应当承担行政责任、民事责任和刑事责任。

（一）行政责任

医疗、保健机构或者人员未取得母婴保健技术许可，擅自从事婚前医学检查、遗传病诊断、产前诊断、终止妊娠手术和医学技术鉴定或者出具有关医学证明的，由卫生行政部门给予警告，责令停止违法行为，没收违法所得；违法所得5000元以上的，并处违法所得3倍以上5倍以下的罚款；没有违法所得或者违法所得不足5000元的，并处5000元以上2万元以下的罚款。

从事母婴保健技术服务的人员出具虚假医学证明文件的，依法给予行政处分；有下列情形之一的，由原发证部门撤销相应的母婴保健技术执业资格或者医师执业证书：①因延误诊治，造成严重后果的；

②给当事人身心健康造成严重后果的；③造成其他严重后果的。

违反《母婴保健法实施办法》规定进行胎儿性别鉴定的，由卫生行政部门给予警告，责令停止违法行为；对医疗、保健机构直接负责的主管人员和其他直接责任人员，依法给予行政处分。进行胎儿性别鉴定两次以上的或者以营利为目的进行胎儿性别鉴定的，并由原发证机关撤销相应的母婴保健技术执业资格或者医师执业证书。

（二）民事责任

母婴保健工作机构及其工作人员，因诊疗护理过失，造成患者人身损害的，应根据《民法典》《基本医疗卫生与健康促进法》《医疗事故处理条例》等法律法规的有关规定，承担相应的医疗损害赔偿责任。

（三）刑事责任

未取得国家颁发的有关合格证书，施行终止妊娠手术或者采取其他方法终止妊娠，致人死亡、残疾、丧失或者基本丧失劳动能力的，依照《刑法》第三百三十五条规定的"医疗事故罪"的相关条款追究刑事责任。未取得医师执业资格擅自为他人进行节育复通术、假节育手术、终止妊娠手术或者摘取宫内节育器，情节严重的依照《刑法》第三百三十六条的"非法进行节育手术罪"的规定追究刑事责任。

未取得国家颁发的有关合格证书，施行终止妊娠手术或者采取其他方法终止妊娠，致人死亡、残疾、丧失或者基本丧失劳动能力的，依照《刑法》有关规定追究刑事责任。

 自 测 题

1. 严格地说，孕产期保健的内容不包括
   A. 婚前卫生咨询
   B. 孕产妇保健
   C. 胎儿保健
   D. 新生儿保健
   E. 母婴保健指导
2. 根据《母婴保健法》，婚前医学检查的疾病范围是
   A. 遗传性疾病、艾滋病、有关精神病
   B. 严重遗传性疾病、指定传染病、有关精神病
   C. 遗传性疾病、传染病、精神病
   D. 严重遗传性疾病、传染病、精神病
   E. 严重遗传性疾病、传染病、有关性病
3. 以下内容不属于婚前卫生指导的是
   A. 有关性卫生的保健和教育
   B. 遗传病的基本知识和新婚避孕知识及计划生育指导

   C. 受孕前的准备、环境和疾病对后代的影响等孕前保健知识
   D. 心血管疾病预防
   E. 妇科疾病保健
4. 以下检查内容中属于新生儿保健服务的是
   A. 为孕产妇建立保健手册
   B. 为孕产妇提供医学指导
   C. 为孕产妇提供安全分娩技术服务等医疗保健服务
   D. 为新生儿生长发育、哺乳和护理提供医疗保健服务
   E. 为孕产妇提供健康检查
5. 出生医学证明可以作为
   A. 出生人口血亲关系证明
   B. 出生人口申报户籍的依据
   C. 国籍证明文件
   D. 依法获得保健服务的凭据
   E. 办理入学报名手续的依据

（刘一凡）

第11章

血液管理法律制度

第1节 概　述

案例 11-1

　　某市防疫人员在流行病学调查中发现该市有 13 人感染了艾滋病病毒。经调查发现，致病原因在于该辖内的某县医院非法自行采血，致使 13 人直接或间接因输血感染。据悉，这是自《中华人民共和国献血法》实施之后，国内发现的首例因院方非法采血而造成输血感染艾滋病的重大医疗事故。

　　问题：1. 院方能否自行采血？

　　　　　2. 在这一事故中，院方应该承担什么责任？

　　血液是生命的必需物质，其功能和作用是不能替代的，具有重要的生理意义。输血是现代医疗的重要手段，它在临床医学领域中有着拯救生命和治疗疾病的重要作用。献血法律制度对无偿献血制度、采供血机构的设置与管理、血液的采集与供应等做了明确的规定，使我国血液管理工作进入了法制管理的新阶段。

一、献血法的概念和立法意义

　　献血法是指在调整保证医疗临床用血需要和安全，保障献血者和用血者身体健康活动中产生的各种社会关系的法律规范的总称。

　　为保证医疗临床用血需要和安全，保障献血者和用血者身体健康，发扬人道主义精神，促进社会主义物质文明和精神文明建设，1997 年 12 月 29 日，第八届全国人大常委会第二十九次会议通过了《中华人民共和国献血法》（以下简称《献血法》），自 1998 年 10 月 1 日起施行。我国的献血法律制度采用广义的概念，除了上述《献血法》外，还包括国务院于 1996 年 12 月发布的《血液制品管理条例》，卫生部制定的《医疗机构临床用血管理办法》《血站管理办法》，国家卫生和计划生育委员会发布的《全国无偿献血表彰奖励办法（2014 年修订）》等法规、规章。

　　《献血法》及相关法律法规的颁布与实施，确立了我国实行无偿献血制度，规范了采供血机构的执业行为，使献血数量明显增加，质量明显提高，保证了医疗临床用血的需要和安全，保障了献血者和用血者的身体健康，促进了社会主义物质文明和精神文明建设，具有重要的意义。

　　《献血法》适用于中华人民共和国境内的各级人民政府、各级卫生行政部门、各级红十字会、采供血机构、血液制品生产和经营机构以及 18～55 周岁的健康公民。

二、无偿献血的法律规定

　　无偿献血是指公民在无报酬的情况下，自愿捐献自身血液的行为。献血活动在世界范围内经历了一个从有偿到无偿的过程。无偿献血是国际红十字会和世界卫生组织在 20 世纪 30 年代建议和倡导的。1991 年，在布达佩斯召开的红十字联合会第 8 届大会作出第 34 号决议，将自愿无偿献血定义为"出于自愿提供自身的血液、血浆和其他血液成分而不取任何报酬的人被称为自愿无偿献血者。无论是现金或礼品都可视为金钱的替代，包括休假和旅游等，而小型礼品和茶点，以及支付交通费则是合理的。"《献血法》中明确规定了我国实行无偿献血制度，使我国无偿献血走上了有法可依的道路。

（一）无偿献血的主体

国家提倡 18～55 周岁的健康公民自愿献血。国家鼓励国家工作人员、现役军人和高等学校在校学生率先献血，为树立社会新风尚作表率。

《献血法》提倡 18～55 周岁的健康公民献血，是根据我国公民的身体素质和满足用血的需要等因素来确立的。18 周岁是我国法定的完全民事行为能力人的年龄界限，无偿献血是公民自愿的行为，需要具备完全行为能力人来决定，因此规定 18 周岁为无偿献血的最低年龄，与我国其他法律规定一致，考虑到我国公民的体质状况和各地的做法，法律规定 55 周岁为无偿献血的终止年龄。但法律规定的终止献血年龄，只是法律的一般规定，并不是超过终止年龄的不允许献血。可见，《献血法》对年龄的规定并不是强制性条款。

2012 年 7 月 1 日起实施的《献血者健康检查要求》(GB 18467—2011) 规定，既往无献血反应、符合健康检查要求的多次献血者主动要求再次献血的，年龄可延长至 60 周岁。

（二）无偿献血的管理体制

《献血法》规定，地方各级人民政府领导本行政区域内的献血工作，统一规划并负责组织、协调有关部门共同做好献血工作。县级以上各级人民政府卫生行政部门监督管理献血工作。各级红十字会依法参与、推动献血工作。各级人民政府采取措施广泛宣传献血的意义，普及献血的科学知识，开展预防和控制经血液途径传播的疾病的教育。新闻媒介应当开展献血的社会公益性宣传。国家机关、军队、社会团体、企业事业组织、居民委员会、村民委员会，应当动员和组织本单位或者本居住区的适龄公民参加献血。对献血者，发给国务院卫生行政部门制作的无偿献血证书，有关单位可以给予适当补贴。

链　接　献血有损健康吗？

血液是人体的重要组成部分，占体重的 7%～8%，体重 60kg 的人其血液总量为 4000～5000ml。大量科学研究和亿万献血者的实践均证明，献血者在为社会奉献爱心的同时，也改善了自己的身体状况，为自身的健康进行了"投资"。献血能促使骨髓储备的成熟血细胞释放，并刺激骨髓造血组织，促使血细胞生成。定期适量献血，可使血液黏稠度明显降低，加快血液流速后，脑血流量提高，使人感到身体轻松、头脑清醒、精力充沛，同时达到缓解或预防高黏血症，减少心脑血管疾病的作用。此外，在临床医学实践中，一般对失血 600ml 以内的都不主张输血。所以，健康人一次献血不超过 400ml 不会有损健康。

（三）无偿献血的管理措施

公民的献血行为是造福社会的行为，是履行社会义务、尊重社会公德、发扬救死扶伤人道主义精神的一种表现，公民献血制度的完善程度，充分体现了一个国家公民的文化知识程度、道德水准和社会公德水平的高低。

我国实行的是无偿献血制度，临床用血全部来自无偿献血，规定了政府机构、各级红十字会、新闻媒介、各级各类单位和组织在无偿献血工作中的职责任务。同时为进一步营造无偿献血良好社会氛围，推动无偿献血招募工作，鼓励单位、个人参与无偿献血活动，保障临床用血，国家卫生计生委、中国红十字会总会和总后勤部卫生部组织制定并修订形成了《全国无偿献血表彰奖励办法（2014 年修订)》，进一步完善了无偿献血的社会激励机制。无偿献血表彰奖项分为"无偿献血奉献奖""无偿献血促进奖""无偿献血志愿服务奖""无偿献血先进省（市）奖""无偿献血先进部队奖"和"无偿捐献造血干细胞奖"。在我国形成了推动无偿献血工作顺利开展的强大合力，也取得了良好的社会效益。

（四）无偿献血的使用

无偿献血的血液必须用于临床，不得买卖；血站、医疗机构不得将无偿献血者的血液出售给单采血浆站或者血液制品生产单位。

第2节　采供血管理

案例 11-2

患者雷某因车祸被送往某市中心医院抢救治疗，术中输入该市血液中心供给的新鲜全血 600ml。3 年后，雷某因食欲差、全身乏力等症状到医院检查，确诊为丙型肝炎。回忆就诊史及临床表现，雷某及其家人认为，手术前雷某未患有丙型肝炎也没有其他输血史，丙型肝炎是在市中心医院输血所致。在找市中心医院协商无果的情况下，雷某将其诉至法院，要求赔偿前期各种费用 30 余万元，并承担后续治疗费用。市中心医院认为，给雷某输入的血液是市血液中心提供的，具有全套血液检验合格手续，并且输血过程严格执行了《临床输血技术规范》，医院没有任何过错，不应承担责任。

问题：1. 医疗机构临床用血的原则是什么？

2. 在这一事件中，医疗机构应该承担什么责任？

3. 采供血机构应该承担什么责任？

按照 2006 年 3 月 1 日施行的《血站管理办法》，血站是指不以营利为目的，采集、提供临床用血的公益性卫生机构。血站以省、自治区、直辖市为区域实行统一规划设置并实行血站执业许可证制度。血站采血、供血必须严格遵守各项技术操作规程和制度，应当为献血者提供各种安全、卫生、便利的条件。

一、采供血机构

（一）血站的设置、分类与审批

1. 血站的设置　《血站管理办法》规定，省、自治区、直辖市人民政府卫生行政部门应当根据卫生部制定的全国采供血机构设置规划指导原则，结合本行政区域人口、医疗资源、临床用血需求等实际情况和当地区域卫生发展规划，制定本行政区域血站设置规划。

2. 血站的分类　血站分为一般血站和特殊血站。一般血站包括血液中心、中心血站和中心血库；特殊血站包括脐带血造血干细胞库和卫生部根据医学发展需要批准、设置的其他类型血库。

3. 血站的审批　《献血法》规定，设立血站向公民采集血液，必须经国务院卫生行政部门或者省、自治区、直辖市人民政府卫生行政部门批准；血液中心、中心血站和中心血库由地方人民政府设立。

（二）血站的管理

1. 血站的执业许可　血站开展采供血活动，应当向所在省、自治区、直辖市人民政府卫生行政部门申请办理执业登记，取得血站执业许可证；没有取得血站执业许可证的，不得开展采供血活动。血站执业许可证有效期为三年，期满前三个月，应当办理再次执业登记。

2. 血站的监督管理　　国家卫生计生委定期对血液中心执行有关规定情况和无偿献血比例、采供血服务质量、业务指导、人员培训、综合质量评价技术能力等情况以及脐带血造血干细胞库等特殊血站的质量管理状况进行评价及监督检查，并将结果向社会公布；省级人民政府卫生计生行政部门应当对本辖区内的血站执行有关规定情况和无偿献血比例、采供血服务质量、业务指导、人员培训、综合质量评价技术能力等情况进行评价及监督检查，按照国家卫生计生委的有关规定将结果上报，同时向社会公布；县级以上人民政府卫生计生行政部门负责本行政区域内血站的监督管理工作。

✚ 医者仁心

吴祖泽——中国造血干细胞研究的奠基人

　　吴祖泽是中国造血干细胞研究的奠基人和实验血液学的先驱，在长期进行造血干细胞基础理论和临床转化的研究中，成功地实现了世界上首例胎肝造血干细胞移植治疗急性重度骨髓型放射病人，迄今存活超过 30 年，首次获得人源性肝细胞生长因子，被誉为"中国造血干细胞之父"。在从事医学长达 50 多年的生涯里，吴祖泽先后研究过生物化学、辐射化学、放射生物学、细胞动力学等学科；吴祖泽一生"善变"，不管是科研方向，还是角色担当，但"变"的宗旨和目的却不变，那就是国家的需求、事业的召唤、使命的担当。无论是早年的携笔从戎，中年的砥柱担当；还是晚年的产业进军，"变"中对于"坚守"的一以贯之却没有分毫动摇。

二、采 血 管 理

　　血站开展采供血业务应当实行全面质量管理，严格遵守《中国输血技术操作规程》《血站质量管理规范》和《血站实验室质量规范》等技术规范和标准，为医疗机构提供合格的血液，保证临床用血的安全。

　　1. 血站应当按照国家有关规定对献血者进行健康检查和血液采集；采血前应当对献血者身份进行核对并进行登记；严禁采集冒名顶替者的血液。

　　2. 血站采集血液应当遵循自愿和知情同意的原则，并对献血者履行规定的告知义务；建立献血者信息保密制度，为献血者保密；血站工作人员应当符合岗位执业资格的规定，并经岗位培训与考核合格后方可上岗。

　　3. 血站对献血者每次采集血液量一般为二百毫升，最多不得超过四百毫升，两次采集间隔期不少于六个月；严禁超量、频繁采集血液。

　　4. 血站各业务岗位工作记录应当内容真实、项目完整、格式规范、字迹清楚、记录及时，有操作者签名；献血、检测和供血的原始记录应当至少保存十年；血液标本的保存期为全血或成分血使用后两年。

　　5. 血站应当加强消毒、隔离工作管理，预防和控制感染性疾病的传播；血站产生的医疗废物应当按《医疗废物管理条例》规定处理，做好记录与签字，避免交叉感染；应当保证所采集的血液由具有血液检测实验室资格的实验室进行检测；对检测不合格或者报废的血液，血站应当严格按照有关规定处理；使用的药品、体外诊断试剂、一次性卫生器材应当符合国家有关规定。

三、供 血 管 理

　　1. 血液的包装、储存、运输应当符合《血站质量管理规范》的要求；血液包装袋上应当标明血站的名称及其许可证号、献血编号或者条形码、血型、血液品种、采血日期及时间或者制备日期及时间、有效日期及时间和储存条件。

　　2. 血站应当保证发出的血液质量符合国家有关标准，其品种、规格、数量、活性、血型无差错；

未经检测或者检测不合格的血液，不得向医疗机构提供。

3. 血站应当制定紧急灾害应急预案，并从血源、管理制度、技术能力和设备条件等方面保证预案的实施。在紧急灾害发生时服从县级以上人民政府卫生计生行政部门的调遣。

4. 因临床、科研或者特殊需要，需要从外省、自治区、直辖市调配血液的，由省级人民政府卫生计生行政部门组织实施。

第3节　临床用血管理

临床用血是医疗过程中不可缺少的环节，应加强对临床用血的管理，以便合理利用血液，最大限度地发挥血液的功效，为用血者身体健康服务。因此，卫生部于 2012 年 6 月 7 日公布了《医疗机构临床用血管理办法》，并于同年 8 月 1 日起施行，对临床用血的管理进行了规范。

（一）临床用血的原则

医疗机构临床用血应当制定用血计划，遵循合理、科学的原则，不得浪费和滥用血液；医务人员应当认真执行临床输血技术规范，严格掌握临床输血适应证，根据患者病情和实验室检测指标，对输血指征进行综合评估，制订输血治疗方案；积极推行按血液成分针对医疗实际需要输血，同时国家鼓励临床用血新技术的研究和推广。

（二）临床用血的管理

1. 无偿献血的血液必须用于临床，不得买卖；血站、医疗机构不得将无偿献血者的血液出售给单采血浆站或者血液制品生产单位。

2. 医疗机构应当使用卫生行政部门指定血站提供的血液，科研用血由所在地省级卫生行政部门负责核准；临床用血的包装、储存、运输，必须符合国家规定的卫生标准和要求；医疗机构对临床用血必须进行核查，不得将不符合国家规定标准的血液用于临床。

3. 医疗机构应当根据有关规定和临床用血需求设置输血科或者血库，并根据自身功能、任务、规模，配备与输血工作相适应的专业技术人员、设施、设备。不具备条件设置输血科或者血库的医疗机构，应当安排专（兼）职人员负责临床用血工作。

4. 为保障公民临床急救用血的需要，国家提倡并指导择期手术的患者自身储血，动员家庭、亲友、所在单位以及社会互助献血；为保证应急用血，医疗机构可以临时采集血液，但应确保采血用血安全。

5. 公民临床用血时，只交付用于血液采集、储存、分离、检验等费用。无偿献血者临床需要用血时，免交上述费用；无偿献血者的配偶和直系亲属临床需要用血时，可以按照省、自治区、直辖市人民政府的规定免交或者减交。

（三）临床输血的技术规范

为在各级医疗机构中推广科学、合理用血技术，杜绝血液的浪费和滥用，保证临床用血的质量和安全，2000 年 6 月 1 日卫生部颁布了《临床输血技术规范》，该规范自 2000 年 10 月 1 日起实施。

1. 输血申请　①申请输血应由经治医师逐项填写《临床输血申请单》，由主治医师核准签字，连同受血者血样于预定输血日期前送交输血科（血库）备血；②决定输血治疗前，经治医师应向患者或其家属说明输同种异体血的不良反应和经血传播疾病的可能性，征得患者或家属的同意，并在《输血治疗同意书》上签字；③确定输血后，医护人员持输血申请单和贴好标签的试管，当面核对患者姓名、性别、年龄、病案号、病室/门诊、床号、血型和诊断，采集血样，由医护人员或专门人员将受血者血样与输血申请单送交输血科（血库），双方进行逐项核对；④受血者配血试验的血标本必须是输血前 3 天之内的。输血科（血库）要逐项核对输血申请单、受血者和供血者血样，复查受血者和供血者 ABO 血型（正、反定型），并常规检查患者 Rh（D）血型（急诊抢救患者紧急输血时 Rh（D）检查可除外），正确无误时可进行交叉配血和备血。

2. 输血　①输血前由两名医护人员核对交叉配血报告单及血袋标签各项内容，检查血袋有无破损渗漏，血液颜色是否正常，准确无误方可输血；②输血时，由两名医护人员带病历共同到患者床旁核对患者姓名、性别、年龄、病案号、门急诊/病室、床号、血型等，确认与配血报告相符，再次核对血液后，用符合标准的输血器进行输血；③取回的血应尽快输用，不得自行贮血，输用前将血袋内的成分轻轻混匀，避免剧烈振荡，血液内不得加入其他药物，如需稀释只能用静脉注射生理盐水；④输血前后用静脉注射生理盐水冲洗输血管道，连续输用不同供血者的血液时，前一袋血输尽后，用静脉注射生理盐水冲洗输血器，再接下一袋血继续输注；⑤输血过程中应先慢后快，再根据病情和年龄提高输注速度，并严密观察受血者有无输血不良反应，如出现异常情况应及时处理，减慢或停止输血，及时检查、治疗和抢救，并查找原因，做好记录；⑥疑为溶血性或细菌污染性输血反应，应立即停止输血，用静脉注射生理盐水维护静脉通路，及时报告上级医师，在积极治疗抢救的同时，按照输血管理办法的有关规定做好核对检查；⑦输血完毕，医护人员对有输血反应的应逐项填写患者输血反应回报单，并返还输血科（血库）保存。血库每月统计上报医务处（科）。医护人员将输血记录单（交叉配血报告单）贴在病历中，并将血袋送回输血科（血库）至少保存一天备查。

第4节　血液制品管理

目前我国血液管理的法律法规将血液分为医疗临床用血和血液制品生产用血两部分进行管理。血液制品特指各种人血浆蛋白制品。为加强血液制品管理，预防和控制经血液途径传播的疾病，保证血液制品的质量，1996 年 12 月 30 日，国务院发布了《血液制品管理条例》，2016 年 2 月 6 日修订。本条例适用于在中华人民共和国境内从事原料血浆的采集、供应以及血液制品的生产、经营活动。

（一）原料血浆的管理

原料血浆，是指由单采血浆站采集的专用于血液制品生产原料的血浆。单采血浆站是指根据地区血源资源，按照有关标准和要求并经严格审批设立，采集供应血液制品生产用原料血浆的单位。

1. 单采血浆站的设置　①国务院卫生行政部门根据核准的全国生产用原料血浆的需求，对单采血浆站的布局、数量和规模制定总体规划。省、自治区、直辖市人民政府卫生行政部门根据总体规划制定本行政区域内单采血浆站设置规划和采集血浆的区域规划。②单采血浆站由血液制品生产单位设置或者由县级人民政府卫生行政部门设置，专门从事单采血浆活动，具有独立法人资格；其他任何单位和个人不得从事单采血浆活动。在一个采血浆区域内，只能设置一个单采血浆站；严禁单采血浆站采集非划定区域内的供血浆者和其他人员的血浆。申请设置单采血浆站必须具备一定的条件，并经相应的卫生行政部门审批，发给单采血浆许可证。

2. 原料血浆的采集　①单采血浆站必须对供血浆者进行健康检查；检查合格的，由县级人民政府卫生行政部门核发供血浆证。②单采血浆站必须使用单采血浆机械采集血浆，严禁手工操作采集血浆，采集的血浆必须按单人份冰冻保存，不得混浆，单采血浆站必须使用有产品批准文号并经国家药品生物制品检定机构逐批检定合格的体外诊断试剂以及合格的一次性采血浆器材。③单采血浆站采集的原料血浆的包装、储存、运输，必须符合国家规定的卫生标准和要求，且只能向一个与其签订质量责任书的血液制品生产单位供应原料血浆，严禁向其他任何单位供应原料血浆。④严禁单采血浆站采集血液或者将所采集的原料血浆用于临床。国家禁止出口原料血浆。

（二）血液制品生产经营机构的管理

新建、改建或者扩建血液制品生产单位，经国务院卫生行政部门根据总体规划进行立项审查同意后，由省级人民政府卫生行政部门依照《药品管理法》的规定审核批准。

血液制品生产单位必须达到国务院卫生行政部门制定的《药品生产质量管理规范》规定的标准，经国务院卫生行政部门审查合格，并依法向工商行政管理部门申领营业执照后，方可从事血液制品的生产活动。严禁血液制品生产单位出让、出租、出借以及与他人共用药品生产企业许可证和产品批准文号。

开办血液制品经营单位，由省级人民政府卫生行政部门审核批准。血液制品经营单位应当具备与所经营的产品相适应的冷藏条件和熟悉所经营品种的业务人员。

（三）血液制品的生产经营管理

血液制品生产单位应当积极开发新品种，提高血浆综合利用率。血液制品生产单位生产国内已经生产的品种，必须依法向国务院卫生行政部门申请产品批准文号；国内尚未生产的品种，必须按照国家有关新药审批的程序和要求申报。

血液制品生产单位不得向无单采血浆许可证的单采血浆站或者未与其签订质量责任书的单采血浆站及其他任何单位收集原料血浆，不得向其他任何单位供应原料血浆。

血液制品生产单位在原料血浆投料生产前，必须对每一人份血浆进行全面复检，并作检测记录；复检不合格的，不得投料生产。发现有经血液途径传播的疾病的，必须通知供应血浆的单采血浆站，并及时上报所在地省级人民政府卫生行政部门。血液制品出厂前，必须经过质量检验；经检验不符合国家标准的，严禁出厂。

血液制品生产经营单位生产、包装、储存、运输、经营血液制品，应当符合国家规定的卫生标准和要求。

第5节　法律责任

对违反《献血法》有关规定的行为，视其情节轻重，分别承担行政责任、民事责任和刑事责任。

一、行政责任

违反《献血法》的行政责任主要有以下几种情形：非法采集血液的；血站、医疗机构出售无偿献血的血液的；非法组织他人出卖血液的；血站违反有关操作规程和制度采集血液的；临床用血的包装、储运、运输，不符合国家规定的卫生标准和要求的；血站向医疗机构提供不符合国家规定标准的血液的；医疗机构的医务人员将不符合国家规定标准的血液用于患者的；卫生行政部门及其工作人员在献血、用血的监督管理工作中，玩忽职守尚不构成犯罪的。

二、民事责任

承担民事责任的情形：血站违反有关操作规程和制度采集血液，给献血者健康造成损害的；医疗机构的医务人员违反《献血法》规定，将不符合国家规定标准的血液用于患者，给患者健康造成损害的。

按照我国《民法典》的有关规定，因输入不合格的血液造成患者损害的，患者可以向血液提供机构请求赔偿，也可以向医疗机构请求赔偿。患者向医疗机构请求赔偿的，医疗机构赔偿后，有权向负有责任的血液提供机构追偿。

三、刑 事 责 任

下列情形，构成犯罪的，依法追究刑事责任：非法采集血液的；血站、医疗机构出售无偿献血的血液的；非法组织他人出卖血液的；血站违反有关操作规程和制度采集血液，给献血者健康造成损害的；血站向医疗机构提供不符合国家规定标准的血液，情节严重，造成经血液途径传播的疾病传播或者有传播严重危险的；卫生行政部门及其工作人员在献血、用血的监督管理工作中，玩忽职守，造成严重后果的。

自 测 题

1. 国家提倡达到下列何年龄段的健康公民自愿献血
   A. 18～60 周岁
   B. 18～55 周岁
   C. 16～55 周岁
   D. 16～60 周岁
   E. 16～65 周岁

2. 输血过程中应先慢后快，再适当调整输注速度，并严密观察受血者有无异常情况。调整输注速度是根据受血者的
   A. 病情和年龄
   B. 病情和体重
   C. 病情和血型
   D. 体重和年龄
   E. 体重和血型

3. 国家鼓励率先献血的是
   A. 国家工作人员、现役军人和高等学校在校学生
   B. 现役军人和高等学校在校学生
   C. 国家工作人员和高等学校在校学生
   D. 国家工作人员、现役军人、高等学校在校学生和医务工作者
   E. 国家工作人员和医务工作者

4. 为保障公民临床急救用血的需要，国家提倡并指导择期手术的患者

A. 率先献血
B. 互助献血
C. 自愿献血
D. 自身储血
E. 同型输血

5. 血站对献血者两次采集血液的时间间隔不少于
   A. 1 个月
   B. 3 个月
   C. 6 个月
   D. 10 个月
   E. 12 个月

6. 《献血法》规定，我国实行
   A. 自愿献血制度
   B. 有偿献血制度
   C. 义务献血制度
   D. 无偿献血制度
   E. 卖血制度

7. 关于医疗机构临床用血的规定，正确的是
   A. 对同一献血者两次采集间隔不少于 3 个月
   B. 可将临床多余用血出售给血液制品单位
   C. 必须进行配型检查
   D. 献血者每次采集血液量一般为 600 毫升
   E. 主要动员家属、亲友献血

（汪　祎）

第 **12** 章

药品管理法律制度

药品管理法律制度是以药品管理为中心内容，深入论述药品管理概念、药品生产管理、药品使用管理、中医药的管理、药品监督管理，用以加强药品管理，保证药品质量，保障公众用药安全和合法权益，保护和促进公众健康，对医药卫生事业和发展具有科学的指导意义。《中华人民共和国药品管理法》（以下简称《药品管理法》）是我国药品监管的基本法律依据，1984 年 9 月 20 日第六届全国人民代表大会常务委员会第七次会议通过，自 1985 年 7 月 1 日起施行。2001 年 2 月 28 日第九届全国人民代表大会常务委员会第二十次会议第一次修订。2013 年 12 月 28 日第十二届全国人民代表大会常务委员会第六次会议第一次修正。2015 年 4 月 24 日第十二届全国人民代表大会常务委员会第十四次会议第二次修正。2019 年 8 月 26 日第十三届全国人民代表大会常务委员会第十二次会议第二次修订。

第 1 节 概   述

药品是人类用于预防、治疗、诊断人的疾病，有目的地调节人的生理功能并规定有适应证或者功能主治、用法和用量的物质，包括中药、化学药和生物制品等。药品质量直接关系到人民群众的身体健康、生命安全和生活质量，建立和健全药品管理法律制度，是旨在加强药品管理，保证药品质量，保障公众用药安全和合法权益，保护和促进公众健康。

案例 12-1

胡某患三叉神经痛，到上海市某医院就诊，医生开具了包含卡马西平的处方。胡某服药后，身上出现皮疹，阅读药品说明书发现，不良反应部分没有记载皮疹，于是继续服用，结果皮疹症状加重。胡某到医院抢救治疗 20 余日，诊断结论为：卡马西平引起重症多形红斑性药疹。经法医鉴定：胡某因服用卡马西平过敏，致全身泛发性黄豆大小水肿红斑，全身各处泛发性色素沉着，复视（轻度）。一般可酌情给予休息 5 个月，营养、护理各 2 个月。经查实：上海某制药厂生产卡马西平药品时，在所附说明书中，擅自删除了包括皮疹在内的 20 余项不良反应。

问题：1. 本案中胡某的损失是什么原因造成的？

2. 药厂在该案件中违反了哪些《药品管理法》中具体内容？

一、药品管理法的概念

药品管理法是加强药品管理，保证药品质量，保障公众用药安全和合法权益，保护和促进公众健康活动中产生的各种社会关系的法律法规政策的总称。

二、药品管理法的原则

（一）坚持以人民健康为中心

紧跟全世界药品发展的理念，在立法目的里面就明确规定了要保护和促进公众健康，在总则中提出药品管理应当以人民健康为中心。

（二）坚持风险管理

将风险管理理念贯穿于药品研制、生产、经营、使用、上市后管理等各个环节。

（三）坚持全程管控

从事药品研制、生产、经营、使用活动，应当遵守法律、法规、规章、标准和规范，保证全过程信息真实、准确、完整和可以追溯。

（四）坚持社会共治

各级人民政府及其有关部门、药品行业协会等应当加强药品安全宣传教育，开展药品安全法律法规等知识的普及工作。新闻媒体应当开展药品安全法律法规等知识的公益宣传，并对药品违法行为进行舆论监督。有关药品的宣传报道应当全面、科学、客观、公正。

第 2 节　药品生产管理

一、药品生产企业管理

药品生产企业是指从事药品生产活动的专营企业或者兼营企业，应当经所在地省、自治区、直辖市人民政府药品监督管理部门批准，取得药品生产许可证。无药品生产许可证的，不得生产药品。

（一）药品生产许可制度

开办药品生产企业的，生产药品的行为和药品生产企业都必须经过许可。

1. 许可主体　生产药品行为的许可主体是所在地省、自治区、直辖市人民政府药品监督管理部门，由申办人向其申请发给药品生产许可证。药品生产企业的许可主体是工商行政管理部门，申办人凭药品生产许可证向其办理登记注册。药品生产企业变更药品生产许可证许可事项的，应当依法向原发证机关和原登记机关申请办理药品生产许可证变更和登记变更手续。

2. 许可的有效期　药品生产许可证有效期为 5 年。有效期届满，需要继续生产药品的，持证企业应当在许可证有效期届满前 6 个月，依法申请换发药品生产许可证。

3. 开办药品生产企业的条件　开办药品生产企业，取得药品生产许可证，必须具备以下条件：①有依法经过资格认定的药学技术人员、工程技术人员及相应的技术工人；②有与药品生产相适应的厂房、设施和卫生环境；③有能对所生产药品进行质量管理和质量检验的机构、人员及必要的仪器设备；④有保证药品质量的规章制度，并符合国务院药品监督管理部门依据本法制定的药品生产质量管理规范要求。无药品生产许可证的，不得生产药品。

（二）药品生产质量管理

药品生产质量管理是指药品生产企业设立后，遵守药品生产质量管理规范，建立健全药品生产质量管理体系，保证药品生产全过程持续符合法定要求。

1. 药品生产质量管理规范　药品生产企业必须按照《药品生产质量管理规范》（GMP）组织生产。生产药品所需的原料、辅料，应当符合药用要求、药品生产质量管理规范的有关要求。生产药品，应当按照规定对供应原料、辅料等的供应商进行审核，保证购进、使用的原料、辅料等符合前款规定要求。

2. 药品生产企业认证 药品认证是指药品监督管理部门对药品研制、生产、经营、使用单位实施相应质量管理规范进行检查、评价并决定是否发给相应认证证书的过程。

（三）药品具体生产的管理

药品生产企业的生产行为必须符合下列管理要求。

1. 生产记录 药品应当按照国家药品标准和经药品监督管理部门核准的生产工艺进行生产。生产、检验记录应当完整、准确，不得编造。

2. 原料、辅料要求 生产药品所需的原料、辅料应当符合药用要求、药品生产质量管理规范的有关要求。生产药品，应当按照规定对供应原料、辅料等的供应商进行审核，保证购进、使用的原料、辅料等符合前款规定要求。

3. 原料药批准文号 药品包装应当按照规定印有或者贴有标签并附有说明书。标签或者说明书应当注明药品的通用名称、成分、规格、上市许可持有人及其地址、生产企业及其地址、批准文号、产品批号、生产日期、有效期、适应证或者功能主治、用法、用量、禁忌、不良反应和注意事项。标签、说明书中的文字应当清晰，生产日期、有效期等事项应当显著标注，容易辨识。麻醉药品、精神药品、医疗用毒性药品、放射性药品、外用药品和非处方药的标签、说明书，应当印有规定的标志。

4. 委托生产 经国务院药品监督管理部门或者国务院药品监督管理部门授权的省、区、市人民政府药品监督管理部门批准，药品生产企业可以接受委托生产药品，受托方必须是持有与其受托生产的药品相适应的《药品生产质量管理规范》认证证书的药品生产企业。疫苗、血液制品和国务院药品监督管理部门规定的其他药品，不得委托生产。

5. 出厂检验 药品生产企业应当对药品进行质量检验。不符合国家药品标准的，不得出厂。药品生产企业应当建立药品出厂放行规程，明确出厂放行的标准、条件。符合标准、条件的，经质量受权人签字后方可放行。

二、药品经营企业管理

药品经营企业是指从事药品销售、派送管理的专营企业或者兼营企业，包括药品批发企业、药品零售企业和互联网药品交易运营商，药品批发企业是将购进的药品销售给药品生产企业、药品经营企业、医疗机构；药品零售企业是将购进的药品直接销售给消费者。互联网药品交易运营商必须获得国家药品监督管理局颁发的互联网药品交易服务资格证书，才能从事互联网药品交易服务。对药品经营企业的管理内容如下。

（一）药品经营许可制度

药品经营许可制度，除下列3点不同外，与药品生产行为许可和药品生产企业主体许可制度完全相同。

1. 药品经营企业需要取得药品经营许可证。

2. 药品经营企业许可的主体是从事药品批发活动，应当经所在地省、自治区、直辖市人民政府药品监督管理部门批准，取得药品经营许可证。从事药品零售活动，应当经所在地县级以上地方人民政府药品监督管理部门批准。

3. 开办药品经营企业，取得药品经营许可证的条件有：①有依法经过资格认定的药师或者其他药学技术人员；②有与所经营药品相适应的营业场所、设备、仓储设施和卫生环境；③有与所经营药品相适应的质量管理机构或者人员；④有保证药品质量的规章制度，并符合国务院药品监督管理部门依据本法制定的药品经营质量管理规范要求。

（二）药品经营质量管理

药品经营质量管理，除下列3点不同外，与药品生产质量管理制度完全相同。

1. 管理的依据是《药品经营质量管理规范》。《药品管理法》第五十三条规定：从事药品经营活动，应当遵守药品经营质量管理规范，建立健全药品经营质量管理体系，保证药品经营全过程持续符合法定要求。

2. 药品经营企业的认证工作都由省、区、市人民政府药品监督管理部门负责组织，经营注射剂、放射性药品和国务院药品监督管理部门规定的生物制品的药品经营企业的认证工作也不例外；设区的市级药品监督管理机构或者县级药品监督管理机构受理药品零售企业认证申请后应当依法移送省、区、市人民政府药品监督管理部门。

3. 新开办药品批发企业和药品零售企业，都应当依法申请《药品生产质量管理规范》认证。国家鼓励、引导药品零售连锁经营。从事药品零售连锁经营活动的企业总部，应当建立统一的质量管理制度，对所属零售企业的经营活动履行管理责任。药品经营企业的法定代表人、主要负责人对本企业的药品经营活动全面负责。

 案例 12-2

　　国家药品监督管理局负责人通报某生物科技有限责任公司违法违规生产冻干人用狂犬疫苗案件有关情况：企业编造生产记录和产品检验记录，随意变更工艺参数和设备。

　　问题：1. 本案中，上述行为违反了哪部法律规定？

　　　　　2. 该行为的合法性怎样？如果不合法，公司负责人应当承担什么法律责任？

（三）药品购销管理

药品购销不同于普通商品买卖，实行严格管理。

1. 进货检查验收制度　药品经营企业购进药品，必须建立并执行进货检查验收制度，验明药品合格证明和其他标识；不符合规定要求的，不得购进。所谓药品标识，是指药品的包装、标签和说明书。

2. 药品销售和处方调配要求　药品经营企业零售药品应当准确无误，并正确说明用法、用量和注意事项；调配处方应当经过核对，对处方所列药品不得擅自更改或者代用。对有配伍禁忌或者超剂量的处方，应当拒绝调配；必要时，经处方医师更正或者重新签字，方可调配。药品经营企业销售中药材，应当标明产地。依法经过资格认定的药师或者其他药学技术人员负责本企业的药品管理、处方审核和调配、合理用药指导等工作。

3. 购销记录　药品经营企业购销药品，必须有真实完整的购销记录。购销记录应当注明药品的通用名称、剂型、规格、产品批号、有效期、上市许可持有人、生产企业、购销单位、购销数量、购销价格、购销日期及国务院药品监督管理部门规定的其他内容。药品经营企业违反上述第2、3项规定的，责令改正，给予警告；情节严重的，吊销药品经营许可证。

（四）药品管理保管制度

为了保证药品质量和用药安全，实行严格的药品管理、保管制度。

1. 对药品经营企业人员的要求　经营处方药、甲类非处方药的药品零售企业，应当配备执业药师或者其他依法经资格认定的药学技术人员；经营乙类非处方药的药品零售企业，应当配备经设区的市级药品监督管理机构或者省、区、市人民政府药品监督管理部门直接设置的县级药品监督管理机构组织考核合格的业务人员。

2. 药品保管措施　药品经营企业必须制定和执行药品保管制度，采取必要的冷藏、防冻、防潮、防虫、防鼠等措施，保证药品质量。药品入库和出库必须执行检查制度。

（五）城乡集市贸易市场可以销售的药品

为了方便群众，城乡集市贸易市场可以销售特定药品。

1. 城乡集市贸易市场可以出售中药材，国务院另有规定的除外。

2. 城乡集市贸易市场可以销售非处方药品，但是需要满足下列条件：①该城乡集市贸易市场地处交通不便的边远地区并且没有药品零售企业；②作为销售者的当地药品零售企业须经所在地县（市）药品监督管理机构批准并到工商行政管理部门办理登记注册；③作为销售者的当地药品零售企业须在批准经营的药品范围内销售。

三、医疗机构药剂管理

药剂包含制剂和调剂。制剂是指工厂制剂；调剂（方剂）是按医师处方专为某一患者调制的，并明确规定用法用量的药剂。方剂调配和制剂制备的原理和技术操作大致相同，二者合称药剂。医疗机构药剂管理，在《药品管理法》和《医疗机构制剂注册管理办法（试行）》中都有规定。前者是一般法，后者是特别法，二者规定不一致的，后者优先适用。

（一）依法配备药学技术人员

医疗机构应当配备依法经过资格认定的药师或者其他药学技术人员，负责本单位的药品管理、处方审核和调配、合理用药指导等工作。非药学技术人员不得直接从事药剂技术工作。

（二）制剂管理

医疗机构制剂是指医疗机构根据本单位临床需要经批准而配制、自用的固定处方制剂。固定处方制剂是指制剂处方固定不变、配制工艺成熟，并且可在临床上长期使用于某一病症的制剂。医疗机构制剂管理内容如下。

1. 申请《医疗机构制剂注册批件》及制剂批准文号 医疗机构申请配制制剂有严格、完整的程序要求。批准文号的有效期为3年，有效期届满需要继续配制的，应当依法提出再注册申请。需要说明的是，按照《药品管理法》《中华人民共和国药品管理法实施条例》的规定，医疗机构配制制剂，应当依法申请医疗机构制剂许可证。其实，"批件"就是行政许可，本质相同。

2. 配制制剂的要求 医疗机构配制制剂的要求主要有四点：①应当有能够保证制剂质量的设施、管理制度、检验仪器和卫生环境；②应当按照经核准的工艺进行，所需的原料、辅料和包装材料等应当符合药用要求；③应当是本单位临床需要而市场上没有供应的品种；④必须按照规定对配制的制剂进行质量检验。

3. 制剂标识 医疗机构制剂的说明书和包装标签应当在批准制剂申请时一并予以核准，其文字、图案不得超出核准的内容，并须标注"本制剂仅限本医疗机构使用"字样。

4. 制剂的使用 医疗机构的制剂，经质量检验合格的，才能使用。一般只能在本医疗机构使用，不得在市场销售，违反该规定的，责令改正，没收违法销售的制剂，并处违法销售制剂货值金额1倍以上3倍以下的罚款；有违法所得的，没收违法所得。发生灾情、疫情、突发事件或者临床急需而市场没有供应等特殊情形时，经国务院或者省、区、市人民政府的药品监督管理部门批准，在规定期限内，医疗机构配制的制剂可以在指定的医疗机构之间调剂使用。国务院药品监督管理部门规定的特殊制剂的调剂使用以及省、区、市之间医疗机构制剂的调剂使用，必须经国务院药品监督管理部门批准。

（三）医疗机构的处方调配

为了保证药品质量和用药安全，医疗机构的处方调配必须符合下列要求。

1. 对药剂人员的要求　医疗机构的处方调配，除了遵守上文关于"药品经营企业处方调配的规定"外，还要求审核和调配处方的药剂人员必须是依法经资格认定的药学技术人员。

2. 对提供的药品的要求　医疗机构向患者提供的药品应当与诊疗范围相适应，并凭执业医师或者执业助理医师的处方调配。

3. 门诊部、诊所配药限制　个人设置的门诊部、诊所等医疗机构不得配备常用药品和急救药品以外的其他药品。

（四）医疗机构的购药检查验收制度和药品保管制度

医疗机构的购药检查验收制度和药品保管制度与药品经营企业的相应规定相同。

第3节　药品使用管理

一、药品的保管

药品的保管分为普通药品的保管和特殊管理药品的保管。

（一）普通药品的保管

根据《药品管理法》第七十一条规定，医疗机构应当有与所使用药品相适应的场所、设备、仓储设施和卫生环境，制定和执行药品保管制度，采取必要的冷藏、防冻、防潮、防虫、防鼠等措施，保证药品质量。根据《医疗机构药事管理规定》第二十六条规定，医疗机构应当制定和执行药品保管制度，定期对库存药品进行养护与质量检查。

1. 建立质量管理体系　药品经营企业应当建立与经营范围和经营规模相适应的计算机系统（以下简称系统），能够实时控制并记录药品经营各环节和质量管理全过程，并符合药品追溯的实施条件。

2. 生成监测记录　系统应当自动生成温湿度监测记录，内容包括温度值、湿度值、日期、时间、测点位置、库区或运输工具类别等。

3. 设备要求　药品待验区域及验收药品的设施设备，应当符合以下要求。

（1）待验区域有明显标识，并与其他区域有效隔离。

（2）待验区域符合待验药品的储存温度要求。

（3）设置特殊管理的药品专用待验区域，并符合安全控制要求。

（4）保持验收设施设备清洁，不得污染药品。

4. 药品验收　企业按照《药品经营质量管理规范》的相关规定，进行药品直调的，可委托购货单位进行药品验收。购货单位应当严格按照《药品经营质量管理规范》的要求验收药品和进行药品电子监管码的扫码与数据上传，并建立专门的直调药品验收记录。验收当日应当将验收记录相关信息传递给直调企业。

（二）特殊管理药品的保管

药品是关系到公众生命健康的特殊商品。由于不同药品所具有的特性，其临床使用和管理的风险存在一定的差异，药品监督管理的要求就会有所不同。《药品管理法》第六十一条第二款规定，疫苗、血液制品、麻醉药品、精神药品、医疗用毒性药品、放射性药品、药品类易制毒化学品等国家实行特殊管理的药品不得在网络上销售。《药品管理法》第一百一十二条规定，国务院对麻醉药品、精神药品、医疗用毒性药品、放射性药品、药品类易制毒化学品等有其他特殊管理规定的，依照其规定。实行特殊管理的药品具有明显的特殊性，这类药品具有特殊的药理、生理作用，《药品管理法》以及相关行政法规、规章和规范性文件，对这类药品的研制、生产、经营、使用和监督管理做出不同程度的特殊管理规定，甚至需要专门另行立法予以特别规范，以保证药品合法、安全、合理使用。

二、药品的贮存

《关于加强医疗机构药事管理促进合理用药的意见》指出，医疗机构应当建立覆盖药品采购、贮存、发放、调配、使用等全过程的监测系统，加强药品使用情况动态监测分析，对药品使用数量进行科学预估，并实现药品来源、去向可追溯。按照药品贮存相关规定，配备与药品贮存条件相一致的场所和设施设备，定期对库存药品进行养护与质量检查。遵循近效期先出的原则，避免出现过期药品。严格规范特殊管理药品和高警示药品的管理，防止流入非法渠道。

（一）医疗机构贮存药品的要求

1. 场所和设备要求　医疗机构应当有专用的场所和设施、设备储存药品。药品的存放应当符合药品说明书标明的条件。

2. 急诊室与护士站要求　医疗机构需要在急诊室、病区护士站等场所临时存放药品的，应当配备符合药品存放条件的专柜。有特殊存放要求的，应当配备相应设备。

3. 区分药品特质要求　医疗机构储存药品，应当按照药品属性和类别分库、分区、分垛存放，并实行色标管理。药品与非药品分开存放；中药饮片、中成药、化学药品分别储存、分类存放；过期、变质、被污染等药品应当放置在不合格库（区）。

4. 保管与养护制度　医疗机构应当制定和执行药品保管、养护管理制度，并采取必要的控温、防潮、避光、通风、防火、防虫、防鼠、防污染等措施，保证药品质量。

（二）药品经营企业贮存药品的设施设备要求

1. 场所　企业应当具有与其药品经营范围、经营规模相适应的经营场所和库房。

2. 库房　库房的选址、设计、布局、建造、改造和维护应当符合药品储存的要求，防止药品的污染、交叉污染、混淆和差错。

3. 区域　药品储存作业区、辅助作业区应当与办公区和生活区分开一定距离或者有隔离措施。

4. 库房要求　库房的规模及条件应当满足药品的合理、安全储存，并达到以下要求，便于开展储存作业：①库房内外环境整洁，无污染源，库区地面硬化或者绿化；②库房内墙、顶光洁，地面平整，门窗结构严密；③库房有可靠的安全防护措施，能够对无关人员进入实行可控管理，防止药品被盗、替换或者混入假药；④有防止室外装卸、搬运、接收、发运等作业受异常天气影响的措施。

5. 库房设施设备　库房应当配备以下设施设备：①药品与地面之间有效隔离的设备；②避光、通风、防潮、防虫、防鼠等设备；③有效调控温湿度及室内外空气交换的设备；④自动监测、记录库房温湿度的设备；⑤符合储存作业要求的照明设备；⑥用于零货拣选、拼箱发货操作及复核的作业区域和设备；⑦包装物料的存放场所；⑧验收、发货、退货的专用场所；⑨不合格药品专用存放场所；⑩经营特殊管理的药品有符合国家规定的储存设施。

6. 设施配备　贮存、运输冷藏、冷冻药品的，应当配备以下设施设备：①与其经营规模和品种相适应的冷库，贮存疫苗的应当配备两个以上独立冷库；②用于冷库温度自动监测、显示、记录、调控、报警的设备；③冷库制冷设备的备用发电机组或者双回路供电系统；④对有特殊低温要求的药品，应当配备符合其贮存要求的设施设备；⑤冷藏车及车载冷藏箱或者保温箱等设备。

7. 建立记录和档案 贮存、运输设施设备的定期检查、清洁和维护应当由专人负责，并建立记录和档案。

（三）药品质量特性的贮存要求

1. 贮存要求 企业应当根据药品的质量特性对药品进行合理贮存，并符合以下要求：①按包装标示的温度要求贮存药品，包装上没有标示具体温度的，按照《中华人民共和国药典》规定的贮藏要求进行贮存；②贮存药品相对湿度为 35%~75%；③在人工作业的库房贮存药品，按质量状态实行色标管理，合格药品为绿色，不合格药品为红色，待确定药品为黄色；④贮存药品应当按照要求采取避光、遮光、通风、防潮、防虫、防鼠等措施；⑤搬运和堆码药品应当严格按照外包装标示要求规范操作，堆码高度符合包装图示要求，避免损坏药品包装；⑥药品按批号堆码，不同批号的药品不得混垛，垛间距不小于 5 厘米，与库房内墙、顶、温度调控设备及管道等设施间距不小于 30 厘米，与地面间距不小于 10 厘米；⑦药品与非药品、外用药与其他药品分开存放，中药材和中药饮片分库存放；⑧特殊管理的药品应当按照国家有关规定贮存；⑨拆除外包装的零货药品应当集中存放；⑩贮存药品的货架、托盘等设施设备应当保持清洁，无破损和杂物堆放；⑪未经批准的人员不得进入贮存作业区，贮存作业区内的人员不得有影响药品质量和安全的行为；⑫药品贮存作业区内不得存放与贮存管理无关的物品。

2. 贮存内容 养护人员应当根据库房条件、外部环境、药品质量特性等对药品进行养护，主要内容是：①指导和督促贮存人员对药品进行合理贮存与作业。②检查并改善贮存条件、防护措施、卫生环境。③对库房温湿度进行有效监测、调控。④按照养护计划对库存药品的外观、包装等质量状况进行检查，并建立养护记录；对贮存条件有特殊要求的或者有效期较短的品种应当进行重点养护。⑤发现有问题的药品应当及时在计算机系统中锁定和记录，并通知质量管理部门处理。⑥对中药材和中药饮片应当按其特性采取有效方法进行养护并记录，所采取的养护方法不得对药品造成污染。⑦定期汇总、分析养护信息。

3. 系统监控 企业应当采用计算机系统对库存药品的有效期进行自动跟踪和控制，采取近效期预警及超过有效期自动锁定等措施，防止过期药品销售。

4. 安全措施 药品因破损而导致液体、气体、粉末泄漏时，应当迅速采取安全处理措施，防止对储存环境和其他药品造成污染。

5. 质量监控 对质量可疑的药品应当立即采取停售措施，并在计算机系统中锁定，同时报告质量管理部门确认。对存在质量问题的药品应当采取以下措施：①存放于标志明显的专用场所，并有效隔离，不得销售；②怀疑为假药的，及时报告食品药品监督管理部门；③属于特殊管理的药品，按照国家有关规定处理；④不合格药品的处理过程应当有完整的手续和记录；⑤对不合格药品应当查明并分析原因，及时采取预防措施。

6. 做好台账 企业应当对库存药品定期盘点，做到账、货相符。

三、药品的使用

我国《药品管理法》中第六条、第七条明确规定，国家对药品管理实行药品上市许可持有人制度。药品上市许可持有人依法对药品研制、生产、经营、使用全过程中药品的安全性、有效性和质量可控性负责。从事药品研制、生产、经营、使用活动，应当遵守法律、法规、规章、标准和规范，保证全过程信息真实、准确、完整和可追溯。

（一）我国基本药物的使用

建立基本药物优先和合理使用制度。政府举办的基层医疗卫生机构全部配备和使用国家基本药物。其他各类医疗机构也要将基本药物作为首选药物并达到一定使用比例。医疗机构要按照《国家基本药物临床应用指南》和《国家基本药物处方集》，加强合理用药管理，确保规范使用基本药物。

现行《国家基本药物目录》（2018 年版）主要是在 2012 年版目录基础上进行调整完善。2018 年版目录具有以下特点。

1. 增加了品种数量 由原来的 520 种增加到 685 种，其中西药 417 种、中成药 268 种（含民族药），能够更好地服务各级各类医疗卫生机构，推动全面配备、优先使用基本药物。

2. 优化了结构 突出常见病、慢性病以及负担重、危害大疾病和公共卫生等方面的基本用药需求，注重儿童等特殊人群用药，新增品种包括了肿瘤用药 12 种、临床急需儿童用药 22 种等。

3. 进一步规范剂型规格 685 种药品涉及剂型 1110 余个、规格 1810 余个，这对于指导基本药物生产流通、招标采购、合理用药、支付报销、全程监管等将具有重要意义。

4. 继续坚持中西药并重 增加了功能主治范围，覆盖更多中医临床症候。

5. 强化了临床必需 这次目录调整新增的药品品种中，有 11 个药品为非医保药品，主要是临床必需、疗效确切的药品，如直接抗病毒药物索磷布韦维帕他韦，专家一致认为可以治愈丙型肝炎，疗效确切。

新版目录发布实施后，将能够覆盖临床主要疾病病种，更好适应基本医疗卫生需求，为进一步完善基本药物制度提供基础支撑，高质量满足人民群众疾病防治基本用药需求。

（二）特殊管理规定的药品使用

1. 麻醉药品和精神药品使用

（1）医疗机构需要使用麻醉药品和第一类精神药品的，应当经所在地设区的市级人民政府卫生主管部门批准，取得麻醉药品、第一类精神药品购用印鉴卡（以下称印鉴卡）。医疗机构应当凭印鉴卡向本省、自治区、直辖市行政区域内的定点批发企业购买麻醉药品和第一类精神药品。

（2）医疗机构取得印鉴卡应当具备下列条件：①有专职的麻醉药品和第一类精神药品管理人员；②有获得麻醉药品和第一类精神药品处方资格的执业医师；③有保证麻醉药品和第一类精神药品安全储存的设施和管理制度。

（3）医疗机构应当按照国务院卫生主管部门的规定，对本单位执业医师进行有关麻醉药品和精神药品使用知识的培训、考核，经考核合格的，授予麻醉药品和第一类精神药品处方资格。执业医师取得麻醉药品和第一类精神药品的处方资格后，方可在本医疗机构开具麻醉药品和第一类精神药品处方，但不得为自己开具该种处方。

（4）具有麻醉药品和第一类精神药品处方资格的执业医师，根据临床应用指导原则，对确需使用麻醉药品或者第一类精神药品的患者，应当满足其合理用药需求。

（5）执业医师应当使用专用处方开具麻醉药品和精神药品，单张处方的最大用量应当符合国务院卫生主管部门的规定。对麻醉药品和第一类精神药品处方，处方的调配人、核对人应当仔细核对，签署姓名，并予以登记；对不符合本条例规定的，处方的调配人、核对人应当拒绝发药。麻醉药品和精神药品专用处方的格式由国务院卫生主管部门规定。

（6）医疗机构应当对麻醉药品和精神药品处方进行专册登记，加强管理。麻醉药品处方至少保存 3 年，精神药品处方至少保存 2 年。

（7）医疗机构抢救病人急需麻醉药品和第一类精神药品而本医疗机构无法提供时，可以从其他医疗机构或者定点批发企业紧急借用；抢救工作结束后，应当及时将借用情况报所在地设区的市级药品监督管理部门和卫生主管部门备案。

（8）因治疗疾病需要，个人凭医疗机构出具的医疗诊断书、本人身份证明，可以携带单张处方最大用量以内的麻醉药品和第一类精神药品；携带麻醉药品和第一类精神药品出入境的，由海关根据自用、合理的原则放行。

（9）医疗机构、戒毒机构以开展戒毒治疗为目的，可以使用美沙酮或者国家确定的其他用于戒毒治疗的麻醉药品和精神药品。具体管理办法由国务院药品监督管理部门、国务院公安部门和国务院卫生主管部门制定。

2. 医疗用毒性药品使用 我国《医疗用毒性药品管理办法》中规定，收购、经营、加工、使用毒性药品的单位必须建立健全保管、验收、领发、核对等制度，严防收假、发错，严禁与其他药品混杂，做到划定仓间或仓位，专柜加锁并由专人保管。毒性药品的包装容器上必须印有毒药标志。在运输毒性药品的过程中，应当采取有效措施，防止发生事故。

3. 易制毒化学品使用 我国于2018年9月18日将《易制毒化学品管理条例》进行了修改，目的是加强易制毒化学品管理，规范易制毒化学品的生产、经营、购买、运输和进口、出口行为，防止易制毒化学品被用于制造毒品，维护经济和社会秩序。

国家对易制毒化学品的生产、经营、购买、运输和进口、出口实行分类管理和许可制度。易制毒化学品分为三类。第一类是可以用于制毒的主要原料，第二类、第三类是可以用于制毒的化学配剂。易制毒化学品的分类和品种需要调整的，由国务院公安部门会同国务院药品监督管理部门、安全生产监督管理部门、商务主管部门、卫生主管部门和海关总署提出方案，报国务院批准。省、自治区、直辖市人民政府认为有必要在本行政区域内调整分类或者增加本条例规定以外的品种的，应当向国务院公安部门提出，由国务院公安部门会同国务院有关行政主管部门提出方案，报国务院批准。

第4节 中医药管理

中医药，是包括汉族和少数民族医药在内的我国各民族医药的统称，是反映中华民族对生命、健康和疾病的认识，具有悠久历史传统和独特理论及技术方法的医药学体系。中医药作为中华文明的杰出代表，是中国各族人民在几千年生产生活实践和疾病做斗争中逐步形成并不断丰富发展的医学科学，不仅为中华民族繁衍昌盛做出了卓越贡献，也对世界文明进步产生了积极影响。

《药品管理法》涵盖了中药的管理，其中第四条规定，国家发展现代药和传统药，充分发挥其在预防、医疗和保健中的作用。国家保护野生药材资源和中药品种，鼓励培育道地中药材。

《中医药法》以继承和弘扬中医药，保障和促进中医药事业发展，保护人民健康为宗旨，遵循中医药发展规律，坚持继承和创新相结合，保持和发挥中医药特色和优势，运用现代科学技术，促进中医药理论和实践的发展。

2019年12月28日，第十三届全国人民代表大会常务委员会第十五次会议通过《基本医疗卫生与健康促进法》，该法第九条规定，国家大力发展中医药事业，坚持中西医并重、传承与创新相结合，发挥中医药在医疗卫生与健康事业中的独特作用。中医药创新体系等一系列新措施陆续出台，为中药治病救人、康复保健奠定了坚实的基础。中药主要包括中药材、中药饮片、中成药。

一、中医药的生产

中医药的生产包括中药材的生产、中药饮片的生产和中成药的生产。

（一）中药材的生产经营管理

根据《中医药法》，国务院药品监督管理部门应当组织并加强对中药材质量的监测，定期向社会公布监测结果。国务院有关部门应当协助做好中药材质量监测有关工作。国家制定中药材种植养殖、采集、贮存和初加工的技术规范、标准，加强对中药材生产流通全过程的质量监督管理，建立追溯体系，保障中药材质量安全。中药材经营者应当建立进货查验和购销记录制度，并标明中药材产地。国家鼓励发展中药材现代流通体系，提高中药材包装、仓储等技术水平，建立中药材流通追溯体系。药品生产企业购进中药材应当建立进货查验记录制度。

1. 中药材种植、养殖管理　国家鼓励培育道地中药材。对集中规模化栽培养殖，质量可以控制并符合国家药品监督管理部门规定条件的中药材品种，实行批准文号管理。

国家建立道地中药材评价体系，支持道地中药材品种选育，扶持道地中药材生产基地建设，加强道地中药材生产基地生态环境保护，鼓励采取地理标志产品保护等措施保护道地中药材。道地药材源自特定产区、具有独特药效，需要在特定地域内生产。

2. 中药材采收与产地加工　企业应当制定种植、养殖、野生抚育或仿野生栽培中药材的采收与产地加工技术规程，明确采收的部位、采收过程中需除去的部分、采收规格等质量要求。应当采用适宜方法保存鲜用药材，如冷藏、砂藏、罐贮、生物保鲜等，并明确保存条件和保存时限；原则上不使用保鲜剂和防腐剂，如必须使用应当符合国家相关规定。2021 年 7 月 5 日，国家药品监督管理局综合司发布《关于中药饮片生产企业采购产地加工（趁鲜切制）中药材有关问题的复函》，对产地趁鲜切制中药材作了规定。

3. 中药材自种、自采、自用的管理规定　自种、自采、自用中草药是指乡村中医药技术人员自己种植、采收、使用，不需特殊加工炮制的植物中草药。《中共中央　国务院关于进一步加强农村卫生工作的决定》提出了在规范农村中医药管理和服务的基础上，允许乡村中医药技术人员自种、自采、自用中草药的要求。《中医药法》规定，在村医疗机构执业的中医医师、具备中药材知识和识别能力的乡村医生，按照国家有关规定可以自种、自采地产中药材并在其执业活动中使用。

4. 中药材生产质量管理规范　《中药材生产质量管理规范》是中药材规范化生产和质量管理的基本要求，适用于中药材生产企业采用种植（含生态种植、野生抚育和仿野生栽培）、养殖方式规范生产中药材的全过程管理，野生中药材的采收加工可参考该规范。2002 年 4 月 17 日，国家药品监督管理局发布《中药材生产质量管理规范（试行）》（局令第 32 号）。2022 年 3 月 17 日，国家药品监督管理局、农业农村部、国家林业和草原局、国家中医药管理局联合发布《中药材生产质量管理规范》。

（二）中药饮片生产经营管理

中药饮片生产经营必须依法取得许可证，按照法律法规及有关规定组织开展生产经营活动。严禁未取得合法资质的企业和个人从事中药饮片生产、中药提取。

《药品管理法》规定，中药饮片应当按照国家药品标准炮制；国家药品标准没有规定的，应当按照省（区、市）人民政府药品监督管理部门制定的炮制规范炮制。在中国境内上市的药品，应当经国务院药品监督管理部门批准，取得药品注册证书；但是，未实施审批管理的中药材和中药饮片除外。实施审批管理的中药材、中药饮片品种目录由国务院药品监督管理部门会同国务院中医药主管部门制定。

《药品管理法实施条例》规定，生产中药饮片，应当选用与药品性质相适应的包装材料和容器；包装不符合规定的中药饮片，不得销售。

《中医药法》规定，国家保护中药饮片传统炮制技术和工艺，支持应用传统工艺炮制中药饮片，鼓励运用现代科学技术开展中药饮片炮制技术研究。中药饮片包装必须印有或贴有标签。中药饮片的标签必须注明品名、规格、产地、生产企业、产品批号、生产日期，实施批准文号管理的中药饮片还必须注明批准文号。中药饮片生产企业履行药品上市许可持有人的相关义务，对中药饮片生产、销售实行全过程管理，建立中药饮片追溯体系，保证中药饮片安全、有效、可追溯。

（三）中成药生产经营管理

国家鼓励和支持中药新药的研制和生产，国家保护传统中药加工技术和工艺，支持传统剂型中成药的生产，鼓励运用现代科学技术研究开发传统中成药。中成药生产经营与化学药的生产经营一样，药品生产企业必须获得相应的生产许可，实施《药品生产质量管理规范》，药品经营企业必须获得相应的经营许可，实施《药品经营质量管理规范》。对于具体的中成药品种，还应依法获得相应的药品批准文号。

根据中医药特点，《中医药法》适当放宽限制，进一步丰富中药制剂组方来源，简化程序。生产符合国家规定条件的来源于古代经典名方的中药复方制剂，在申请药品批准文号时，可以仅提供非临床安全性研究资料。另外，实施中药品种保护，加强中药注射剂生产和临床使用管理。对应用传统工艺配制中药变审批制为备案制，弥补中药制剂新品种审批慢、供给不足的短板。将符合条件的中医诊疗项目、中药饮片、中成药和医疗机构中药制剂纳入基本医疗保险基金支付范围等，促进中药制剂的快速发展，充分体现中医药特色。

二、中医药的贮存

1. 中药材的贮存　《中药材生产质量管理规范》（GAP）中对包装、运输与储藏的规定如下。

（1）中药材包装要求　包装前应检查并清除劣质品及异物。

（2）中药材运输要求　药材批量运输时，不应与其他有毒、有害、易串味物质混装。运载容器应具有较好的通气性，以保持干燥。

（3）中药材储藏要求　药材仓库应通风、干燥、避光，并具有防鼠、虫及禽畜的措施。

质量管理生产企业应设置质量管理部门，配备相应的人员、场所和设备，负责中药材生产全过程的监督管理和质量监控。

2. 中药饮片的贮存　医院对中药饮片的保管应符合要求。中药饮片仓库应当有与使用量相适应的面积，具备通风、调温、调湿、防潮、防虫、防鼠等条件及设施。中药饮片出入库应当有完整记录。中药饮片出库前，应当严格进行检查核对，不合格的不得出库使用。应当定期进行中药饮片养护检查并记录检查结果。养护中发现质量问题，应当及时上报本单位领导处理并采取相应措施。

经营中药材、中药饮片的企业，应当有专用的库房和养护工作场所，直接收购产地中药材的应当设置中药样品室（库）。

三、中医药的使用

（一）中药材的使用

《中药材生产质量管理规范》是中药材规范化生产和质量管理的基本要求。2022年3月17日，国家药品监督管理局、农业农村部、国家林业和草原局、国家中医药管理局联合发布《中药材生产质量管理规范》。其主要内容包括：

1. 质量管理　企业应当根据中药材生产特点，明确影响中药材质量的关键环节，开展质量风险评估，制定有效的生产管理与质量控制、预防措施。

2. 机构与人员　企业负责人对中药材质量负责；企业应当配备足够数量并具有和岗位职责相对应资质的生产和质量管理人员；生产、质量的管理负责人应当有中药学、药学或者农学等相关专业大专及以上学历并有中药材生产、质量管理三年以上实践经验，或者有中药材生产、质量管理五年以上的实践经验，且均须经过《中药材生产质量管理规范》的培训。

3. 设施、设备与工具 企业应当建设必要的设施，生产设备、工具的选用与配置应当符合预定用途。

4. 基地选址 中药材生产基地一般应当选址于道地产区，在非道地产区选址，应当提供充分文献或者科学数据证明其适宜性。

5. 种子种苗或其他繁殖材料 中药材种子种苗或其他繁殖材料应当符合国家、行业或者地方标准；没有标准的，鼓励企业制定标准，明确生产基地使用种子种苗或其他繁殖材料的等级，并建立相应的检测方法。

6. 种植与养殖 企业应当根据药用植物生长发育习性和对环境条件的要求等制定种植技术规程和养殖技术规程。

7. 采收与产地加工 企业应当制定种植、养殖、野生抚育或仿野生栽培中药材的采收与产地加工技术规程。

8. 包装、放行与储运 企业应当制定包装、放行和储运技术规程。禁止采用肥料、农药等包装袋包装药材；毒性、易制毒、按麻醉药品管理中药材应当使用有专门标记的特殊包装；鼓励使用绿色循环可追溯周转筐。使用的熏蒸剂不能带来质量和安全风险，不得使用国家禁用的高毒性熏蒸剂；禁止贮存过程使用硫黄熏蒸。

9. 文件 企业应当建立文件管理系统，全过程关键环节记录完整。记录保存至该批中药材销售后三年以上。

10. 质量检验 企业应当建立质量控制系统，包括相应的组织机构、文件系统以及取样、检验。

11. 内审 企业应当定期组织对本规范实施情况的内审，对影响中药材质量的关键数据定期进行趋势分析和风险评估，确认是否符合本规范要求，采取必要改进措施。

12. 投诉、退货与召回 企业应当建立投诉处理、退货处理和召回制度。

（二）中药饮片的使用

为遵循中医药发展规律，发挥中医药特色优势，满足人民群众临床用药要求，《中医药法》中对医疗机构中药饮片炮制和使用进行了特别规定。

主要体现在调剂、临方炮制和煎煮。其中，医院对中药饮片调剂和临方炮制要符合国家有关规定。

1. 调剂 中药饮片调剂室应当有与调剂量相适应的面积，配备通风、调温、调湿、防潮、防虫、防鼠、除尘设施，工作场地、操作台面应当保持清洁卫生。中药饮片调剂室的药斗等储存中药饮片的容器应当排列合理，有品名标签。药品名称应当符合《中国药典》或省（区、市）药品监督管理部门制定的规范名称。标签和药品要相符。

2. 临方炮制 医院进行临方炮制，应当具备与之相适应的条件和设施，严格遵照国家药品标准和省（区、市）药品监督管理部门制定的炮制规范炮制，并填写"饮片炮制加工及验收记录"，经医院质量检验合格后方可投入临床使用。

3. 煎煮 医院开展中药饮片煎煮服务，应当有与之相适应的场地及设备，卫生状况良好，具有通风、调温、冷藏等设施。医院应当建立健全中药饮片煎煮的工作制度、操作规程和质量控制措施并严格执行。中药饮片煎煮液的包装材料和容器应当无毒、卫生、不易破损，并符合有关规定。

此外，加强对医疗机构中药饮片采购行为监管，严禁医疗机构从中药材市场或其他没有资质的单位和个人，违法采购中药饮片调剂使用。医疗机构如加工少量自用特殊规格饮片，应将品种、数量、加工理由和特殊性等情况向所在地市级以上药品监督管理部门备案。

（三）中药品种保护

《药品管理法》规定国家保护中药品种。1992 年 10 月 14 日，国务院颁布了《中药品种保护条例》，自 1993 年 1 月 1 日起施行。2018 年 9 月 28 日，《国务院关于修改部分行政法规的决定》（国务院令第 703 号），对《中药品种保护条例》部分条款进行修改。《中药品种保护条例》规定，国家鼓励研制开发临床有效的中药品种，对质量稳定、疗效确切的中药品种实行分级保护制度。另外，《中医药法》规定国家建立中医药传统知识保护数据库、保护名录和保护制度。中医药传统知识持有人对其持有的中医药传统知识享有传承使用的权利，对他人获取、利用其持有的中医药传统知识享有知情同意和利益分享等权利。国家对经依法认定属于国家秘密的传统中药处方组成和生产工艺实行特殊保护。

链接　进口药材、中药材出口

①进口药材是我国中药材资源的重要组成部分，早在两汉时期，檀香、沉香、龙脑、苏合香、乳香等就从东南亚、非洲及印度、土耳其等地输入我国。在发现这些被称为"香药"的药材的药用价值后，人们按中医药学的理论和方法进行论证，将其纳入祖国的药学宝库沿用至今。据统计，我国传统进口药材有 40 余种。目前主要有：豆蔻、血竭、羚羊角、广角、豹骨、沉香、牛黄、麝香、砂仁、西红花、胖大海、西洋参、海马等。向我国出口药材的国家广泛分布于亚洲、非洲、欧洲、美洲、大洋洲等地区。②出口中药材必须到对外经济贸易部审批办理"出口中药材许可证"后，方可办理出口手续。目前国家对 35 种中药材出口实行审批，品种是人参、鹿茸、当归、蜂王浆（包括粉）、三七、麝香、甘草及其制品、杜仲、厚朴、黄芪、党参、黄连、半夏、茯苓、菊花、枸杞、山药、川芎、生地、贝母、银花、白芍、白术、麦冬、天麻、大黄、冬虫夏草、丹皮、桔梗、元胡、牛膝、连翘、罗汉果、牛黄。

第 5 节　法　律　责　任

药品监督管理是指药品监督管理行政机关依照法律法规的授权，依据相关法律法规的规定，对药品研制、生产、经营和药品使用单位使用药品等活动进行监督检查的过程。

一、药品监督的主体

药品监督关系的主体即当事人，包括监督者和被监督者。

1. 监督者和被监督者　药品监督关系的当事人包括监督者和被监督者。监督者是药品监督管理部门。被监督者是药品研制单位、药品的生产企业、药品的经营企业、医疗机构。

2. 业务指导问题　药品生产企业、药品经营企业和医疗机构的药品检验机构或者人员，应当接受当地药品监督管理部门设置的药品检验机构的业务指导。

二、药品监督的内容

药品监督行为的主要内容如下。

1. 出示证件和保守商业秘密　药品监督管理部门进行监督检查时，应当出示证明文件，对监督检查中知悉的商业秘密应当保密。

2. 药品质量抽查　药品监督管理部门根据监督管理的需要，可以对药品质量进行抽查检验。抽查检验应当按照规定抽样，并不得收取任何费用；抽样应当购买样品。

3. 查封、扣押权　对有证据证明可能危害人体健康的药品及其有关材料，药品监督管理部门可以查封、扣押，并在七日内作出行政处理决定；药品需要检验的，应当自检验报告书发出之日起十五日内作出行政处理决定。

4. 检查监督　药品监督管理部门应当对药品上市许可持有人、药品生产企业、药品经营企业和药物非临床安全性评价研究机构、药物临床试验机构等遵守药品生产质量管理规范、药品经营质量管理规范、药物非临床研究质量管理规范、药物临床试验质量管理规范等情况进行检查，监督其持续符合法定要求。

5. 检查员队伍　国家建立职业化、专业化药品检查员队伍。检查员应当熟悉药品法律法规，具备药品专业知识。

6. 安全性评价　药品监督管理部门建立药品上市许可持有人、药品生产企业、药品经营企业、药物非临床安全性评价研究机构、药物临床试验机构和医疗机构药品安全信用档案，记录许可颁发、日常监督检查结果、违法行为查处等情况，依法向社会公布并及时更新；对有不良信用记录的，增加监督检查频次，并可以按照国家规定实施联合惩戒。

7. 保密原则　药品监督管理部门应当公布本部门的电子邮件地址、电话，接受咨询、投诉、举报，并依法及时答复、核实、处理。对查证属实的举报，按照有关规定给予举报人奖励。药品监督管理部门应当对举报人的信息予以保密，保护举报人的合法权益。举报人举报所在单位的，该单位不得以解除、变更劳动合同或者其他方式对举报人进行打击报复。

8. 药品安全信息统一公布制度　国家药品安全总体情况、药品安全风险警示信息、重大药品安全事件及其调查处理信息和国务院确定需要统一公布的其他信息由国务院药品监督管理部门统一公布。药品安全风险警示信息和重大药品安全事件及其调查处理信息的影响限于特定区域的，也可以由有关省、自治区、直辖市人民政府药品监督管理部门公布。未经授权不得发布上述信息。公布药品安全信息，应当及时、准确、全面，并进行必要的说明，避免误导。任何单位和个人不得编造、散布虚假药品安全信息。

9. 药品安全事件应急预案　药品上市许可持有人、药品生产企业、药品经营企业和医疗机构等应当制定本单位的药品安全事件处置方案，并组织开展培训和应急演练。发生药品安全事件，县级以上人民政府应当按照应急预案立即组织开展应对工作；有关单位应当立即采取有效措施进行处置，防止危害扩大。

10. 纪律检查考核要求　药品监督管理部门未及时发现药品安全系统性风险，未及时消除监督管理区域内药品安全隐患的，本级人民政府或者上级人民政府药品监督管理部门应当对其主要负责人进行约谈。

地方人民政府未履行药品安全职责，未及时消除区域性重大药品安全隐患的，上级人民政府或者上级人民政府药品监督管理部门应当对其主要负责人进行约谈。被约谈的部门和地方人民政府应当立即采取措施，对药品监督管理工作进行整改。约谈情况和整改情况应当纳入有关部门和地方人民政府药品监督管理工作评议、考核记录。

三、药品管理法律责任

1. 民事主体的法律责任

（1）未经药品有关许可的责任　未取得药品生产许可证、药品经营许可证或者医疗机构制剂许可证生产、销售药品的，责令关闭，没收违法生产、销售的药品和违法所得，并处违法生产、销售的药品（包括已售出和未售出的药品）货值金额十五倍以上三十倍以下的罚款；货值金额不足十万元的，按十万元计算。

（2）生产、销售假药劣药罪　《刑法》第一百四十一条规定，生产、销售假药的，处三年以下有期徒刑或者拘役，并处罚金；对人体健康造成严重危害或者有其他严重情节的，处三年以上十年以下有期徒刑，并处罚金；致人死亡或者有其他特别严重情节的，处十年以上有期徒刑、无期徒刑或者死刑，并处罚金或者没收财产。药品使用单位的人员明知是假药而提供给他人使用的，依照前款的规定处罚。《刑法》第一百四十二条规定，生产、销售劣药，对人体健康造成严重危害的，处三年以上十年以下有期徒刑，并处罚金；后果特别严重的，处十年以上有期徒刑或者无期徒刑，并处罚金或者没收财产。药品使用单位的人员明知是劣药而提供给他人使用的，依照前款的规定处罚。同时，违反药品管理法规，有下列情形之一，违反药品管理法规，有下列情形之一，足以严重危害人体健康的，处三年以下有期徒刑或者拘役，并处或者单处罚金；对人体健康造成严重危害或者有其他严重情节的，处三年以上七年以下有期徒刑，并处罚金：①生产、销售国务院药品监督管理部门禁止使用的药品的；②未取得药品相关批准证明文件生产、进口药品或者明知是上述药品而销售的；③药品申请注册中提供虚假的证明、数据、资料、样品或者采取其他欺骗手段的；④编造生产、检验记录的。有前款行为，同时又构成本法第一百四十一条、第一百四十二条规定之罪或者其他犯罪，依照处罚较重的规定定罪处罚。

（3）违反药品生产、经营质量管理规范的责任　药品上市许可持有人、药品生产企业、药品经营企业、药物非临床安全性评价研究机构、药物临床试验机构等未遵守药品生产质量管理规范、药品经营质量管理规范、药物非临床研究质量管理规范、药物临床试验质量管理规范等的，责令限期改正，给予警告；逾期不改正的，处十万元以上五十万元以下的罚款；情节严重的，处五十万元以上二百万元以下的罚款，责令停产停业整顿直至吊销药品批准证明文件、药品生产许可证、药品经营许可证等，药物非临床安全性评价研究机构、药物临床试验机构等五年内不得开展药物非临床安全性评价研究、药物临床试验，对法定代表人、主要负责人、直接负责的主管人员和其他责任人员，没收违法行为发生期间自本单位所获收入，并处所获收入百分之十以上百分之五十以下的罚款，十年直至终身禁止从事药品生产经营等活动。有下列行为之一的，责令限期改正，给予警告；逾期不改正的，处十万元以上五十万元以下的罚款：①开展生物等效性试验未备案；②药物临床试验期间，发现存在安全性问题或者其他风险，临床试验申办者未及时调整临床试验方案、暂停或者终止临床试验，或者未向国务院药品监督管理部门报告；③未按照规定建立并实施药品追溯制度；④未按照规定提交年度报告；⑤未按照规定对药品生产过程中的变更进行备案或者报告；⑥未制定药品上市后风险管理计划；⑦未按照规定开展药品上市后研究或者上市后评价。

（4）违法使用药品方面的许可证的责任　伪造、变造、出租、出借、非法买卖许可证或者药品批准证明文件的，没收违法所得，并处违法所得一倍以上五倍以下的罚款；情节严重的，并处违法所得五倍以上十五倍以下的罚款，吊销药品生产许可证、药品经营许可证、医疗机构制剂许可证或者药品批准证明文件，对法定代表人、主要负责人、直接负责的主管人员和其他责任人员，处二万元以上二十万元以下的罚款，十年内禁止从事药品生产经营活动，并可以由公安机关处五日以上十五日以下的拘留；违法所得不足十万元的，按十万元计算。

（5）违法取得药品方面的许可证的责任　提供虚假的证明、数据、资料、样品或者采取其他手段骗取临床试验许可、药品生产许可、药品经营许可、医疗机构制剂许可或者药品注册等许可的，撤销相关许可，十年内不受理其相应申请，并处五十万元以上五百万元以下的罚款；情节严重的，对法定代表人、主要负责人、直接负责的主管人员和其他责任人员，处二万元以上二十万元以下的罚款，十年内禁止从事药品生产经营活动，并可以由公安机关处五日以上十五日以下的拘留。

（6）损害赔偿责任　药品的生产企业、经营企业、医疗机构违反法律规定，给药品使用者造成损害的，依法承担赔偿责任。

（7）从重处罚情形　违反《药品管理法》和《药品管理法实施条例》的规定，有下列情形之一的，由药品监督管理部门在《药品管理法》和《药品管理法实施条例》规定的处罚幅度内从重处罚：①以麻醉药品、精神药品、医疗用毒性药品、放射性药品冒充其他药品，或者以其他药品冒充上述药品的；②生产、销售以孕产妇、婴幼儿及儿童为主要使用对象的假药、劣药的；③生产、销售的生物制品、血液制品属于假药、劣药的；④生产、销售、使用假药、劣药，造成人员伤害后果的；⑤生产、销售、使用假药、劣药,经处理后重犯的;⑥拒绝、逃避监督检查,或者伪造、销毁、隐匿有关证据材料的,或者擅自动用查封、扣押物品的。

(8)无过错使用假药、劣药的责任 药品经营企业、医疗机构未违反《药品管理法》和《药品管理法实施条例》的有关规定,并有充分证据证明其不知道所销售或者使用的药品是假药、劣药的,应当没收其销售或者使用的假药、劣药和违法所得;但是,可以免除其他行政处罚。

2. 行政主体的法律责任

(1)不依法审查广告的责任 药品监督管理部门对药品广告不依法履行审查职责,批准发布的广告有虚假或者其他违反法律、行政法规的内容的,对直接负责的主管人员和其他直接责任人员依法给予行政处分;构成犯罪的,依法追究刑事责任。

(2)弄虚作假的责任 药品监督管理部门有下列行为之一的,应当撤销相关许可,对直接负责的主管人员和其他直接责任人员依法给予处分:①不符合条件而批准进行药物临床试验;②对不符合条件的药品颁发药品注册证书;③对不符合条件的单位颁发药品生产许可证、药品经营许可证或者医疗机构制剂许可证。县级以上地方人民政府有下列行为之一的,对直接负责的主管人员和其他直接责任人员给予记过或者记大过处分;情节严重的,给予降级、撤职或者开除处分:①瞒报、谎报、缓报、漏报药品安全事件;②未及时消除区域性重大药品安全隐患,造成本行政区域内发生特别重大药品安全事件,或者连续发生重大药品安全事件;③履行职责不力,造成严重不良影响或者重大损失。

(3)渎职的责任 药品监督管理人员滥用职权、徇私舞弊、玩忽职守的,依法给予处分。查处假药、劣药违法行为有失职、渎职行为的,对药品监督管理部门直接负责的主管人员和其他直接责任人员依法从重给予处分。

(4)派出机构的行政处罚权 药品监督管理部门设置的派出机构,有权做出《药品管理法》和《药品管理法实施条例》规定的警告、罚款、没收违法生产、销售的药品和违法所得的行政处罚。

自测题

1. 下列有关药品的说法,不正确的是
   A. 开办药品生产企业,须具有药品生产许可证
   B. 开办药品批发企业,须具有药品经营许可证
   C. 医疗机构配制制剂,须具有医疗机构制剂许可证
   D. 药品进口,无须具有进口药品注册证
   E. 药品生产企业的许可主体是工商行政管理部门

2. 医疗机构配制制剂的要求,不包括
   A. 必须具有能够保证制剂质量的设施、管理制度、检验仪器和卫生条件
   B. 医疗机构配制的制剂,应当是本单位临床需要而市场上没有供应的品种
   C. 必须按照规定对配制的制剂进行质量检验
   D. 开业三年以上
   E. 应当按照经核准的工艺进行,所需的原料、辅料和包装材料等应当符合药用要求

3. 药品生产企业的生产行为下列不符合要求的是
   A. 检验记录应当完整
   B. 生产药品所需的原料、辅料应当符合药用要求
   C. 不一定在非处方药的说明书中印有规定标志
   D. 血液制品不得委托生产
   E. 不符合国家药品标准的,不得出厂

4. 普通药品的保管中,对设备不符合要求的是
   A. 待验区域有明显标识,并与其他区域有效隔离
   B. 待验区域有明显标识符合待验药品的储存温度要求
   C. 设置特殊管理的药品专用待验区域,并符合安全控制要求
   D. 待验区域的药品有专人看管
   E. 待验区域及设施设备清洁,不得污染药品

5. 关于中药饮片的储存,不正确的选项是
   A. 高温
   B. 通风
   C. 防潮
   D. 防虫
   E. 防鼠

(万 婷)

第13章
食品安全管理法律制度

食品是人类赖以生存和发展的物质基础，也是国家安定、经济发展、社会和谐的前提条件。加强对食品生产、加工、流通等环节的监督和管理，制定科学合理的食品安全标准，对于保障人民群众的身体健康，促进国家经济发展，维护社会和谐稳定具有十分重要的意义。

第1节 概　　述

案例 13-1

"3·15"晚会曝光的某地土坑酸菜令人瞠目、作呕。广告宣称"老坛工艺，足时发酵"，结果没有坛子，只有土坑；没有"足时"，只有一双双"赤足"。更可恶的是，一个厂子里生产的酸菜竟然有两套卫生标准，标准化水泥池腌的酸菜是出口的，土坑赤脚做的酸菜"特供"国内消费者。15 日晚，当地县政府查封相关企业，对全县酱腌菜企业开展大排查、大整顿。当地市场监督管理局连夜查处违法企业。亡羊补牢是必须的，在食品安全的红线面前，没有灰色地带，必须树起高压线，让无良商家付出承受不了的代价，让食品安全法成为守护舌尖上安全的铜墙铁壁。

问题：1. 什么是食品安全？

2. 食品安全标准包含哪些？

一、食品安全法的相关概念

（一）食品的概念

食品指各种供人食用或者饮用的成品和原料以及按照传统既是食品又是中药材的物品，但是不包括以治疗为目的的物品。在《食品工业基本术语》（GB/T 15091—1994）中，食品被定义为可供人类食用或饮用的物质，包括加工食品、半成品和未加工食品，不包括烟草或只作药品用的物质。

从食品卫生立法和管理的角度，广义的食品概念还涉及所生产食品的原料、食品原料种植、养殖过程接触的物质和环境、食品的添加物质、所有直接或间接接触食品的包装材料、设施以及影响食品原有品质的环境。

（二）食品安全的概念

食品安全指食品无毒、无害，符合应当有的营养要求，对人体健康不造成任何急性、亚急性或者慢性危害。

（三）食品安全法的概念

食品安全法是旨在调整食品生产、经营、销售、运输、存储等各环节中形成的各种社会关系，并保障人民群众生命安全和身体健康的法律规范的总和。

（四）食品安全事故的概念

食品安全事故，指食物中毒、食源性疾病、食品污染等源于食品，对人体健康有危害或者可能有危害的事故。

二、食品安全法的适用对象

2009 年 2 月 28 日第十一届全国人民代表大会常务委员会第七次会议通过《中华人民共和国食品安全法》（以下简称《食品安全法》）；2015 年 4 月 24 日第十二届全国人民代表大会常务委员会第十四次会议修订，自 2015 年 10 月 1 日起施行；根据 2018 年 12 月 29 日第十三届全国人民代表大会常务委员会第七次会议《关于修改〈中华人民共和国产品质量法〉等五部法律的决定》第一次修正；根据 2021 年 4 月 29 日第十三届全国人民代表大会常务委员会第二十八次会议《关于修改〈中华人民共和国道路交通安全法〉等八部法律的决定》第二次修正。

《食品安全法》第二条规定，在中华人民共和国境内从事下列活动，应当遵守本法：①食品生产和加工（以下简称食品生产），食品销售和餐饮服务（以下简称食品经营）；②食品添加剂的生产经营；③用于食品的包装材料、容器、洗涤剂、消毒剂和用于食品生产经营的工具、设备（以下简称食品相关产品）的生产经营；④食品生产经营者使用食品添加剂、食品相关产品；⑤食品的储存和运输；⑥对食品、食品添加剂、食品相关产品的安全管理。

供食用的源于农业的初级产品（以下简称食用农产品）的质量安全管理，遵守《中华人民共和国农产品质量安全法》的规定。但是，食用农产品的市场销售、有关质量安全标准的制定、有关安全信息的公布和《食品安全法》对农业投入品作出规定的，应当遵守《食品安全法》的规定。

第 2 节　食品生产经营安全法律规定

一、食品安全标准的概念

1. 食品安全标准　食品安全标准是食品安全法律法规体系中重要的组成部分，是食品生产经营者、检验单位、进出口及国内市场监督管理部门必须严格执行的技术性法规，是保护消费者健康和权益的法律依据，是食品进入市场的最基本要求。《食品安全法》明确规定：食品安全标准是强制执行的标准，除食品安全标准外，不得制定其他食品强制性标准。

2. 食品安全标准的内容　根据《食品安全法》第二十六条规定，食品安全标准应当包括下列内容：①食品、食品添加剂、食品相关产品中的致病性微生物，农药残留、兽药残留、生物毒素、重金属等污染物质以及其他危害人体健康物质的限量规定；②食品添加剂的品种、使用范围、用量；③专供婴幼儿和其他特定人群的主辅食品的营养成分要求；④对与卫生、营养等食品安全要求有关的标签、标志、说明书的要求；⑤食品生产经营过程的卫生要求；⑥与食品安全有关的质量要求；⑦与食品安全有关的食品检验方法与规程；⑧其他需要制定为食品安全标准的内容。

3. 食品安全国家标准　食品安全国家标准由国务院卫生行政部门会同国务院食品安全监督管理部门制定、公布，国务院标准化行政部门提供国家标准编号；食品中农药残留、兽药残留的限量规定及其检验方法与规程由国务院卫生行政部门、国务院农业行政部门会同国务院食品安全监督管理部门制定；屠宰畜、禽的检验规程由国务院农业行政部门会同国务院卫生行政部门制定。

制定食品安全国家标准，应当依据食品安全风险评估结果并充分考虑食用农产品安全风险评估结果，参照相关的国际标准和国际食品安全风险评估结果，并将食品安全国家标准草案向社会公布，广泛听取食品生产经营者、消费者、有关部门等方面的意见。

食品安全国家标准应当经国务院卫生行政部门组织的食品安全国家标准审评委员会审查通过。食品安全国家标准审评委员会由医学、农业、食品、营养、生物、环境等方面的专家以及国务院有关部门、食品行业协会、消费者协会的代表组成，对食品安全国家标准草案的科学性和实用性等进行审查。

4. 食品安全地方标准 对地方特色食品，没有食品安全国家标准的，省、自治区、直辖市人民政府卫生行政部门可以制定并公布食品安全地方标准，报国务院卫生行政部门备案。食品安全国家标准制定后，该地方标准即行废止。

5. 食品安全企业标准 国家鼓励食品生产企业制定严于食品安全国家标准或者地方标准的企业标准，在本企业适用，并报省、自治区、直辖市人民政府卫生行政部门备案。

 链 接　食品安全宣传周

国务院食品安全委员会办公室于 2011 年印发的《食品安全宣传教育工作纲要（2011—2015 年）》中确定每年 6 月第三周为"食品安全宣传周"，在全国范围内集中开展形式多样、内容丰富、声势浩大的食品安全主题宣传活动，通过报刊、广播、电视、互联网等各种媒体进行集中报道。

二、食品生产经营许可证制度

国家对食品生产经营实行许可制度。从事食品生产、食品销售、餐饮服务，应当依法取得许可。但是，销售食用农产品和仅销售预包装食品的，不需要取得许可。仅销售预包装食品的，应当报所在地县级以上地方人民政府食品安全监督管理部门备案。

食品生产加工小作坊和食品摊贩等从事食品生产经营活动，应当符合《食品安全法》规定的与其生产经营规模、条件相适应的食品安全要求，保证所生产经营的食品卫生、无毒、无害，食品安全监督管理部门应当对其加强监督管理。

三、食品生产经营者健康管理

食品生产经营者应当建立并执行从业人员健康管理制度。患有国务院卫生行政部门规定的有碍食品安全疾病的人员，不得从事接触直接入口食品的工作。

从事接触直接入口食品工作的食品生产经营人员应当每年进行健康检查，取得健康证明后方可上岗工作。

四、食品的运输储存保管制度

食品生产企业应当就下列事项制定并实施控制要求，保证所生产的食品符合食品安全标准：①原料采购、原料验收、投料等原料控制；②生产工序、设备、储存、包装等生产关键环节控制；③原料检验、半成品检验、成品出厂检验等检验控制；④运输和交付控制。

食品生产企业应当建立食品出厂检验记录制度，查验出厂食品的检验合格证和安全状况，如实记录食品的名称、规格、数量、生产日期或者生产批号、保质期、检验合格证号、销售日期以及购货者名称、地址、联系方式等内容，并保存相关凭证。记录和凭证保存期限应当符合《食品安全法》第五十条第二款的规定。

食品经营者应当按照保证食品安全的要求储存食品，定期检查库存食品，及时清理变质或者超过保质期的食品。

食品经营者储存散装食品，应当在储存位置标明食品的名称、生产日期或者生产批号、保质期、生产者名称及联系方式等内容。

链 接　网络食品交易相关规定

《食品安全法》第六十二条规定，网络食品交易第三方平台提供者应当对入网食品经营者进行实名登记，明确其食品安全管理责任；依法应当取得许可证的，还应当审查其许可证。

网络食品交易第三方平台提供者发现入网食品经营者有违反本法规定行为的，应当及时制止并立即报告所在地县级人民政府食品安全监督管理部门；发现严重违法行为的，应当立即停止提供网络交易平台服务。

五、食品召回和其他管理制度

在食品生产经营过程中，除了上述几种管理制度外，《食品安全法》还规定了食品召回、食品生产经营者自查、供货许可证及食品添加剂生产许可证、网络食品交易平台管理等制度。

国家建立食品召回制度。食品生产者发现其生产的食品不符合食品安全标准或者有证据证明可能危害人体健康的，应当立即停止生产，召回已经上市销售的食品，通知相关生产经营者和消费者，并记录召回和通知情况。

食品经营者发现其经营的食品有上述规定情形的，应当立即停止经营，通知相关生产经营者和消费者，并记录停止经营和通知情况。食品生产者认为应当召回的，应当立即召回。由于食品经营者的原因造成其经营的食品有上述规定情形的，食品经营者应当召回。

食品生产经营者应当对召回的食品采取无害化处理、销毁等措施，防止其再次流入市场。但是，对因标签、标志或者说明书不符合食品安全标准而被召回的食品，食品生产者在采取补救措施且能保证食品安全的情况下可以继续销售；销售时应当向消费者明示补救措施。

食品生产经营者应当将食品召回和处理情况向所在地县级人民政府食品安全监督管理部门报告；需要对召回的食品进行无害化处理、销毁的，应当提前报告时间、地点。食品安全监督管理部门认为必要的，可以实施现场监督。

食品生产经营者未依照《食品安全法》规定召回或者停止经营的，县级以上人民政府食品安全监督管理部门可以责令其召回或者停止经营。

第3节　食品安全监督管理法律规定

案例 13-2

某省市场监督管理局发布关于18批次食品抽检不合格情况的通告。通告称，近期，该局完成食品安全监督抽检任务612批次，涉及餐饮食品、炒货食品及坚果制品、调味品、方便食品、糕点、粮食加工品、食用农产品、蔬菜制品、速冻食品及饮料等食品。根据食品安全国家标准检验和判定，其中抽样检验项目合格样品594批次、不合格样品18批次。针对监督抽检中发现的不合格食品，省市场监督管理局已责成相关设区市市场监督管理部门立即组织开展处置工作，查清产品流向，督促企业采取下架召回不合格产品等措施控制风险，依法处理违法违规行为，及时将企业采取的风险防控措施和核查处置情况向社会公开。

问题：1. 根据《食品安全法》规定，哪些部门需要对食品进行定期或者不定期的抽样检验？

2. 如果食品生产经营者对检验结论有异议，如何申请复检？

3. 案例中被抽检不合格食品的生产经营者及检验机构需承担哪些法律责任？

为了加强对食品的安全管理，国家建立了食品安全监管体制和食品安全风险监测评估制度。对可能出现的食品安全事故,规定了从制定食品安全事故应急预案到食品安全事故报告,再到事故的处置的完整制度。

一、食品安全监管

食品安全监管离不开食品安全监管体制,它是国家行政管理体制的重要组成部分,是指国家食品安全监管组织机构的设置、监管权限的分配、职责范围的划分、机构运行和协调以及人事制度等项制度的有机体系。它的基本要素包括食品安全监管机构的设置、监管职能的配置、各机构职权范围的划分与运行机制的规范等。《食品安全法》规定,国务院设立食品安全委员会,其职责由国务院规定;国务院食品安全监督管理部门依照《食品安全法》和国务院规定的职责,对食品生产经营活动实施监督管理;国务院卫生行政部门依照《食品安全法》和国务院规定的职责,组织开展食品安全风险监测和风险评估,会同国务院食品安全监督管理部门制定并公布食品安全国家标准;国务院其他有关部门依照《食品安全法》和国务院规定的职责,承担有关食品安全工作。

县级以上地方人民政府对本行政区域的食品安全监督管理工作负责,统一领导、组织、协调本行政区域的食品安全监督管理工作以及食品安全突发事件应对工作,建立健全食品安全全程监督管理工作机制和信息共享机制;县级以上地方人民政府依照《食品安全法》和国务院的规定,确定本级食品安全监督管理、卫生行政部门和其他有关部门的职责。有关部门在各自职责范围内负责本行政区域的食品安全监督管理工作;县级人民政府食品安全监督管理部门可以在乡镇或者特定区域设立派出机构。

县级以上地方人民政府实行食品安全监督管理责任制。上级人民政府负责对下一级人民政府的食品安全监督管理工作进行评议、考核。县级以上地方人民政府负责对本级食品安全监督管理部门和其他有关部门的食品安全监督管理工作进行评议、考核。

县级以上人民政府应当将食品安全工作纳入本级国民经济和社会发展规划,将食品安全工作经费列入本级政府财政预算,加强食品安全监督管理能力建设,为食品安全工作提供保障;县级以上人民政府食品安全监督管理部门和其他有关部门应当加强沟通、密切配合,按照各自职责分工,依法行使职权,承担责任。

除了政府机关外,《食品安全法》还规定了社会团体在食品安全监管中的任务。例如,食品行业协会应当加强行业自律,按照章程建立健全行业规范和奖惩机制,提供食品安全信息、技术等服务,引导和督促食品生产经营者依法生产经营,推动行业诚信建设,宣传、普及食品安全知识;消费者协会和其他消费者组织对违反《食品安全法》规定,损害消费者合法权益的行为,依法进行社会监督。

二、食品安全风险

(一)食品安全风险监测

根据《食品安全法》规定,国家建立食品安全风险监测制度,对食源性疾病、食品污染以及食品中的有害因素进行监测。国务院卫生行政部门会同国务院食品安全监督管理等部门,制定、实施国家食品安全风险监测计划。国务院食品安全监督管理部门和其他有关部门获知有关食品安全风险信息后,应当立即核实并向国务院卫生行政部门通报。对有关部门通报的食品安全风险信息以及医疗机构报告的食源性疾病等有关疾病信息,国务院卫生行政部门应当会同国务院有关部门分析研究,认为必要的,及时调整国家食品安全风险监测计划。

省、自治区、直辖市人民政府卫生行政部门会同同级食品安全监督管理等部门,根据国家食品安全风险监测计划,结合本行政区域的具体情况,制定、调整本行政区域的食品安全风险监测方案,报国务院卫生行政部门备案并实施。

食品安全风险监测结果表明可能存在食品安全隐患的，县级以上人民政府卫生行政部门应当及时将相关信息通报同级食品安全监督管理等部门，并报告本级人民政府和上级人民政府卫生行政部门。食品安全监督管理等部门应当组织开展进一步调查。

（二）食品安全风险评估

食品安全风险评估指对食品、食品添加剂中生物性、化学性和物理性危害对人体健康可能造成的不良影响所进行的科学评估，包括危害识别、危害特征描述、暴露评估、风险特征描述等，食品安全风险评估结果是制定、修订食品安全标准和实施食品安全监督管理的科学依据。为此，《食品安全法》规定，国家建立食品安全风险评估制度，运用科学方法，根据食品安全风险监测信息、科学数据以及有关信息，对食品、食品添加剂、食品相关产品中生物性、化学性和物理性危害因素进行风险评估。

国务院卫生行政部门负责组织食品安全风险评估工作，成立由医学、农业、食品、营养、生物、环境等方面的专家组成的食品安全风险评估专家委员会进行食品安全风险评估。食品安全风险评估结果由国务院卫生行政部门公布。

有下列情形之一的，应当进行食品安全风险评估：①通过食品安全风险监测或者接到举报发现食品、食品添加剂、食品相关产品可能存在安全隐患的；②为制定或者修订食品安全国家标准提供科学依据需要进行风险评估的；③为确定监督管理的重点领域、重点品种需要进行风险评估的；④发现新的可能危害食品安全因素的；⑤需要判断某一因素是否构成食品安全隐患的；⑥国务院卫生行政部门认为需要进行风险评估的其他情形。

三、食品安全检验

（一）检验机构资质

食品检验机构按照国家有关认证认可的规定取得资质认定后，方可从事食品检验活动。但是，法律另有规定的除外。食品检验机构的资质认定条件和检验规范，由国务院食品安全监督管理部门规定。符合《食品安全法》规定的食品检验机构出具的检验报告具有同等效力。县级以上人民政府应当整合食品检验资源，实现资源共享。

食品生产企业可以自行对所生产的食品进行检验，也可以委托符合《食品安全法》规定的食品检验机构进行检验。食品行业协会和消费者协会等组织、消费者需要委托食品检验机构对食品进行检验的，应当委托符合《食品安全法》规定的食品检验机构进行。

（二）检验人

食品检验由食品检验机构指定的检验人独立进行。检验人应当依照有关法律、法规的规定，并按照食品安全标准和检验规范对食品进行检验，尊重科学，恪守职业道德，保证出具的检验数据和结论客观、公正，不得出具虚假检验报告。

食品检验实行食品检验机构与检验人负责制。食品检验报告应当加盖食品检验机构公章，并有检验人的签名或者盖章。食品检验机构和检验人对出具的食品检验报告负责。

（三）抽样检验

县级以上人民政府食品安全监督管理部门应当对食品进行定期或者不定期的抽样检验，并依据有关规定公布检验结果，不得免检。进行抽样检验，应当购买抽取的样品，委托符合《食品安全法》规定的食品检验机构进行检验，并支付相关费用；不得向食品生产经营者收取检验费和其他费用。

（四）复检

对依照《食品安全法》规定实施的检验结论有异议的，食品生产经营者可以自收到检验结论之日起七个工作日内向实施抽样检验的食品安全监督管理部门或者其上一级食品安全监督管理部门提出复检申请，由受理复检申请的食品安全监督管理部门在公布的复检机构名录中随机确定复检机构进行复检。复检机构出具的复检结论为最终检验结论。复检机构与初检机构不得为同一机构。复检机构名录由国务院认证认可监督管理、食品安全监督管理、卫生行政、农业行政等部门共同公布。

采用国家规定的快速检测方法对食用农产品进行抽查检测，被抽查人对检测结果有异议的，可以自收到检测结果时起四小时内申请复检。复检不得采用快速检测方法。

四、食品安全事故

（一）食品安全事故应急预案的制定

《食品安全法》规定，国务院组织制定国家食品安全事故应急预案。县级以上地方人民政府应当根据有关法律、法规的规定和上级人民政府的食品安全事故应急预案以及本行政区域的实际情况，制定本行政区域的食品安全事故应急预案，并报上一级人民政府备案。食品安全事故应急预案应当对食品安全事故分级、事故处置组织指挥体系与职责、预防预警机制、处置程序、应急保障措施等作出规定。食品生产经营企业应当制定食品安全事故处置方案，定期检查本企业各项食品安全防范措施的落实情况，及时消除事故隐患。

（二）食品安全事故的报告

《食品安全法》规定，发生食品安全事故的单位应当立即采取措施，防止事故扩大。事故单位和接收病人进行治疗的单位应当及时向事故发生地县级人民政府食品安全监督管理、卫生行政部门报告。

县级以上人民政府农业行政等部门在日常监督管理中发现食品安全事故或者接到事故举报，应当立即向同级食品安全监督管理部门通报。

发生食品安全事故，接到报告的县级人民政府食品安全监督管理部门应当按照应急预案的规定向本级人民政府和上级人民政府食品安全监督管理部门报告。县级人民政府和上级人民政府食品安全监督管理部门应当按照应急预案的规定上报。

任何单位和个人不得对食品安全事故隐瞒、谎报、缓报，不得隐匿、伪造、毁灭有关证据。

医疗机构发现其接收的病人属于食源性疾病病人或者疑似病人的，应当按照规定及时将相关信息向所在地县级人民政府卫生行政部门报告。县级人民政府卫生行政部门认为与食品安全有关的，应当及时通报同级食品安全监督管理部门。

县级以上人民政府卫生行政部门在调查处理传染病或者其他突发公共卫生事件中发现与食品安全相关的信息，应当及时通报同级食品安全监督管理部门。

（三）食品安全事故处理

县级以上人民政府食品安全监督管理部门接到食品安全事故的报告后，应当立即会同同级卫生行政、农业行政等部门进行调查处理，并采取下列措施，防止或者减轻社会危害：①开展应急救援工作，组织救治因食品安全事故导致人身伤害的人员。②封存可能导致食品安全事故的食品及其原料，并立即进行检验；对确认属于被污染的食品及其原料，责令食品生产经营者依照《食品安全法》第六十三条的规定召回或者停止经营。③封存被污染的食品相关产品，并责令进行清洗消毒。④做好信息发布工作，依法对食品安全事故及其处理情况进行发布，并对可能产生的危害加以解释、说明。

发生食品安全事故需要启动应急预案的，县级以上人民政府应当立即成立事故处置指挥机构，启动应急预案，依照上述和应急预案的规定进行处置。

发生食品安全事故，县级以上疾病预防控制机构应当对事故现场进行卫生处理，并对与事故有关的因素开展流行病学调查，有关部门应当予以协助。县级以上疾病预防控制机构应当向同级食品安全监督管理、卫生行政部门提交流行病学调查报告。

（四）食品安全事故调查

发生食品安全事故，设区的市级以上人民政府食品安全监督管理部门应当立即会同有关部门进行事故责任调查，督促有关部门履行职责，向本级人民政府和上一级人民政府食品安全监督管理部门提出事故责任调查处理报告。涉及两个以上省、自治区、直辖市的重大食品安全事故由国务院食品安全监督管理部门依照前款规定组织事故责任调查。

调查食品安全事故，应当坚持实事求是、尊重科学的原则，及时、准确查清事故性质和原因，认定事故责任，提出整改措施。调查食品安全事故，除了查明事故单位的责任，还应当查明有关监督管理部门、食品检验机构、认证机构及其工作人员的责任。

食品安全事故调查部门有权向有关单位和个人了解与事故有关的情况，并要求提供相关资料和样品。有关单位和个人应当予以配合，按照要求提供相关资料和样品，不得拒绝。任何单位和个人不得阻挠、干涉食品安全事故的调查处理。

第4节　法律责任

在食品生产、经营、监管相关环节中，相关人员若违反食品安全管理的法律、法规，应当承担行政责任、民事责任，情节严重的还应当承担刑事责任。

一、行政责任

1. 食品安全行政责任的主体　根据《食品安全法》的相关规定，食品安全行政责任的主体主要包括：食品生产经营者；食品添加剂生产经营者；为其提供生产经营场所或者其他条件者；食品生产加工小作坊、食品摊贩；集中交易市场的开办者、柜台出租者、展销会的举办者；食用农产品批发市场；网络食品交易第三方平台；学校、托幼机构、养老机构、建筑工地等集中用餐单位；承担食品安全风险监测、风险评估工作的技术机构、技术人员；食品检验机构、食品检验人员；广告经营者、发布者；推荐虚假广告的社会团体或者其他组织、个人；新闻媒体；地方政府部门的负责人；政府食品安全监督管理、卫生行政、质量监督、农业行政等部门的负责人等。

2. 食品安全行政责任的行为　《食品安全法》第一百二十二条至第一百四十六条关于食品安全行政违法行为相关规定主要包括：未取得食品生产经营许可从事食品生产经营活动，或者未取得食品添加剂生产许可从事食品添加剂生产活动的；违法从事食品或食品添加剂生产经营活动的；事故单位在发生食品安全事故后未进行处置、报告的；违反进出口食品安全管理的；集中交易市场的开办者、柜台出租者、展销会的举办者允许未依法取得许可的食品经营者进入市场销售食品，或者未履行检查、报告等义务的；网络食品交易第三方平台提供者未对入网食品经营者进行实名登记、审查许可证，或者未履行报告、停止提供网络交易平台服务等义务的；未按要求进行食品储存、运输和装卸的；拒绝、阻挠、干涉有关部门、机构及其工作人员依法开展食品安全监督检查、事故调查处理、风险监测和风险评估的；承担食品安全风险监测、风险评估工作的技术机构、技术人员提供虚假监测、评估信息的；食品检验机构、食品检验人员出具虚假检验报告的；认证机构出具虚假认证结论；在广告中对食品作虚假宣传，欺骗消费者，或者发布未取得批准文件、广告内容与批准文件不一致的保健食品广告的；

编造、散布虚假食品安全信息，构成违反治安管理行为的；县级以上人民政府及县级以上人民政府食品安全监督管理、卫生行政、农业行政等部门未履行食品安全监督管理职责的。

二、民 事 责 任

根据《民法典》的规定，民事主体依照法律规定或者按照当事人约定，履行民事义务，承担民事责任。民事责任属于法律责任的一种，是保障民事权利和民事义务实现的重要措施，是民事主体因违反民事义务所应承担的民事法律后果。公民或法人在违反自己的民事义务或侵犯他人的民事权利时所应当承担的法律后果。

《食品安全法》第一百四十八条规定，消费者因不符合食品安全标准的食品受到损害的，可以向经营者要求赔偿损失，也可以向生产者要求赔偿损失。接到消费者赔偿要求的生产经营者，应当实行首负责任制，先行赔付，不得推诿；属于生产者责任的，经营者赔偿后有权向生产者追偿；属于经营者责任的，生产者赔偿后有权向经营者追偿。

生产不符合食品安全标准的食品或者经营明知是不符合食品安全标准的食品，消费者除要求赔偿损失外，还可以向生产者或者经营者要求支付价款十倍或者损失三倍的赔偿金；增加赔偿的金额不足一千元的，为一千元。但是，食品的标签、说明书存在不影响食品安全且不会对消费者造成误导的瑕疵的除外。

当食品生产经营企业同时面临民事赔偿、行政罚款和刑事罚金的处罚时，可能会出现难以支付的问题。为此，《食品安全法》进一步明确：违反本法规定，造成人身、财产或者其他损害的，依法承担赔偿责任。生产经营者财产不足以同时承担民事赔偿责任和缴纳罚款、罚金时，先承担民事赔偿责任。

三、刑 事 责 任

《食品安全法》第一百四十九条规定，违反本法规定，构成犯罪的，依法追究刑事责任。

《刑法》第一百四十三条规定，生产、销售不符合食品安全标准的食品，足以造成严重食物中毒事故或者其他严重食源性疾病的，处三年以下有期徒刑或者拘役，并处罚金；对人体健康造成严重危害或者有其他严重情节的，处三年以上七年以下有期徒刑，并处罚金；后果特别严重的，处七年以上有期徒刑或者无期徒刑，并处罚金或者没收财产。

《刑法》第一百四十四条规定，在生产、销售的食品中掺入有毒、有害的非食品原料的，或者销售明知掺有有毒、有害的非食品原料的食品的，处五年以下有期徒刑，并处罚金；对人体健康造成严重危害或者有其他严重情节的，处五年以上十年以下有期徒刑，并处罚金；致人死亡或者有其他特别严重情节的，处十年以上有期徒刑、无期徒刑或者死刑，并处罚金或者没收财产。

自 测 题

1. 《中华人民共和国食品安全法》实施日期为
   A. 2009 年 5 月 1 日
   B. 2009 年 6 月 1 日
   C. 2015 年 6 月 1 日
   D. 2015 年 10 月 1 日
   E. 2015 年 4 月 24 日
2. 依照《食品安全法》和国务院规定的职责，组织开展食品安全风险监测和风险评估，会同国务院食品安全监督管理部门制定并公布食品安全国家标准的部门是

   A. 质量监督部门
   B. 食品安全委员会
   C. 卫生行政部门
   D. 食品科研机构
   E. 食品检验机构
3. 《食品安全法》规定，（　　）对本行政区域的食品安全监督管理工作负责，统一领导、组织、协调本行政区域的食品安全监督管理工作以及食品安全突发事件应对工作，建立健全食品安全全程监督管理工作机制

和信息共享机制。

A. 县级以上地方人民政府

B. 县级以上食品安全监督管理部门

C. 县级以上卫生行政部门

D. 县级以上质量监督部门

E. 县级以上食品行业协会

4. 关于食品安全检验，下列说法不正确的是

A. 进行抽样检验，可以向食品生产经营者收取检验费

和其他费用

B. 食品检验由食品检验机构指定的检验人独立进行

C. 食品检验机构按照国家有关认证认可的规定取得资质认定后，方可从事食品检验活动

D. 对依照《食品安全法》规定实施的检验结论有异议的，食品生产经营者可以在规定时间内提出复检申请

E. 食品检验机构的资质认定条件和检验规范，由国务院食品安全监督管理部门规定

（李淑香）

第 **14** 章
公共卫生监督管理法律制度

随着社会生活水平和人们对生活质量要求的不断提高，公共卫生问题越来越为人们所关注。公共卫生就是一个国家和地区，通过社会共同努力，改善环境和卫生条件，来预防疾病、延长生命、促进心理和身体健康，并能发挥更大潜能的科学、技术和政府职能，培养良好的卫生习惯和文明生活方式。提供医疗卫生服务，达到预防疾病、促进人民身体健康的目的。公共卫生一旦发生问题，将会直接或间接地影响国家或地方的经济社会的稳定和发展。而加强公共卫生监管可以有效预防和控制公共卫生安全事件，避免或减少危害发生，确保社会稳定和经济发展。为保障公共卫生，促进人民群众身心健康，我国制定和颁布了一系列有关法律法规。

第 1 节　公共场所卫生管理

 案例 14-1

3·15 晚会曝光了河南、山东、陕西等地将输液瓶、医疗垃圾破碎料加工成"再生料"后在多地进行销售的事情，引发了全国的关注。加工再生颗粒产生的污水不经任何处理，被直接排到河里，而再生料被制成蔬菜网袋、方便袋、一次性口杯、儿童玩具等。一个规模不大的工厂每天生产的蔬菜网袋数量高达 10 万多只，行销全国各地。而这些监管薄弱、位于农村的"黑医疗废物加工点"没有任何处理医疗废弃物的资质。然而，本应当受到严密监管的医疗废物，却从医院流到了市场，从废旧输液袋、注射器变成了日用品和玩具。从中可以折射出一些社会存在的问题，如有关部门监管力度不严、生产商家缺乏基本的生意原则和底线、相关体制的不完善、医院的不负责任等。

问题：1. 医疗废物的再使用涉及哪些监管部门？
　　　2. 医疗废物应当作何处理？

一、公共场所及其卫生管理立法

（一）公共场所概述

公共场所是指人群聚集，并供公众实现各种社会生活（学习、社交、娱乐、医疗、休息和旅游等）需求所使用的一切公用建筑物、场所及其设施的总称。公共场所对公众来说是人工生活环境，对从业人员来说则是劳动环境。从卫生学角度看，它具有几个显著的特点：人群密集，易传播疾病；流动性大，易混杂各种污染源；设备及物品供公众重复使用，易造成污染；健康与非健康个体混杂，易造成疾病特别是传染病的传播。

（二）公共场所卫生管理立法

国务院于 1987 年 4 月 1 日发布了《公共场所卫生管理条例》，这是中华人民共和国成立以来最高行政机关发布的第一部公共场所卫生管理法规，同年 9 月 15 日，卫生部发布了《公共场所卫生管理条例实施细则》。《公共场所卫生管理条例》曾经数次修订，最新版本于 2019 年 4 月 23 日经国务院修订并发布，与之相配套的《公共场所卫生管理条例实施细则》也经数次修订，最新版本于 2017 年 12 月 5 日经国家卫生和计划生育委员会主任会议讨论通过，自 2017 年 12 月 26 日公布之日起施行，对公共场所卫生管理做了相关细化规定。

1987 年卫生部还制定了《公共场所卫生监督监测要点》和《公共场所从业人员培训大纲》。之后又陆续地制定了《旅店业卫生标准》《游泳场所卫生标准》《公共交通等候室卫生标准》等十几项公共场所国家卫生标准。2006 年卫生部发布了《公共场所集中空调通风系统卫生管理办法》。2007 年卫生部与商务部联合制定了《住宿业卫生规范》《沐浴场所卫生规范》和《美容美发场所卫生规范》，与国家体育总局组织制定了《游泳场所卫生规范》等。

2019 年 12 月 28 日颁布的《基本医疗卫生与健康促进法》明确规定了国家完善公共场所卫生管理制度。公共场所卫生监督信息应当依法向社会公开。公共场所经营单位应当建立健全并严格实施卫生管理制度，保证其经营活动持续符合国家对公共场所的卫生要求。这些法律、法规、规章、标准和文件等，是目前实施公共场所卫生监督管理的主要法律依据。

二、公共场所卫生的基本要求

根据公共场所与公众健康的密切程度以及发生健康危害的风险程度，我国将公共场所分为一般公共场所和特殊公共场所。对特殊公共场所实行卫生许可证制度，对一般公共场所实行备案制度。

公共场所卫生管理贯彻预防为主的方针，实行分类管理、综合治理的原则。公共场所经营者在经营活动中，应当遵守有关卫生法律、行政法规和部门规章以及相关的卫生标准、规范，开展公共场所卫生知识宣传，预防传染病和保障公众健康，为顾客提供良好的卫生环境。

（一）公共场所卫生要求

公共场所多数情况下是具有维护结构或建筑房屋等不动产的公众活动场所，环境相对封闭，地点固定不变，服务内容多样，由于人员流动性大以及设施公用等因素，某些疾病容易传播，因此，公共场所室内外环境应当清洁、卫生。对公共场所的卫生要求，主要有 10 个方面。

1. 室内空气清洁　各类公共场所内空气要达到规定的各项标准，依靠自然通风或机械通风措施，防治室内空气污染，确保室内空气清洁。

2. 微小气候适宜　各类公共场所在不同季节要采取不同措施，以保证室内湿度、温度、风速等达到国家有关标准，有利于旅客、顾客等身体健康。

3. 采光照明良好　公共场所应当尽量采用自然光。自然采光不足的，公共场所经营者应当配置与其经营场所规模相适应的照明设施。

4. 噪声符合标准　公共场所要保证噪声不超过规定标准，超过标准的及距噪声源较近的公共场所，应采取必要措施，减少噪声，达到规定标准。

5. 用品用具符合卫生标准　公共场所使用的用品用具及一次性用品必须符合国家卫生标准和卫生要求，重复使用的用品、用具使用前应洗净消毒，按卫生要求保管，一次性用品严禁重复使用。清洗、消毒、储存用品、用具的专用设施应当分类设置，使用的洗涤剂、消毒剂应当对人体健康无害。

6. 用水符合卫生标准和要求　公共场所经营者提供给顾客使用的生活饮用水应当符合国家生活饮用水卫生标准要求。游泳场（馆）和公共浴室水质应当符合国家卫生标准和要求。

7. 卫生设施完好　宾馆、饭店、洗浴场所、美发美容场所、娱乐场所应当设置符合要求的消毒间和储存间，消毒设施齐全、运转正常，并配备符合卫生要求的消毒药品。

公共场所空调通风系统的新风量应当符合国家卫生标准，新风入口必须设于室外并远离污染源，空调通风设施的送风口、回风口、过滤器、盘管组件、风管及其他系统部件应当定期清洁，空调冷却用水应当定期消毒。

公共场所应当具备消除蚊、蝇、老鼠、蟑螂和其他病媒昆虫危害的防治措施，应当设置垃圾和废弃物存放的专用设施。公共场所吸烟室、卫生间及浴室须设置独立的排气系统，不得与其他排气系统相通。

8. 相关产品及室内装饰要求　公共场所中的客用清洁卫生用品、化妆品、涉水产品、消毒产品、空气净化装置及其他健康相关产品必须符合国家卫生标准和卫生要求。

公共场所的选址、设计、装修应当符合国家相关标准和规范的要求。公共场所室内装饰装修期间不得营业。进行局部装饰装修的，经营者应当采取有效措施，保证营业的非装饰装修区域室内空气质量合格。

9. 响应禁烟宣传　室内公共场所经营者应当设置醒目的禁止吸烟警语和标志。室外公共场所设置的吸烟区不得位于行人必经的通道上。公共场所不得设置自动售烟机。公共场所经营者应当开展吸烟危害健康的宣传，并配备专（兼）职人员对吸烟者进行劝阻。

10. 做好定期检测　公共场所经营者应当按照卫生标准、规范的要求对公共场所的空气、微小气候、水质、采光、照明、噪声、顾客用品用具等进行卫生检测，检测每年不得少于一次；检测结果不符合卫生标准、规范要求的应当及时整改。公共场所经营者不具备检测能力的，可以委托检测。公共场所经营者应当在醒目位置如实公示检测结果。

（二）公共场所对从业人员卫生要求

《公共场所卫生管理条例》对于各种公共场所从业人员的卫生要求，主要有以下几方面。

1. 讲究个人卫生　公共场所从业人员工作时应当穿戴清洁的工作服，各类公共场所的从业人员要根据不同的工作性质，按照相应的法律、法规的具体要求，搞好个人卫生，做到勤洗澡、勤理发、勤换衣服等要求。

2. 掌握相关卫生知识　公共场所负责人及从业人员必须完成全国"公共场所从业人员卫生知识培训教学大纲"规定的培训学时，学习并掌握有关卫生法规、基本卫生知识和基本卫生操作技能等。经考核合格的方可上岗，对考核不合格的，不得安排上岗。

3. 定期进行健康检查　公共场所从业人员在取得有效健康合格证明后方可上岗，从业期间每年应进行健康检查。患有痢疾、伤寒、甲型病毒性肝炎、戊型病毒性肝炎等消化道传染病的人员以及患有活动性肺结核、化脓性或者渗出性皮肤病等疾病的人员，治愈前不得从事直接为顾客服务的工作。

三、公共场所危害健康事故报告

公共场所危害健康事故指公共场所内发生传染病疫情或者因空气质量、水质不符合卫生标准、用品用具或者设施受到污染导致的危害公众健康事故。

公共场所经营者应当制定公共场所危害健康事故应急预案或者方案，定期检查公共场所各项卫生制度、措施的落实情况，及时消除危害公众健康的隐患。公共场所发生危害人体健康事故时，经营者应当立即处置，防止危害扩大，并及时向当地县级以上人民政府卫生健康主管部门报告，协助卫生健康主管部门做好对事故的调查处理工作，并及时抢救受害人员，控制事故的蔓延，减少损失。任何单位或者个人对危害健康事故不得隐瞒、缓报、谎报。

（一）报告的范围

发生下列事故时，应及时报告：①因微小气候或空气质量不符合卫生标准所致的虚脱休克；②饮用水遭受污染或水污染所致的介水传染性疾病流行和水源性中毒；③放射性物质污染公共设施或场所造成的内照射或外照射健康损害；④公共用具、卫生设施被污染所致传染性疾病、皮肤病；⑤意外事故所致的一氧化碳、氨气、氯气、消毒杀虫剂等中毒。

（二）报告责任人

报告责任人是公共场所的经营单位及卫生负责人，其他人员也有义务报告。

（三）报告时限和处理

发生死亡或者同时发生3名以上（含3名）受害病人时，事故报告责任人要在发生事故24小时之内，电话报告当地卫生监督机构。国内民航、铁路、交通、厂（场）矿等所属经营单位，应同时报告系统卫生监督机构，随即报告主管部门，必要时（如重大事故和可疑刑事案件等）必须同时报告公安部门。

卫生监督机构在接到报告24小时内会同有关人员进行调查，并将调查结果及处理意见于1周内写成"公共场所危害事故现场调查报告书"，报送同级卫生健康主管部门、上级卫生监督机构、事故的主管部门和事故单位，并建立档案。

四、公共场所卫生监督

公共场所的卫生监督是卫生健康主管部门通过强制性监督形式，实行卫生许可证制度，要求公共场所的经营者在经营中涉及卫生的行为和卫生管理行为应符合国家有关要求，以创造良好的卫生环境、预防疾病，保证人群的健康。

（一）公共场所卫生监督机构及其职责

国家卫生健康委员会主管全国公共场所卫生监督管理工作。县级以上地方各级人民政府卫生健康主管部门负责本行政区域的公共场所卫生监督管理工作。国境口岸及出入境交通工具的卫生监督管理工作由出入境检验检疫机构按照有关法律法规的规定执行。铁路部门所属的卫生主管部门负责对管辖范围内的车站、等候室、铁路客车以及主要为本系统职工服务的公共场所的卫生监督管理工作。

公共场所卫生监督机构的主要职责是：①对特殊公共场所的新、改、扩建工程选址和设计进行卫生审查，对竣工项目进行卫生验收；②监督公共场所从业人员的健康检查和卫生知识培训；③对特殊公共场所进行卫生审查，发放卫生许可证；④对一般公共场所进行备案；⑤对公共场所及公共用品、用具的卫生状况进行抽查，定期公布抽查结果；⑥对公共场所发生的健康危害事故进行调查处理，必要时采取临时控制措施；⑦对公共场所进行卫生监督检查，对违反本条例的行为实施行政处罚；⑧对开展公共场所卫生检测、评价及从业人员健康检查活动者进行监督检查；⑨负责公共场所卫生监督的其他事项。

（二）公共场所卫生监督人员及其职责

卫生监督机构根据需要设立公共场所卫生监督员，由卫生监督员负责对辖区公共场所的卫生进行监督检查，执行卫生监督机构交给的各项任务。公共场所卫生监督员由同级人民政府发给证书。民航、铁路、交通、厂（场）矿卫生防疫机构的公共场所卫生监督员由其上级主管部门发给证书。卫生监督执法人员依法执行职务时，应当出示监督执法证件，应制作现场监督笔录并根据情况提出指导意见。

卫生健康主管部门应当加强队伍建设，提高卫生监督执法人员的政治、业务素质，依照《公共场所卫生管理条例》和其他有关法律法规的规定，建立、健全内部监督制度，对其工作人员执行法律、法规和遵守纪律的情况进行监督检查。

第 2 节　突发公共卫生事件应急处理法律制度

为了有效预防、及时控制和消除突发公共卫生事件的危害，保障公众身体健康与生命安全，维护正常的社会秩序，2003 年 5 月 7 日国务院第 7 次常务会议通过《突发公共卫生事件应急条例》，于 2003 年 5 月 9 日公布与施行。根据 2011 年 1 月 8 日《国务院关于废止和修改部分行政法规的决定》修订。

一、突发公共卫生事件应急处理的概述

（一）突发公共卫生事件的概念

突发公共卫生事件是指突然发生，造成或者可能造成社会公众健康严重损害的重大传染病疫情、原因不明的群体性疾病、重大食物和职业中毒以及其他严重影响公众健康的事件。

其特征是：①突发性。它是突然发生的，一般来说，是不易预测的事件，但事件的发生与转归也具有一定的规律性。②公共卫生属性。它是针对不特定的社会群体，也不是局限于某一个固定的领域或区域，事件发生时在影响范围的所有人都有可能受到伤害。③危害性。突发公共卫生事件后果往往较为严重，它对公众健康已经或可能造成的损害和影响达到一定程度。此外，突发公共卫生事件还具有多发性、连锁反应性、国际互动性等特征。

（二）突发公共卫生事件应急处理工作原则

突发公共卫生事件应急工作，应当遵循预防为主、常备不懈的方针，贯彻统一领导、分级负责、反应及时、措施果断、依靠科学、加强合作的原则。

提高防范意识，落实防范措施，做好人员、技术、物资和设备的应急储备工作；根据事件的范围、性质和危害程度，实行分级管理，各有关部门在各自职责范围内做好应急处理的相关工作；对突发和可能发生的公共卫生事件作出快速反应，及时、有效开展监测、报告和处理工作；尊重和依靠科学，重视科研，各部门应当资源共享，同时要广泛组织、动员公众参与突发公共卫生事件的应急处理。

二、突发公共卫生事件应急处理法律规定

突发公共卫生事件应急处理是为了确保人民群众的健康安全，有效处理突发性公共卫生事件，把灾害控制到最低程度。

（一）预防与应急

1. 制定应急预案　《中华人民共和国突发事件应对法》规定，国家建立健全突发事件应急预案体系；国务院制定国家突发事件总体应急预案，组织制定国家突发事件专项应急预案；国务院有关部门根据各自的职责和国务院相关应急预案，制定国家突发事件部门应急预案。2006 年 1 月 8 日，国务院发布了《国家突发公共事件总体应急预案》。国家突发公共事件总体应急预案由国家专项应急预案、国务院部门应急预案和省级地方应急预案构成。突发事件应急预案应当根据突发事件的变化和实施中发现的问题及时进行修订、补充。

2. 突发公共卫生事件预防与监测

（1）地方各级人民政府应当依照法律、行政法规的规定，做好传染病预防和其他公共卫生工作，防范突发事件的发生。

（2）县级以上各级人民政府卫生健康主管部门和其他有关部门，应当对公众开展突发事件应急知识的专门教育，增强全社会对突发事件的防范意识和应对能力。

（3）县级以上地方人民政府应当建立和完善突发事件监测与预警系统。

（4）县级以上各级人民政府卫生健康主管部门，应当指定机构负责开展突发事件的日常监测，并确保监测与预警系统的正常运行。

3. 应急处理准备

（1）国务院有关部门和县级以上地方人民政府及其有关部门，应当根据突发事件应急预案的要求，保证应急设施、设备、救治药品和医疗器械等物资储备。

（2）县级以上各级人民政府应当加强急救医疗服务网络的建设，配备相应的医疗救治药物、技术、设备和人员，提高医疗卫生机构应对各类突发事件的救治能力。

（3）设区的市级以上地方人民政府应当设置与传染病防治工作需要相适应的传染病专科医院，或者指定具备传染病防治条件和能力的医疗机构承担传染病防治任务。

（4）县级以上地方人民政府卫生健康主管部门，应当定期对医疗卫生机构和人员开展突发事件应急处理相关知识、技能的培训，定期组织医疗卫生机构进行突发事件应急演练，推广最新知识和先进技术。

（二）报告与信息发布

1. 突发公共卫生事件应急报告制度

（1）突发公共卫生事件应急报告内容　国务院卫生健康主管部门制定突发事件应急报告规范，建立重大、紧急疫情信息报告系统。有下列情形之一的，省、自治区、直辖市人民政府应当在接到报告1小时内，向国务院卫生健康主管部门报告：①发生或者可能发生传染病暴发、流行的；②发生或者发现不明原因的群体性疾病的；③发生传染病菌种、毒种丢失的；④发生或者可能发生重大食物和职业中毒事件的。国务院卫生健康主管部门对可能造成重大社会影响的突发事件，应当立即向国务院报告。

（2）突发公共卫生事件的报告　突发事件监测机构、医疗卫生机构和有关单位发现有《突发公共卫生事件应急条例》第十九条规定情形之一的，应当在2小时内向所在地县级人民政府卫生健康主管部门报告；接到报告的卫生健康主管部门应当在2小时内向本级人民政府报告，并同时向上级人民政府卫生健康主管部门和国务院卫生健康主管部门报告。县级人民政府应当在接到报告后2小时内向设区的市级人民政府或者上一级人民政府报告；设区的市级人民政府应当在接到报告后2小时内向省、自治区、直辖市人民政府报告。任何单位和个人对突发事件，不得隐瞒、缓报、谎报。

（3）突发公共卫生事件应急报告的核实与确证　接到报告的地方人民政府、卫生健康主管部门依照《突发公共卫生事件应急条例》规定报告的同时，应当立即组织力量对报告事项调查核实、确证，采取必要的控制措施，并及时报告调查情况。

（4）突发公共卫生事件的通报　国务院卫生健康主管部门应当根据发生突发事件的情况，及时向国务院有关部门和各省、自治区、直辖市人民政府卫生健康主管部门以及军队有关部门通报。突发事件发生地的省、自治区、直辖市人民政府卫生健康主管部门，应当及时向毗邻省、自治区、直辖市人民政府卫生健康主管部门通报。接到通报的省、自治区、直辖市人民政府卫生健康主管部门，必要时应当及时通知本行政区域内的医疗卫生机构。县级以上地方人民政府有关部门，已经发生或者发现可能引起突发事件的情形时，应当及时向同级人民政府卫生健康主管部门通报。

2. 突发事件举报制度　国家建立突发事件举报制度，公布统一的突发事件报告、举报电话。任何单位和个人有权向人民政府及其有关部门报告突发事件隐患，有权向上级人民政府及其有关部门举报地方人民政府及其有关部门不履行突发事件应急处理职责，或者不按照规定履行职责的情况。接到报告、举报的有关人民政府及其有关部门，应当立即组织对突发事件隐患、不履行或者不按照规定履行突发事件应急处理职责的情况进行调查处理。对举报突发事件有功的单位和个人，县级以上各级人民政府及其有关部门应当予以奖励。

3. 突发公共卫生事件的信息发布制度　国务院卫生健康主管部门负责向社会发布突发事件的信息。必要时，可以授权省、自治区、直辖市人民政府卫生健康主管部门向社会发布本行政区域内突发事件的信息。信息发布应当及时、准确、全面。

（三）应急处理

1. 应急预案的启动

（1）突发事件应急预案建议的提出　突发事件发生后卫生健康主管部门组织专家对突发事件进行评估，初步判断突发事件的类型，提出是否启动突发事件应急预案的建议。

（2）突发事件应急预案的启动　在全国范围内或者跨省、自治区、直辖市范围内启动全国突发事件应急预案，由国务院卫生健康主管部门报国务院批准后实施。启动突发事件应急预案，由省、自治区、直辖市人民政府决定，并向国务院报告。

（3）督察与指导　全国突发事件应急处理指挥部对突发事件应急处理工作进行督察和指导，地方各级人民政府及其有关部门应当予以配合。省、自治区、直辖市突发事件应急处理指挥部对本行政区域内突发事件应急处理工作进行督察和指导。

（4）对突发事件应急处理专业技术机构指定及其所承担职责　省级以上人民政府卫生健康主管部门或者其他有关部门指定的突发事件应急处理专业技术机构，负责突发事件的技术调查、确证、处置、控制和评价工作。

（5）新发现突发传染病的宣布　国务院卫生健康主管部门对新发现的突发传染病，根据危害程度、流行强度，依照《中华人民共和国传染病防治法》的规定及时宣布为法定传染病；宣布为甲类传染病的，由国务院决定。

（6）应急预案启动前的准备　应急预案启动前，县级以上各级人民政府有关部门应当根据突发事件的实际情况，做好应急处理准备，采取必要的应急措施。应急预案启动后，突发事件发生地的人民政府有关部门，应当根据预案规定的职责要求，服从突发事件应急处理指挥部的统一指挥，立即到达规定岗位，采取有关的控制措施。

（7）应急预案启动后的工作　医疗卫生机构、监测机构和科学研究机构，应当服从突发事件应急处理指挥部的统一指挥，相互配合、协作，集中力量开展相关的科学研究工作。

2. 应急控制措施

（1）保障物资和交通运输　突发事件发生后，国务院有关部门和县级以上地方人民政府及其有关部门，应当保证突发事件应急处理所需的医疗救护设备、救治药品、医疗器械等物资的生产、供应；铁路、交通、民用航空行政主管部门应当保证及时运送。

（2）人员、物资的紧急调集与必要时采取紧急控制措施　根据突发事件应急处理的需要，突发事件应急处理指挥部有权紧急调集人员、储备的物资、交通工具以及相关设施、设备；必要时，对人员进行疏散或者隔离，并可以依法对传染病疫区实行封锁。

（3）对食物和水源采取控制措施　突发事件应急处理指挥部根据突发事件应急处理的需要，可以对食物和水源采取控制措施。

（4）现场控制以及所采取措施　县级以上地方人民政府卫生健康主管部门应当对突发事件现场等采取控制措施，宣传突发事件防治知识，及时对易受感染的人群和其他易受损害的人群采取应急接种、预防性投药、群体防护等措施。

（5）工作人员的保护及对突发事件现场调查、采样，技术分析和检验 参加突发事件应急处理的工作人员，应当按照预案的规定，采取卫生防护措施，并在专业人员的指导下进行工作。国务院卫生健康主管部门或者其他有关部门指定的专业技术机构，有权进入突发事件现场进行调查、采样，进行技术分析和检验，对地方突发事件的应急处理工作进行技术指导，有关单位和个人应当予以配合；任何单位和个人不得以任何理由予以拒绝。

（6）相关技术标准、规范和控制措施的制定 对新发现的突发传染病、不明原因的群体性疾病、重大食物和职业中毒事件，国务院卫生健康主管部门应当尽快组织力量制定相关的技术标准、规范和控制措施。

（7）交通卫生检疫 交通工具上发现根据国务院卫生健康主管部门的规定需要采取应急控制措施的传染病病人、疑似传染病病人，其负责人应当以最快的方式通知前方停靠点，并向交通工具的营运单位报告。交通工具的前方停靠点和营运单位应当立即向交通工具营运单位行政主管部门和县级以上地方人民政府卫生健康主管部门报告。卫生健康主管部门接到报告后，应当立即组织有关人员采取相应的医学处置措施。交通工具上的传染病病人密切接触者，由交通工具停靠点的县级以上各级人民政府卫生健康主管部门或者铁路、交通、民用航空行政主管部门，根据各自的职责，依照传染病防治法律、法规的规定，采取控制措施。涉及国境口岸和出入境的人员、交通工具、货物、集装箱、行李、邮包等需要采取传染病应急控制措施的，依照国境卫生检疫法律、法规的规定办理。

（8）医疗卫生机构的职责 医疗卫生机构应当对因突发事件致病的人员提供医疗救护和现场救援，对就诊病人必须接诊治疗，并书写详细、完整的病历记录；对需要转送的病人，应当按照规定将病人及其病历记录的复印件转送至接诊的或者指定的医疗机构。医疗卫生机构内应当采取卫生防护措施，防止交叉感染和污染。医疗卫生机构应当对传染病病人密切接触者采取医学观察措施，传染病病人密切接触者应当予以配合。医疗机构收治传染病病人、疑似传染病病人，应当依法报告所在地的疾病预防控制机构。接到报告的疾病预防控制机构应当立即对可能受到危害的人员进行调查，根据需要采取必要的控制措施。

3. 应急处理

（1）开展群防群治活动 传染病暴发、流行时，街道、乡镇以及居民委员会、村民委员会应当组织力量，团结协作，群防群治，协助卫生健康主管部门和其他有关部门、医疗卫生机构做好疫情信息的收集和报告、人员的分散隔离、公共卫生措施的落实工作，向居民、村民宣传传染病防治的相关知识。

（2）加强流动人口管理 对传染病暴发、流行区域内流动人口，突发事件发生地的县级以上地方人民政府应当做好预防工作，落实有关卫生控制措施；对传染病病人和疑似传染病病人，应当采取就地隔离、就地观察、就地治疗的措施。

（3）提高警惕坚持"四早"原则，加强防范工作 有关部门、医疗卫生机构应当对传染病做到早发现、早报告、早隔离、早治疗，切断传播途径，防止扩散。

（4）提供资金保障 县级以上各级人民政府应当提供必要资金，保障因突发事件致病、致残的人员得到及时、有效的救治。具体办法由国务院财政部门、卫生健康主管部门和劳动保障行政主管部门制定。

（5）相关患者应予以配合 在突发事件中需要接受隔离治疗、医学观察措施的病人、疑似病人和传染病病人密切接触者在卫生健康主管部门或者有关机构采取医学措施时应当予以配合；拒绝配合的，由公安机关依法协助强制执行。

第3节 公共疫苗管理法律制度

案例14-2

国家药品监督管理局通告：近日，国家药品监督管理局根据线索组织检查组对某公司生产现场进行飞行检查。检查组发现，该公司在冻干人用狂犬病疫苗生产过程中存在记录造假等严重违反《药品生产质量管理规范》（药品GMP）行为。根据检查结果，国家药品监督管理局迅速责成该公司所在地省药品监督管理局收回其相关《药品GMP证书》。此次飞行检查所有涉事批次产品，尚未出厂和上市销售，全部产品已得到有效控制。

国家药品监督管理局和相关省药品监督管理局分别对该公司做出多项行政处罚。国家药品监督管理局撤销该公司狂犬病疫苗药品批准证明文件；撤销涉案产品生物制品批签发合格证，并处罚款1203万元。相关省药品监督管理局吊销其药品生产许可证；没收违法生产的疫苗、违法所得18.9亿元，处违法生产、销售货值金额三倍罚款72.1亿元，罚没款共计91亿元；对涉案的高某等14名直接负责的主管人员和其他直接责任人员做出依法不得从事药品生产经营活动的行政处罚。涉嫌犯罪的，由司法机关依法追究刑事责任。

问题：1. 疫苗的生产、销售由哪些部门进行管理？

2. 如何全面追究上述单位及相关责任人的法律责任？

一、公共疫苗的概念

公共疫苗是指为预防、控制疾病的发生、流行，用于人体免疫接种的预防性生物制品，包括免疫规划疫苗和非免疫规划疫苗。疫苗在卫生学上是指利用病原微生物（如细菌、立克次体、病毒等）及其代谢产物，经过人工减毒、灭活或利用转基因等方法制成的用于预防传染病的自动免疫制剂。疫苗接种是预防控制传染病发生、流行的重要、有效手段之一，也是预防控制传染病最基础、最核心的工作。

二、公共疫苗卫生管理立法

为了加强对疫苗流通和预防接种的管理，预防、控制传染病的发生、流行，保障人体健康和公共卫生，根据《中华人民共和国药品管理法》和《中华人民共和国传染病防治法》，2005年国务院通过《疫苗流通和预防接种管理条例》，明确规定了疫苗流通、疫苗接种、保障措施、预防接种异常反应处理等方面内容。2016年国务院通过了《国务院关于修改〈疫苗流通和预防接种管理条例〉的决定》，对疫苗的流通、预防接种及其监督管理等做了修订。

国家对疫苗实行最严格的管理制度，坚持安全第一、风险管理、全程管控、科学监管、社会共治。为了加强疫苗管理，保证疫苗质量和供应，规范预防接种，促进疫苗行业发展，保障公众健康，维护公共卫生安全，2019年6月29日第十三届全国人民代表大会常务委员会第十一次会议通过了《疫苗管理法》，该法自2019年12月1日起施行，全面规范在中华人民共和国境内从事疫苗研制、生产、流通和预防接种及其监督管理等活动。药品监督管理部门依法对疫苗研制、生产、储存、运输以及预防接种中的疫苗质量进行监督检查。卫生健康主管部门依法对免疫规划制度的实施、预防接种活动进行监督检查。

三、疫苗生产流通制度

国家实行疫苗全程电子追溯制度。国务院药品监督管理部门会同国务院卫生健康主管部门制定统一的疫苗追溯标准和规范，建立全国疫苗电子追溯协同平台，整合疫苗生产、流通和预防接种全过程信息，实现疫苗可追溯。

（一）疫苗生产

国家对疫苗生产实行严格准入制度。从事疫苗生产活动，应当经省级以上人民政府药品监督管理部门批准，取得药品生产许可证。除符合《药品管理法》规定的从事药品生产活动的条件外，还应当具备适度规模和足够的产能储备；具有保证生物安全的制度、设施、设备以及符合疾病预防、控制的需要。

（二）疫苗流通

国家免疫规划疫苗由国务院卫生健康主管部门会同国务院财政部门等组织集中招标或统一谈判，形成并公布中标价格或成交价格，各省、自治区、直辖市实行统一采购。国家免疫规划疫苗以外的其他免疫规划疫苗、非免疫规划疫苗由各省、自治区、直辖市通过省级公共资源交易平台组织采购。疾病预防控制机构、接种单位、疫苗上市许可持有人、疫苗配送单位等应当遵守疫苗储存、运输管理规范，保证疫苗质量。

四、预防接种制度

国务院卫生健康主管部门制定国家免疫规划；国家免疫规划疫苗种类由国务院卫生健康主管部门会同国务院财政部门拟订，报国务院批准后公布。国务院卫生健康主管部门建立国家免疫规划专家咨询委员会，并会同国务院财政部门建立国家免疫规划疫苗种类动态调整机制。省、自治区、直辖市人民政府在执行国家免疫规划时，可以根据本行政区域疾病预防、控制需要，增加免疫规划疫苗种类，报国务院卫生健康主管部门备案并公布。

国务院卫生健康主管部门制定、公布预防接种工作规范，强化预防接种规范化管理；制定、公布国家免疫规划疫苗的免疫程序和非免疫规划疫苗的使用指导原则。省、自治区、直辖市人民政府卫生健康主管部门应当结合本行政区域实际情况制定接种方案，并报国务院卫生健康主管部门备案。

五、监督管理

药品监督管理部门、卫生健康主管部门按照各自职责对疫苗研制、生产、流通和预防接种全过程进行监督管理，监督疫苗上市许可持有人、疾病预防控制机构、接种单位等依法履行义务。国家建设中央和省级两级职业化、专业化药品检查员队伍，加强对疫苗的监督检查。

国务院药品监督管理部门会同国务院卫生健康主管部门等建立疫苗质量、预防接种等信息共享机制。疫苗上市许可持有人应当建立信息公开制度，按照规定在其网站上及时公开疫苗产品信息、说明书和标签、药品相关质量管理规范执行情况、批签发情况、召回情况、接受检查和处罚情况以及投保疫苗责任强制保险情况等信息。任何单位和个人有权依法了解疫苗信息，对疫苗监督管理工作提出意见、建议。

第4节 法律责任

一、公共卫生法律责任

任何单位和个人违反了公共场所卫生监督管理法律法规，依法都要承担相应的责任。

（一）行政责任

经营单位或者个人有以下行为：卫生质量不符合国家卫生标准和要求而继续营业的；未取得健康

合格证而从事直接为顾客服务的；拒绝卫生监督的；未取得卫生许可证而擅自营业的。卫生防疫机构可以根据情节轻重，给予其行政处罚。

（二）民事责任

公共场所经营者违反法律规定，造成公共场所健康危害事故，给他人造成损害的，应当依法承担民事责任。

（三）刑事责任

公共场所经营者违反法律规定，造成公共场所健康危害事故，致人死亡或者残疾，构成犯罪的，由司法机关依法追究刑事责任。

公共场所卫生监督机构和卫生监督人员玩忽职守、滥用职权、收受贿赂的，由上级主管部门给予直接责任人员行政处分；构成犯罪的由司法机关依法追究直接责任人的刑事责任。拒绝、阻碍卫生监督执法人员依法执行职务的，由公安机关依照《中华人民共和国治安管理处罚法》的规定处罚；构成犯罪的，依法追究刑事责任。

二、突发公共卫生事件应急处理法律责任

突发公共卫生事件的发生直接关系到人民的安康和社会的稳定,在应对突发公共卫生事件工作中,各级政府、医疗卫生单位、其他有关单位和个人都要担负起法律所赋予的职责,如有违反将依法追究相关法律责任。

（一）各级政府部门的责任

1. 各级人民政府及其卫生健康主管部门未依照法律规定履行报告职责，对突发公共卫生事件隐瞒、缓报、谎报或者授意他人隐瞒、缓报、谎报的，对政府主要领导人及其卫生行政主管部门主要负责人，依法给予行政处分；构成犯罪的依法追究刑事责任。

2. 各级人民政府及其有关部门未依照法律规定，完成突发公共卫生事件应急处理所需要的设施、设备、药品和医疗器械等物资的生产、供应、运输和储备的，对政府主要领导人和政府部门主要负责人给予行政处分；构成犯罪的，依法追究刑事责任。

3. 突发公共卫生事件发生后，地方人民政府及其有关部门对上级人民政府有关部门的调查不予配合或者采取其他方式阻碍、干涉调查的，对政府主要领导人和政府部门主要负责人依法给予行政处分；构成犯罪的，依法追究刑事责任。

4. 各级人民政府卫生健康主管部门和其他有关部门在突发公共卫生事件调查、控制、医疗救治工作中玩忽职守、失职、渎职的，对主要负责人、负有责任的主管人员和其他责任人员依法给予行政处分；构成犯罪的，依法追究刑事责任。

5. 各级人民政府有关部门拒不履行应急处理职责的，对主要负责人、负有责任的主管人员和其他责任人员依法给予行政处分；构成犯罪的，依法追究刑事责任。

（二）医疗卫生机构责任

医疗卫生机构违反法律规定，卫生健康主管部门给予其行政处罚，对主要负责人、负有责任的主管人员和其他直接责任人员给予纪律处分，构成犯罪的，依法追究刑事责任。

（三）有关单位和个人责任

1. 在突发公共卫生事件应急处理工作中，有关单位和个人未依照法律规定履行报告职责，隐瞒、

缓报或者谎报，阻碍突发事件应急处理工作的，对有关责任人员依法给予行政处分或者纪律处分；构成违反治安管理行为的，由公安机关依法予以行政处罚；构成犯罪的，依法追究刑事责任。

2. 在突发公共卫生事件发生期间，散布谣言、哄抬物价、欺骗消费者，扰乱社会秩序、市场秩序的，由公安机关或者工商行政管理部门依法给予行政处罚；构成犯罪的，依法追究刑事责任。

三、公共疫苗管理法律责任

（一）行政责任

1. 生产、销售疫苗的单位和个人违反法律规定，药品监督管理部门给予其行政处罚。

2. 疫苗上市许可持有人或其他单位违反法律规定，药品监督管理部门给予其行政处罚。

3. 国务院药品监督管理部门对违反疫苗管理法律规定的批签发机构给予行政处罚。

4. 疾病预防控制机构、接种单位、医疗机构、疫苗配送单位等违反法律规定，药品监督管理部门、卫生健康主管部门给予其行政处罚。

5. 药品监督管理部门、卫生健康主管部门违反疫苗监督管理的法律规定，对直接负责的主管人员和其他直接责任人员给予行政处分。

6. 其他有关单位和个人违反疫苗管理法律规定，卫生健康主管部门给予其行政处罚；编造、散布虚假疫苗安全信息，或者在接种单位寻衅滋事，构成违反治安管理行为的，由公安机关依法给予治安管理处罚。

（二）民事责任

1. 因疫苗质量问题造成受种者损害的，疫苗上市许可持有人应当依法承担赔偿责任。

2. 疾病预防控制机构、接种单位因违反预防接种工作规范、免疫程序、疫苗使用指导原则、接种方案，造成受种者损害的，应当依法承担赔偿责任。

（三）刑事责任

任何单位和个人违反疫苗管理法律规定，构成犯罪的，依法从重追究刑事责任。

自 测 题

1. 以下哪项不属于对公共场所的卫生要求
   A. 室内空气清洁　　　B. 微小气候适宜
   C. 保护个人信息　　　D. 采光照明良好
   E. 噪声符合标准

2. 突发公共卫生事件应急工作，应当遵循以下哪项方针
   A. 预防为主、常备不懈
   B. 统一领导、分级负责
   C. 反应及时、措施果断
   D. 依靠群众、团结合作
   E. 尊重科学，重视科研

3. 在突发公共卫生事件发生期间，散布谣言、哄抬物价、欺骗消费者，扰乱社会秩序、市场秩序的，构成犯罪的，依法追究
   A. 行政责任　　　　　B. 民事责任
   C. 治安处罚　　　　　D. 刑事责任
   E. 民事赔偿

4. 生产的疫苗属于假药，下列哪项机构应给予生产疫苗单位处罚
   A. 卫生健康主管部门　B. 药品监督管理部门
   C. 地方人民政府　　　D. 疾病预防控制机构
   E. 疫苗接种单位

（王　雪）

第15章
医疗纠纷的预防与处理法律制度

医疗行业是一个高风险的行业，因医疗风险导致的医疗纠纷常常发生在医疗过程的各个环节。随着人们的法律意识和价值观念日益强化，人们对医疗服务质量的要求和自我保护意识、维权意识不断提高。由于医疗效果的不确定性、医患信息的不对称性和医患个体角色的伦理价值观冲突等原因，医疗护理纠纷案件时有发生并有逐年增多的趋势。2018 年 10 月 1 日我国颁布的卫生行政法规《医疗纠纷预防与处理条例》（以下简称《条例》），为防范医疗护理行为中存在的风险，正确地、客观地、科学地探讨风险的成因和建立防范机制，避免和化解医疗护理行为风险所带来的损失和纠纷提供了法律上的重要指导。

第1节 医 疗 风 险

案例 15-1

患者李某因帕金森病到某医院神经外科住院治疗，26 日进行立体定向脑深部核团毁损术并颅骨修补术，手术者和麻醉者均是宋某。术后病患家属复印病历，发现宋某未按要求在患者手术知情同意书中签名，未按规定于术后 24 小时内在手术记录中签名，遂投诉到该市卫健委。该市卫健委向宋某送达行政处罚事先告知书，拟给予警告，罚款 15 000 元，并责令改正违法行为，告知宋某享有陈述和申辩、听证的权利。

问题：1. 如何评价宋某的手术记录的行为？
      2. 卫生健康部门的处罚是否正确？

正确防范和管理医疗风险，是预防医疗纠纷的重要前提和基础。医疗纠纷的预防本质上就是医疗风险的防范与管理，它对于保护患者健康和权利，保护医疗机构和医务人员切身利益具有重要意义。

一、医疗风险的概念

医疗风险是指存在于整个医疗服务过程中，可能对患者造成损害的不确定危险事件，以及由此给卫生技术人员带来法律责任的可能性。医疗风险一般可以划分为责任风险、技术风险、设施风险、医疗意外四种。责任风险是指由于医护人员责任心不强，直接造成患者人身健康损害的风险。技术风险是指由于技术掌握不够或不全面，出现诊疗损害、损失的风险。设施风险是由于医疗设施不到位，导致医疗损害，如地面防滑措施不力，致患者摔伤。医疗意外是指非医患双方的原因而产生的不可防范的意外事件，包括疾病的并发症。医疗风险发生后，患者付出是健康甚至生命的代价，医护人员不仅在名誉上和财力上受到损失，而且还要接受卫生行政部门的处罚。医疗风险具有如下特征。

1. 发生原因的多样性 引起医疗风险既有外部原因，又有内部原因。外部原因包括社会环境因素、患方因素、法制因素等；内部原因即医疗机构及其医务人员没有遵守法律法规和诊疗规范等自身方面的原因。

2. 发生结果的强制性 医疗行为如果违反法律法规、诊疗规范及常规，损害患者合法权益，必将承担相应的民事责任、行政责任、刑事责任。

3. 发生领域的广泛性 医疗行为各个环节都可能存在风险，风险存在于患者就医的全过程。

4. 发生形式的关联性 医疗活动是一个相互关联的整体过程，医疗风险往往是互相转化，存在交叉和重叠。医疗风险与其他各种医疗不良事件的联系最为密切。

5. 发生后果的可预防性 任何法律责任的承担都是基于法律的规定，医疗风险是有法律规定的原因产生的法定后果，因此事前常常是可以预见的，且可以通过各种有效手段加以防范和控制。

二、医疗风险的成因

医疗风险的形成原因很多，一般来说主要包括内部原因和外部原因两个方面。内部原因即医疗机构及医务人员自身原因，外部原因即医疗机构及医务人员以外的原因。相比之下，医疗机构以及医务人员自身的内部原因引起的法律风险比例较高。

（一）内部原因

1. 医务人员法律意识淡薄 随着医学的快速发展，医疗服务领域不断拓宽，服务对象不断增多，医疗服务涉及的法律问题也越来越多。医务人员的法律意识普遍不强，法律风险意识淡薄，在工作中容易忽视对患者合法权益的保护。

2. 医务人员对诊疗规范、常规及规章制度执行力不够 诊疗规范、常规及医院规章制度是规范医疗行为的准则，是保证医疗安全、提高医疗质量的前提。医务人员对工作不认真负责、粗心大意、草率马虎，不能严格执行规章制度和操作规程，造成不良后果，导致纠纷发生。

3. 医务人员和患者之间缺乏沟通 医患沟通是指在日常医疗服务中医务人员与患者之间的信息交流及相互影响、相互作用的过程。医患沟通交流的内容不仅包括患者的健康信息，而且还包括双方的思想、感情、愿望及要求等方面，后者对于和谐医患关系的建立更能起到潜移默化的作用。

4. 医学文件书写不规范 医学文件不仅是衡量医疗质量的重要资料，也是医生护士观察诊疗效果、调整治疗方案的重要依据，在法律上，也有其不容忽视的重要意义。诊疗记录不认真、不规范或漏记、错记等均可能导致误诊、误治，引起医疗纠纷。在发生医疗纠纷时，医学文件是重要的证据，而不规范的医学文件在医疗纠纷诉讼中可能导致医方举证不能，从而使医方承担败诉风险。

5. 医学专业知识和技能不强 医学是一门专业性、技术性都很强的科学，而且随着医学科学技术的发展，人们健康观念的变化，对医疗技术提出了更高的要求。当前，一些医护人员在知识结构上存在缺陷，相关专业知识欠缺，基本理论、基本技能、基本操作不扎实，缺乏对疾病的鉴别诊断能力，对临床用药知识满足于一般的了解，治疗原则不清，过度依赖设备检查，凭经验、凭习惯、靠底子，诊疗业务水平低。

（二）外部原因

1. 患者法律意识增强 患者的法治观念、自我保护意识的不断增强，对医护人员的职业道德、技术水平、服务质量提出了更高的要求。

2. 社会舆论的负面影响 媒体的报道以及社会舆论的不正确引导，对医院产生负面影响，导致患方对医院的不信任危机加剧。

3. 政策法律有待完善 由于效力的有限性，许多相关的医院规章制度并没有能够有效施行，政策法律的完备性还有待进一步提高。政策、法律不完善使得医患双方在医疗服务过程中为了规避己方责任而难以与对方形成互相信任的合作关系，增加了医疗风险发生的概率。

第 2 节　医疗纠纷的预防

因医疗风险导致的医疗纠纷，应从整体制度设计和局部环节管理做起，加强风险发生前的预防和风险发生后控制与补救，有利于及时化解医疗纠纷和减少医疗纠纷造成的损害。

一、医疗卫生工作制度的建立与完善

虽然现代医学科学技术高度发达，但医疗行为仍存在高风险，这是客观存在和不可回避的现实。医疗行为风险的发生往往存在着许多人为因素，因此，建立和完善各种医疗卫生工作制度能够更好地预防和控制医疗行为风险的发生，具体包括以下几个方面。

1. 建立和完善职业道德规范　医务人员的职业道德规范即医风医德，是医务工作者在医疗护理行为过程中应具备的思想品质，是医务人员行为规范的总和，是指导医务人员从事医疗活动的行为准则。由于医疗行业的特殊性，它不但要求医务人员应具备精湛的医疗业务技术，而且要求医务人员具备良好的职业道德。医者仁心，贵在医德。

2. 建立和完善医务人员业务素质考核和岗位准入制度　建立健全严格的岗位准入制度、按照执业医师、执业护士、执业药师等执业规则严把用人准入关，是不断提高我国医疗机构医务人员业务素质的关键。医务人员在执业活动中，要保证高质量的医疗服务水平，不仅要有良好的医德医风，还应具有扎实的业务知识和熟练的技能，这就要求医务人员不断接受新理论、新知识、新技术，接受医学继续教育，更新知识，提高专业技术水平。参加继续医学教育是卫生技术人员享有的权利和应履行的义务。

3. 建立和完善各项医疗操作规程和规章制度　加强医疗环节质量控制直接影响着整体医疗质量，因此，要把环节质量的控制贯穿于整个医疗活动过程之中，针对不同的工作部门和性质，提出不同的质量控制要求。而医疗环节质量控制需要各项医疗操作规程和规章制度及严格的执行作为保证。除了国家的卫生法律法规、部门规章与制度规范外，各级医疗卫生机构还应结合实际，制定出相关的工作制度和管理规定，主要有医疗质量管理制度、医疗事故报告制度、查对制度、值班制度、交接班制度、查房制度、会诊制度、医疗文件书写与管理制度以及消毒灭菌隔离制度等。从根本上来说，医疗机构要从环节质量的控制上，提高诊疗服务质量，减少医疗差错和降低医疗风险。

4. 加强医务人员的风险意识和法律意识教育　医疗风险具有客观性、必然性、潜在性的特点，只要有医疗护理行为就可能发生医疗风险。加强医务人员的风险防范和教育，强化风险意识，有利于医务人员积极履行职责，在医疗活动中采取更安全和有效的措施，降低和避免医疗风险。此外，随着社会不断的开放和发展，患者法律意识和维权意识不断增强，医务人员也需要加强法律制度教育，强化医务人员的法律意识，在工作中严格依法执业，自觉履行法律责任，有利于保障医患双方的合法权益和维持正常工作秩序，有利于解决医疗活动过程中产生的各种矛盾和纠纷。

📺 链　接　什么是互联网医疗？

互联网医疗，是互联网在医疗行业的新应用，其包括了以互联网为载体和技术手段的健康教育、医疗信息查询、电子健康档案、疾病风险评估、在线疾病咨询、电子处方、远程会诊及远程治疗和康复等多种形式的健康医疗服务。《互联网医院管理办法（试行）》是由国家卫生健康委员会、国家中医药管理局于 2018 年 7 月 17 日印发的文件，共五章三十六条，自发布之日起施行。互联网医疗，代表了医疗行业新的发展方向，有利于解决中国医疗资源不平衡和人们日益增加的健康医疗需求之间的矛盾，是国家卫生健康委员会积极引导和支持的医疗发展模式。2020 年防疫期间，中国许多医院和互联网健康平台纷纷推出在线医疗服务。

二、医疗文件书写的规范与管理

医疗文件是医疗行为的客观记录，而医疗文件的规范管理，又是规范医疗行为的准则，它一方面客观地记载了医疗行为的过程；另一方面，在医疗纠纷的法律诉讼中，医疗文件又是医疗机构负有举证责任的书证材料，医疗文件的规范管理，是法律的需要，也是保护医患双方合法利益的需要。

（一）医疗文件的概念

医疗文件是指执业医务工作者在医疗护理活动过程中，依照国家法律法规及行业技术规范，形成并记载、制作的反映人体生理病理状况及各类形式医疗证明文件的总称。医疗文件是医务工作人员收集、整理、加工后形成的具有科学性、逻辑性、真实性的医疗档案。医疗文件不仅是医疗、教学和科研的第一手资料和医疗机构综合评价的依据；而且也是解决医疗纠纷和医疗法律诉讼的重要证据。

（二）医疗文件的分类

1. 按形式可分为文字、符号、图形、影像、切片等资料　医疗文字、符号通常形成于医务人员通过问诊、常规检查、辅助检查、诊断、治疗、护理等医疗活动获得的有关资料，并进行归纳、分析、整理形成的主观性医疗活动记录，即主观性病历资料。图形、影像、切片等病历资料形成于医疗活动过程中医务人员借助于物理的、化学的辅助诊断仪器、实验对患者的症状、体征、病史的检查结果，即客观性病历资料。

2. 按内容可分为医疗记录文件和医疗证明文件　医疗记录文件是指在医疗过程中的医疗记录，一般称为病历。病历资料可以分为两大类：一类是客观性病历资料，即指患者在接受医疗的过程中，患者本人病情的客观情况反映，如记录患者的症状、体征、病史、辅助检查结果、医嘱等客观情况的资料，还包括为患者进行手术、特殊检查及其他特殊治疗时向患者交代情况、患者或其近亲属签字的医学文书资料。另一类是主观性病历资料，是指在医疗活动中医务人员通过对患者病情发展、治疗过程进行观察、分析、讨论并提出诊治意见等而记录的资料。按照病历记录形式不同，可区分为纸质病历和电子病历。电子病历与纸质病历具有同等效力。

医疗证明文件主要包括出院证明、疾病诊断证明、健康证明、残疾证明、死亡证明、出生证明等。

（三）医疗文件书写规范化管理

1. 医疗文件书写规范的相关法律　医疗文件是医疗活动的法定文件，也是医疗法律诉讼的书证。医疗文件的书写，必须遵循国家的法律、法规以及诊疗技术规范。当前，我国的《中华人民共和国医师法》《医疗机构管理条例》《医疗事故处理条例》《护士条例》《麻醉药品和精神药品管理条例》《放射性药品管理办法》《医疗用毒性药品管理办法》《病历书写基本规范》《中医病历书写基本规范》《电子病历应用管理规范（试行）》和《中医电子病历基本规范（试行）》等法律文件从不同的角度对医疗文件的书写做出了比较明确的规范。

2. 医疗文件书写规范的基本要求　总的来说，医疗文件的书写应当客观、真实、准确、及时、完整。医疗文件是医务人员在医疗活动过程中对患者病情通过问诊、查体、辅助检查、诊断、治疗、护理等诊疗手段获得的有关资料，并进行归纳、分析、整理形成医疗活动记录。它必须是客观、真实的记录。务求真实完整，重点突出，条理清晰，有逻辑性、科学性、时效性。要正确使用统一的医学术语，文字工整，字迹清晰，表述正确，语句通畅，标点正确，无自造字及非国际通用的中、英文缩写。此外，医疗文件书写规范化管理还应掌握以下原则：①所有医疗文件书写应当使用蓝黑墨水、碳素墨水，需复写的病历资料可以使用蓝或黑色油水的圆珠笔。计算机打印的病历应当符合病历保存的要求。②医疗文件内容不得随意涂改。书写过程中出现错字时，应当用双线划在错字上，上级医务人员审查修改下级医务人员的医疗文件，应当注明修改日期、修改人员签名，并保持原始记录清楚、可辨，不得采用刮、粘、涂等方法掩盖或去除原来的字迹；电子病历系统应当对操作人员进行身份识别，并保存历次操作印痕，标记操作时间和操作人员信息，并保证历次操作印痕、标记操作时间和操作人员信息可查询、可追溯。③执业医务人员，未经本人亲自诊查、调查，不得签署有关医学证明文件，不出具与自己执业范围无关或者与执业类别不相符的医学证明文件，不隐匿、伪造或擅自销毁医疗文件或有关资料。④充分尊重患者知情同意权：经患者书面同意方可进行的医疗活动，应当由患者本人签署知情同意书。不具备完全民事行为能力的，由其法定代表人签署；患者因病不能签字的，由其授权人员签字；为抢救患者，法定代表人或授权人不能及时签字的，可以由医疗机构负责人或授权负责人签字。⑤医疗文件书写时限的规定：因抢救急危患者，未能及时书写病历的有关医务人员应当在抢救结束后 6 小时内据实补记，并加以注明。急诊病历书写就诊时间应当具体到分钟。住院病历应当于患者入院后 24 小时内完成；24 小时内入出院记录应当于患者出院后 24 小时内完成，24 小时内入院死亡记录应当于患者死亡后 24 小时内完成。首次病程记录应当在患者入院 8 小时内完成。主治医师首次查房记录应当于患者入院 48 小时内完成。接班记录应当由接班医师于接班后 24 小时内完成。手术记录应当在手术后 24 小时内完成。死亡记录应当在患者死亡后 24 小时内完成，记录死亡时间应当具体到分钟。⑥关于医嘱：医嘱是医疗文件的重要组成部分，是指具有执业资格的医师在医疗活动中下达的医学指令，是重要的医疗文件。医嘱内容、起始、停止时间应当由执业医师亲自书写，除因抢救急危患者外，不得下达口头医嘱。因抢救急危患者下达的口头医嘱，执行护士应当复诵一遍，待抢救结束后，下达口头医嘱的医师应当即刻据实补记医嘱。医嘱内容的下达，应当准确、清楚，每项医嘱应当只包含一个内容，并注明下达时间，应当具体到分钟。医嘱不得涂改，需要取消时，应当使用红色墨水标注"取消"字样并签署下达医嘱医师姓名。⑦医疗文件的归档及保存：医疗文件是重要的档案，医疗机构及其医务人员都有责任和义务维护医疗文件的归档和保存，使之为患者的医疗、保健和医学临床教学、科学研究服务。各医疗文件档案，应当按照相关要求移交档案室。⑧患者对医疗文件的查阅权和复制权：根据《医疗事故处理条例》第十条和《医疗纠纷预防和处理条例》第十六条，患者有权复印或复制其门诊病历、住院志、体温单、医嘱单、化验单（检验报告）、医学影像检查资料、特殊检查同意书、手术同意书、手术及麻醉记录单、病理资料、护理记录以及国务院卫生行政部门规定的其他病历资料。复印或者复制病历资料时，应当有患者或者其近亲属在场。表明从法律的角度，充分肯定了患者在接受医疗机构行为过程中应享有的知情权。

三、医疗标识的规范与管理

医疗标识是为医疗行为传递医疗信息的载体，它有引导、识别的重要功能。临床医疗事故的发生，往往与医疗标识被错误识别有关，正确规范地使用医疗标识，就要求对医疗标识的制作、识别、应用做到统一，它是医疗行为不可缺少的行动指南。

（一）医疗标识的概念

医疗标识是指在医疗活动过程中，为了准确、可靠而方便地传递患者的诊疗信息，医疗机构所采用的标示明确、规范的一系列具有统一标记的符号、医疗文件等媒介和载体。医疗标识是诊疗活动的重要依据，它有利于规范医疗机构的医疗行为；有利于医疗机构的信息化管理；有利于医疗机构合法权益的保障。

（二）医疗标识的类型

1. 医疗文件类标识　这类标识是指医疗机构在诊疗活动过程中为了准确、方便而可靠地记录患者病情的信息，及时通过医疗信息传递治疗经过，反映患者流动去向的各类医用文书。例如，就诊卡、病历、化验单、处方笺、医嘱本、出生证明、死亡证明、计划生育技术部门出具的节育手术证明、终止妊娠证明等。这类医疗文件具有法定的效力，在诉讼中，应属书证。因此，它在一定时期、一定范围内，具有较强的稳定性和规范性，不可仿冒。

2. 医疗活动用具类标识　这类标识指在医疗活动过程中，为方便、准确而可靠地识别患者身份，实现对患者的规范化管理，预防医疗事故发生而制作的反映治疗、护理、用药等相关医疗活动信息的各种媒介或载体。例如，患者标识带、患者住院服、医务人员工作服、母婴关联标识带、患者一览表、床头牌（床号）等护理标志、传呼标识、处方药与非方药标识、药品标签以及临床医疗活动中医用设施的标识等。这类标识的特点是没有专属性，各类医疗机构可通用，甚至使用的媒介或载体已商业化。

（三）常用医疗标识及其规范化管理

1. 门（急）诊病历　门（急）诊病历是患者初诊或复诊的病历记录资料。门（急）诊手册封面设计应当载有医疗机构名称以及反映医院形象的标志，在色彩上醒目、庄重，应当反映医疗机构的服务宗旨、服务理念、服务特色。封面内容应当包括患者姓名、性别、年龄、工作单位或住址、药物过敏史等项目。近年来随着信息技术和网络技术的广泛运用，有的医院引进了便于保管携带的硬质磁卡制作的就诊卡，从挂号到收费、查询患者基本信息、收费查询等都可以利用就诊卡刷卡进行，减少了诊疗活动中的重复劳动，提高了工作效率。

2. 住院病历　住院病历是患者入院后通过诊疗活动所获得有关资料的总和。有的资料有统一规范的格式和标识，如住院病案首页、体温单、医嘱单、化验单（检验报告）、医学影像检查报告单、特殊检查（治疗）同意书、手术同意书、麻醉记录单、手术及手术护理记录单、护理记录单等，规范统一的格式应标明医院名称、患者的姓名、年龄、住院号、诊疗科室、床号以及各类资料的特殊标识。如医嘱单应标识有医嘱内容及用法，下达医嘱医师签名，执行医嘱护士签名，下达医嘱和执行医嘱时间等。护理病历包括入院评估单、护理计划单、护理记录单、住院评估单以及出院护理评估单等。各医院护理部门对具体的制表要求各不相同，但都必须包含护理问题、护理措施、效果评价等统一规范的必要项目。住院患者体温单的制作和记录要求，更加清晰反映了护理标识在诊疗活动中的运用及其意义。

3. 护理相关标识　护理相关标识是指在护理活动中，护理人员为实现对患者的规范管理，预防医疗事故，制作的反映患者诊疗护理相关信息的各种媒介或载体。例如，护士工作站内住院患者一览表标识，简洁地反映了该病区现有床位数，现有床位占用情况及床位患者的一般情况。为加强对不同危重患者疾病的监控，在病区的患者一览表和床头用不同的色彩条区分患者的护理等级，红色标牌代表一级护理，蓝色标牌代表二级护理，黄色标牌表示新入院患者，急救病室则用 ICU 标识。患者的床头标牌标识可以设计成不同的彩色条的床头卡，标识诸如等级护理、床边隔离、记出入量、禁食及青霉素阳性等护理标识，强化护理工作的责任。

4. 患者及新生儿的标识　目前医疗机构对患者的标识，往往是采用记载了患者情况的床头标识卡、病员住院服等方法进行身份识别，对新生儿采用足印及母亲的指纹建立永久性新生儿档案，并在新生儿腕部或足部佩戴新生儿及母亲关联标识。近年来，随着科技的发展，国内外一些企业研制了科学的患者标识带和新生儿及其母婴关联标识带，它将条形码技术、无线射频识别技术（RFID）引入标识系统，它可以实现实时自动识别与网络化的信息共享，还能够充分保障标识对象的安全，当患者外出或新生儿被盗，RFID 识别设备能够实时监测和发出警报。

5. 出生证明和死亡证明　出生证明和死亡证明是医疗机构出具的重要医用标识，具有法律效力。出生证明文件的制作由国家卫健委统一制作，要求注明新生儿姓名、性别、出生年月日、时间、出生地（省、市、县、乡），新生儿父母的姓名、年龄、国籍、民族、身份证号；出生地点分类（医院、妇幼保健院、家庭、其他）、接生机构名称、出生证编号、签发日期。在副页上，还应注明婴儿母亲和接生人员的签字，并在正页和副页上加盖接生单位出生医学证明专用章方可有效。死亡证明是公民生命终结的法律文书，规范的死亡证明书为号码相同的三联，记载的主要内容根据死亡证明留存机关的不同，内容有所变化，一般第一联由医疗机构保存，内容记载包括死者姓名、性别、职业、年龄、身份证号码、死亡日期、死因、最终诊断及医师签名等。第二联由公安部门收集交卫生部门，除第一联记载的内容外，增添死者所在省、市、区（县）以及街道详细情况，常住户口地址、家属联系方式以及出具死亡证明单位公章等内容。第三联由公安机关（公安警署）留做存根，内容与第一联基本相同。落款由户籍民警签字和医师签字加盖派出所和医院公章。

6. 处方及处方药与非处方药标识 处方是指由注册的执业医师和执业助理医师（以下简称医师）在诊疗活动中为患者开具的、由取得药学专业技术职务任职资格的药学专业技术人员（以下简称药师）审核、调配、核对，并作为患者用药凭证的医疗文书。处方是一种特殊的医疗文件，具有一定的组成格式，一般包括三个部分：①处方前记（也称自然项目），一般应载明医院名称、患者姓名、性别、年龄（婴幼儿需标注体重）、科别、门诊号、住院号、日期等。②处方正文是执业医师根据患者病情开写的药方，它包括药品名称、剂型、规格、数量及用法等。③签名。通常在处方的下方分别印有执业医师、药剂师、发药人员签名处和日期。按照《处方管理办法》的规定，医疗机构为了加强特殊药品的管理，执业医师经考核合格后取得麻醉药品和第一类精神药品的处方权，药师经考核合格后取得麻醉药品和第一类精神药品调剂资格。为了加强药品的管理，我国实行了药品分类管理，将药品分为处方药和非处方药。处方药必须凭执业医师或执业助理医师处方才可调配、购买和使用。对内服外用的药品，已有规范要求，内服药标签处框为长方形黑色，内框标注"内服"字样，外用药标签为长方形红色外框，内框标注"外用"字样。非处方药不需要凭执业医师或执业助理医师处方即可自行判断、购买和使用。非处方药专有标识图案为椭圆形背景下的"OTC"3个英文字母，其中甲类非处方药是红色椭圆形底阴纹，乙类非处方药为绿色椭圆形底阴纹。明示零售药店须将非处方类药分类存放专柜，OTC专有标识应在专柜上方醒目悬挂，以引导公众正确选购。

7. 药品标签标识 药品标签标识尚无统一标志，但标签（内包装、外包装）上的文字说明必须以国家药品监督管理局批准的该药品的内容限定为准，不得夸大疗效。

医疗相关标识在诊疗活动中的应用，极大规范了医疗护理行为，减少了医疗事故的发生。卫生部颁布的《医疗机构管理条例实施细则》第五十四条明确指出，标有医疗机构标识的票据和病历本册以及处方、各种检查的申请单、报告单、证明文书单、药品分装袋、制剂标签等不得买卖、出借和转让。医疗机构不得冒用其他医疗机构的票据和病历本册及处方、各种检查申请单、报告单、证明文书单、药品分装袋、制剂标签等，这些为规范医疗标识的运用提供了法律法规的依据。

案例 15-2

患者，女，61岁，诊断为焦虑症。因"睡眠差伴全身多处不适十多年"入院，入院2周以来，治疗效果不明显。患者总感觉全身多处血管阻塞，血流不通畅。医师指示给予10%葡萄糖酸钙20ml静脉缓慢注射，并辅以暗示治疗。由于当时医师正在查房，暂时未下医嘱。当时主管护士小林正在给一个患者做雾化吸入，于是叫一个实习护生去治疗室取一支葡萄糖酸钙，然后由自己给患者推注。推注过程中，患者诉"心慌、疼痛"，护士小林认为患者太紧张，因此安慰患者，指导放松，后来患者出现呼吸急促、面色发绀，经查看，发现推注的药物为10%氯化钾，立即展开抢救，经抢救无效死亡。

问题：1. 这个事件是否构成医疗事故？

2. 护士小林主要违反了哪些护理操作规范？

四、常见区域医疗纠纷的预防

（一）急诊科的医疗纠纷预防

医院急诊科是医院急救医疗的第一线，与伤病员的生命安危密切相关，是反映和衡量医院技术水平、道德水准和管理质量的窗口和标尺。由于急诊急救工作内在的特性决定了其医疗行为伴发风险的高度危险性，所以，急诊急救行为中如何控制风险，避免法律上的风险就成了急诊医学中的重要问题。常见急诊科医疗风险分析如下所述。

1. 时间紧迫性与延误抢救的风险　急诊急救行为过程中时间就是生命，因为急性病患者大多发病急骤、病情变化快，如心脏病的心肌梗死（广泛性）、车祸事故及其他意外事故的人员伤害等多属生命处于严重危险状况，此时，能否及时到达现场，并有效施行救治措施，事关人命。假如因为急救行为迟缓，且不能有效抢救，则随之出现的伤病员死亡或损害就与急救医疗护理行为有相关性，会有承担法律上的赔偿责任的风险。

2. 突发性与仓促应付而致的风险　急诊患者的人数、病种、来诊时间、来诊方式、病情危重程度都存在很大的随机性和突发性，尤其车祸、中毒、地震等突发事故与自然灾难时，伤病中的随机性更大，并通常伴有集体就诊。假如医院急诊科各类人员和各类器械不能随时处于良好状况，就难以有效地应对突发事件，从而使急救行为存在过失，进而引发法律上的风险。

3. 病种广泛性与鉴别诊断及处置失误的风险　急诊医学的特点之一是多学科交叉性，急诊患者病谱不但广，而且杂和难。这就给急诊的鉴别诊断带来了很大的医学难度。假如急诊医疗行为人没有坚实和宽广的医学临床知识和经验，就容易造成误诊和误治，因此带来一定的法律风险。

4. 环境复杂性与心理素质差而引发的风险　急诊医疗中劳动强度大、持续时间长、精神要高度集中，它不仅要求医务人员有高度的责任心、良好的诊疗技术和健康的身体，而且还要有良好的心理素质。因为，急诊工作除了技术性工作环境复杂以外，还要面对患者及其家属在急危情况所致的心理失衡状态，如急躁、愤怒、过激言语等一些不理智的言行，甚至直接威胁医务人员人身安全的行为。此外，急诊患者的社会身份复杂也是干扰诊疗工作、威胁医务人员人身安全的因素。所以，要能应对如此复杂的局面，就要有良好的心理素质。否则，就会与患者及其家属发生冲突，从而引发医疗上的纠纷与风险。

（二）院前急救中的医疗纠纷预防

院前急救是现代急救医疗服务体系（EMSS）的关键一步。院前急救过程中需要准确评估病情，及时处理致命的病因及症状，抢救患者的生命，并要将患者迅速安全地转运，这一系列工作大多是在患者家属的视线和协助下完成的，任何的失误、言语不当、交流沟通不及时都可能成为纠纷的触发点。为了有效地实施院前急救，应做到如下方面。

1. 确保通信快速准确　医院急救通信必须每天 24 小时有人轮流值班，车载通信设备应有良好的性能以保障联络正常。同时，还应与相关机构保持通畅的直达联络，这是实施有效院前急救的首要条件。

2. 急救车辆和车载设备应随时保持良好的状态　急救车辆必须保持随时待发的良好状态，应配有空调设备。车载急救设备应包括氧气输入、心肺复苏、辅助呼吸、除颤、搬运工具、骨折固定设施、产科器械、照明设备及各类急救、护理器械等。对急救药品、物品要做到 100%准确到位，抢救设备必须随时处于完好状态，并且要建立严格的日清日查制度，专人检查、专人管理，使用后及时补充、更换与维护，从而达到随时均保持良好状态的目的。

3. 针对本地区伤病员的发病特点做好相应的配备　院前急救的设备、专业人员、药品器材应适应本地区的伤病特点，做到有针对性和有效性。为此应注意作本地区急症病伤的流行病学分析，依此来做出相应的配置调整。

4. 抓好急救人员的专业培训 应当明确专业急救人员不能等同于一般医生和护士。他们有专业性的要求，因此，应选择合适的医护人员进行急救专业知识与相关制度的培训，以此来提高急救的质量，减少院前急救行为的差错，控制医疗风险。

5. 强化法治观念，培养证据意识 急救人员应学法、知法、守法，尊重和维护患者权利，切实履行告知义务，做到用法律保护自己的同时，保护患者的合法权益。还要加强证据意识的培养和证据管理，规范急诊记录的填写与保管。例如，"120"出诊记录应包括急救电话的接听时间、患者的相关情况、出诊时间、院前急救过程、急救人员向家属交代的病情及治疗方案等，并要求双方签名，做到有据可查。抢救记录应认真、客观、真实，任何漏记、错记等均可能成为日后的法律问题。

（三）特殊急诊患者接诊的医疗纠纷预防

特殊急诊患者主要是指酗酒患者、自杀患者、无主患者。这些患者一般精神、心理或自知力方面均存在异常或低下，所以给急诊医务人员工作上带来很大难度。而且，由于患者方面的原因，更容易诱发医疗行为的法律风险。因此，接诊此类特殊急症患者应格外小心谨慎，努力做好接诊过程中每个环节的工作，尽量避免各类风险的发生。

1. 酗酒患者接诊的风险管理 酗酒患者被送入医院急诊时，多为精神异常状况，自识与自控能力极低，具有躁动和自伤与他伤的倾向，容易与接诊人员发生言语和肢体上的冲突。因此，应针对性作好工作，以防范风险的产生：①妥善安置患者，拉起病床护栏，适当予以约束，以防范患者躁动时掉下病床发生人身意外损伤；②去除一切可以导致患者自伤或他伤的器物，防止意外伤害；③充分告知家属可能发生的不利后果，要求其家属协同医护人员一道严格观察患者的病情变化，并作好适当的陪护事宜；④医护人员应克制自己的言语，不与患者发生言语冲撞，并且应态度和蔼友善，尽可能地安抚患者。

2. 自杀患者接诊的风险管理 自杀未遂患者接诊时其潜在风险比较高，因为导致患者自杀的原因复杂、情况各异，接诊此类患者时应加倍小心谨慎，应该注意以下几个方面：①积极组织抢救，避免后遗症的产生，这对该类患者今后健康生活是一个关键性的条件；②真情投入地与患者交谈，聆听患者的申诉，了解自杀的原因，并针对原因进行心理疏导，并给予适当的协助，必要时请心理医生予以心理治疗，针对性地防范在急诊室内可能发生的再次自杀行为；③严密监护患者，做到留观期间不离监护，并告知患者家属应紧密监护，防范意外；④根据患者的情况需要给予适当约束；⑤应重点交班，提醒当班医护人员提高注意力，以免发生意外事件。

3. 无主患者接诊的风险管理 无主患者是指接诊时患者一般处于昏迷等意识模糊状况下，无法得知患者家庭或单位信息的特殊患者。该类患者多为车祸、突发重症而被交警或其他第三人（路人、肇事者）送入医院急诊。这类患者的风险管理应抓好以下几个环节：①详细询问送入者姓名、车号及相关情况，并做好记录，交通事故致伤的患者应为之填写交通事故三联单，并及时与交警联系；如系刀伤或火器伤者还应及时向当地公安机关报案。②本着救死扶伤的原则，给予积极的救治，不应在医疗费用等问题上纠缠，任何的延误、拒收患者引起的法律问题，相关医疗机构及医务人员将承担法律责任。③组织两个以上值班人员检查患者随身所带的钱物，并认真填写无主患者物品清单，为其妥善保管。④努力提供有关线索协助公安机关寻找患者家属或工作单位，及时与之取得联系。

（四）手术室的医疗纠纷预防

手术室是为各类医疗服务对象提供对身体病变或正常组织和器官施以手术治疗或诊断的一种特殊

场所，是医疗机构内的一个重要的技术部门。由于手术室工作环境的无菌要求而具有的封闭性，工作时需要多学科配合而具备的协同性，手术手段本身的侵害性与手术对象的生物体内在的不确定性，从而使得手术室中施行的行为充满诸多的不确定性因素。因此，我们必须加强手术室法律风险的管理。常见手术室医疗风险因素分析如下所述。

1. 手术前准备中的风险因素 手术前准备是手术能否成功的一个重要前提条件，如相关医疗行为人未能尽到应尽的注意义务，则可能会在下列几个方面构成医疗行为过失的风险因素：①确定手术必要性的相关信息收集不全，如在问诊、查体、实验室检查和特殊检查等方面出现漏诊、漏检，就会使手术适应证的判断失误；②拟定手术方案未能充分评估手术的难度和相关不确定因素，有可能使手术失败或不圆满；③手术设备未能充分检查与准备，导致手术中医疗护理行为风险的发生；④麻醉师术前准备不足，未能与患者进行充分的交流，未尽充分告知的义务，从而给手术麻醉埋下风险；⑤手术前未能对手术部位进行全面的消毒准备，给术后手术部位感染埋下风险；⑥手术执行者未尽到有关手术治疗的充分告知义务，可能引起手术后医患纠纷发生的风险。

2. 手术中的风险因素 手术是一项分工明确、责任到人的系统性、协同性与操作性最强的医疗行为。手术有关的各个环节与各部门的责任主体如未尽到其应尽的注意义务，就会出现医疗行为风险，主要表现在以下方面：①手术部位或对象弄错，这是非常严重的医疗行为过失；②术中用错药，主要是指错用麻醉药或外用药，从而导致医疗损害的发生；③手术输血因血型搞错导致错误输血，属于非常严重的医疗过失行为；④异物遗留被手术者体腔，主要是由于器械护士和手术医师未尽到其应尽的注意义务，这会构成严重的医疗护理行为过失；⑤手术切口感染或疾病传染，这主要是由于医疗护理行为人（医师、护士）违反无菌操作原则造成的风险；⑥被手术者体位损伤、坠床或电灼伤，这主要是由于被手术者体位摆放不当，导致组织和神经长时间受压，或者医疗护理行为人疏忽了对被手术者的约束（用约束带防止手术者躁动掉地）而坠床受伤，电灼伤主要是由于医疗护理行为人疏于对高频电刀的安全性维护和操作所致。

3. 手术后的风险因素 术后护理阶段是关系到整个手术治疗是否圆满完成的一个重要环节。相关风险因素主要有：①术后 24 小时内手术医师疏于观察病情，以致发生病情变化，措手不及，而给患者造成损害或死亡的后果，这是严重的医疗疏忽过失；②引流技术使用不当，轻者增加患者痛苦，重者严重损害患者健康，甚至造成患者死亡；③疏于对引流物及引流液的观察，导致医疗损害的发生；④术后感染预防的疏忽，未尽到应有的注意义务，属于医疗过失，要承担医疗损害赔偿的法律责任。

案例 15-3

　　未婚女青年刘某，因腹部不明肿块性质待查收入住院。入院初步检查考虑为子宫肌瘤，在妇产科治疗。但以后经 B 超和 CT 检查却提示为腹膜后肿块，转普外科治疗。经会诊讨论和术前讨论后，普外科按照"腹膜后肿块（性质待查）"的临床思维和手术准备拟订好治疗方案，并以"剖腹探查术"的手术名称给刘某及其家属进行术前交代和手术签字。手术中发现，肿块不位于腹膜后，而系子宫肌瘤。结果，医院临时更换手术医师，改由妇产科医生进行手术，手术医生在未告知刘某家属的情况下，行子宫全切除术。术后刘某及家属知道真相后向法院提起诉讼，以医疗行为不当所致子宫切除为由要求医院给予损害赔偿。

　　问题：1. 本案中医务人员的医疗行为是否存在过错？

　　　　　2. 医院是否应该向患者刘某做出损害赔偿？为什么？

（五）社区医疗的医疗纠纷预防

　　社区卫生服务是在社区范围内开展的以健康服务为中心，向个人、家庭及社区提供的预防、保健、医疗、康复、健康教育等系统化的整体医疗服务。内容主要包括健康教育、卫生保健、慢性病防治与护理、计划免疫、妇幼保健、老年保健、康复等。社区医疗卫生服务由于其相对独立性和特殊性，同样存在一定的法律风险。预防社区医疗法律风险措施如下所述。

1. 建立和完善社区医疗卫生服务管理的组织机构和规章制度　《医疗事故处理条例》第二章第七条明确提出："医疗机构应当设置医疗服务质量监控部门或者配备专（兼）职人员，具体负责监督本医疗机构的医务人员的医疗服务工作，检查医务人员执业情况，接受患者对医疗服务的投诉，向其提供咨询服务。"同时，完善各项医疗护理制度也是降低医疗风险系数、保障安全的基本保证。例如，设置专门部门对社区医疗服务质量进行监控和管理；制订社区医疗护理的质量评价体系和质量控制标准；执行严格的人事管理和执业上岗制度；建立完善的患者转介制度，为患者提供完整、系统的医疗护理服务；全员参与管理，加强风险意识，遵章守纪，严格执行各种规章制度和各项质量标准，形成人人参与质量控制的环境和氛围。

2. 不断提高医务人员自身专业技术水平及医疗服务质量　社区医疗服务的规模正在不断扩展，涉及内、外、妇、儿等几乎所有专科患者的治疗和康复护理。因此，社区医务人员要不断提高自身专业水平，提高评判性思维能力、独立认识鉴定能力，有意识地对自己的思维活动过程与结果进行反思和控制调整，要求医务人员具有扎实的专业知识技能和高度的责任心，才能胜任社区医疗卫生服务的常规工作，具备应急处理能力，有效避免医疗差错和法律风险事件的发生，提高医疗工作的安全性。

3. 充分尊重和维护患者的合法权利　社区卫生服务机构既要保护医务人员的权益，又要充分尊重和维护患者的合法权利。患者在医疗活动中享有生命权、身体权、健康权、平等医疗权、知情同意权、隐私权、诉讼权等法律赋予的合法权利。在发生医疗纠纷时，应告之处理的程序和解决的途径，患者应当享有的权利和承担的义务等。在开展健康教育时要注意言语的技巧性和各种解释的准确性，医务人员要保持健康教育具体内容的一致性，避免造成患者无所适从而引发纠纷。对各种检查、护理、治疗和用药要仔细讲明其意义、目的、可能产生的副作用及主要的检查方法，对患者和家属强烈要求的可能出现严重副作用的治疗和护理方法，要以患者或家属的签字记录为证，对实行保护性医疗的癌症患者，应根据患者的具体情况决定是否解释及如何解释，避免加重患者的心理负担。

4. 学习法律知识，强化职业风险意识　强化社区医务人员职业风险意识，克服麻痹大意的思想，加强法律法规和诊疗规范、常规的学习，严格遵守操作规程，恪守行业规范，减少医疗差错和纠纷。在社区医疗实践中，一切医疗护理行为均应留有记录，应反复强调治疗过程中可能出现的反应，详细评估患者的用药情况，并通过电话询问或留家观察等措施，及时发现问题，严格掌握家庭用药标准，特别是对有精神异常的患者或静脉用药等，对完成的护理病历归入个人健康档案管理。

5. 规范医疗护理记录及相关上门记录　医疗护理记录是医疗纠纷的重要证据，因此要求医护人员必须严格按照医疗护理文书的格式规范完成，用法律的思维书写医疗护理记录。此外，做到上门必须记录、所做必须记录、病情变化必须记录，尤其是上门服务必须每次均有签名，原则上要求本人签名，如果是他人代签名必须注明与患者的关系，并将资料与病历一起保存。

6. 做好社区医疗护理中医疗废物的收集处理工作　社区治疗护理中产生的医疗废物应按照《医疗废物管理条例》的规定，专人负责，统一收集，集中处理。此外，还应该加强对参与社区医护人员进行感染知识培训，以免发生医疗废物流失造成疾病传播及意外伤害事故。

第3节　医疗纠纷的处理

医疗纠纷是指基于医疗风险防范失败而导致的医疗机构与患者或者患者近亲属之间因诊疗活动引发的争议。医疗纠纷是医疗风险由可能性变成了现实性。根据医疗风险造成的危害程度不同，医疗纠纷一般包括医疗差错和医疗事故。

（一）医疗纠纷处理的法律途径

根据《医疗纠纷预防和处理条例》第二十二条：发生医疗纠纷，医患双方可以通过下列途径解决。

1. 双方自愿协商　医患双方选择协商解决医疗纠纷的，应当在专门场所协商，双方代表人数不超过5人，不得影响正常医疗秩序。协商解决医疗纠纷应当坚持自愿、合法、平等的原则，尊重当事人的权利，尊重客观事实。医患双方应当文明、理性表达意见和要求，不得有违法行为。

2. 申请人民调解　鼓励医患双方通过人民调解的途径解决医疗纠纷。医疗纠纷人民调解委员会调解医疗纠纷，需要进行医疗损害鉴定以明确责任的，由医患双方共同委托医学会或者司法鉴定机构进行鉴定，也可以经医患双方同意，由医疗纠纷人民调解委员会委托鉴定。

3. 申请行政调解　医患双方申请医疗纠纷行政调解的，应向医疗纠纷发生地县级人民政府卫生主管部门提出申请。卫生主管部门应当自收到申请之日起5个工作日内作出是否受理的决定，自受理之日起30个工作日内完成调解。

4. 向人民法院提起诉讼　发生医疗纠纷，当事人协商、调解不成的，可以依法向人民法院提起诉讼。当事人也可以直接向人民法院提起诉讼。

5. 法律、法规规定的其他途径　医患双方在医疗纠纷处理中，造成人身、财产或者其他损害的，依法承担民事责任；构成违反治安管理行为的，由公安机关依法给予治安管理处罚；构成犯罪的，依法追究刑事责任。

（二）医疗纠纷处理的应急措施

《医疗纠纷预防和处理条例》第二十三条：发生医疗纠纷，医疗机构应当告知患者或者其近亲属下列事项：①解决医疗纠纷的合法途径；②有关病历资料、现场实物封存和启封的规定；③有关病历资料查阅、复制的规定。患者死亡的，还应当告知其近亲属有关尸检的规定。

1. 发生医疗纠纷需要封存、启封病历资料的，应当在医患双方在场的情况下进行。封存的病历资料可以是原件，也可以是复制件，由医疗机构保管。病历尚未完成需要封存的，对已完成病历先行封存；病历按照规定完成后，再对后续完成部分进行封存。医疗机构应当对封存的病历开列封存清单，由医患双方签字或者盖章，各执一份。病历资料封存后医疗纠纷已经解决，或者患者在病历资料封存满3年未再提出解决医疗纠纷要求的，医疗机构可以自行启封。

2. 由于治疗引起不良反应的医疗纠纷，需要检验的，应当由双方共同委托依法具有检验资格的检验机构进行检验；双方无法共同委托的，由医疗机构所在地县级人民政府卫生主管部门指定。

3. 患者死亡，医患双方对死因有异议的，应当在患者死亡后48小时内进行尸检；具备尸体冻存条件的，可以延长至7日。尸检应当经死者近亲属同意并签字，拒绝签字的，视为死者近亲属不同意进行尸检。不同意或者拖延尸检，超过规定时间，影响对死因判定的，由不同意或者拖延的一方承担责任。尸检应当由按照国家有关规定取得相应资格的机构和专业技术人员进行。医患双方可以委派代表观察尸检过程。

4. 发生重大医疗纠纷的，医疗机构应当按照规定向所在地县级以上地方人民政府卫生主管部门报告。卫生主管部门接到报告后，应当及时了解掌握情况，引导医患双方通过合法途径解决纠纷。

（三）医疗纠纷处理的法律责任

在医疗纠纷处理过程中，医疗机构及其医务人员、医学会、司法鉴定机构、尸检机构、人民调解员、新闻媒体、县级以上人民政府卫生主管部门和其他有关部门及其工作人员违反法律规定造成一定后果的，依法应承担相应的行政责任、民事责任和刑事责任。

医患双方在医疗纠纷处理中，造成人身、财产或者其他损害的，依法承担民事责任；构成违反治安管理行为的，由公安机关依法给予治安管理处罚；构成犯罪的，依法追究刑事责任。

自 测 题

1. 因抢救急危患者，未能及时书写病历的，有关医务人员应在抢救结束后据实补记并加以注明的时效是
   A. 2 小时
   B. 4 小时
   C. 5 小时
   D. 6 小时
   E. 8 小时

2. 以下属于医疗事故的是
   A. 在紧急情况下为抢救垂危患者生命而采取紧急医学措施造成不良后果
   B. 无过错输血感染造成不良后果
   C. 医院治疗期间因药物不良反应造成不良后果
   D. 因医方原因延误诊疗导致不良后果
   E. 因患方原因延误诊疗导致不良后果

3. 病历是发生医疗事故时最重要的证据之一，以下病历要求不正确的是
   A. 病历的内容必须真实完整，使用医学术语，字迹清晰，无错别字
   B. 严禁涂改、伪造、藏匿、销毁或者抢夺病历资料
   C. 无论是否发生医疗事故，患者都有权复印其客观性病历资料
   D. 门诊病历要求即时书写
   E. 住院病历应在患者入院后 12 小时内完成

4. 患者及其家属和医疗单位对医疗事故技术鉴定委员会所得出的结论或者对卫生行政部门所做的处理不服的，可以向上一级医疗事故技术鉴定委员会申请重新鉴定或者向上一级卫生行政部门申请复议，也可以直接向当地人民法院起诉，其时限是在接到结论或者处理通知书之日起
   A. 10 日内
   B. 15 日内
   C. 20 日内
   D. 25 日内
   E. 30 日内

5. 不属于医疗纠纷解决的途径的是
   A. 医患双方自愿协商
   B. 申请人民调解
   C. 申请行政调解
   D. 向法院提起诉讼
   E. 医患单方作出决定

（何晓彬）

第16章

医疗与健康促进新技术应用法律制度

随着人类生命技术突飞猛进的发展，生命科技如基因技术、人类辅助生殖技术、器官移植技术，以及安乐死、脑死亡等开始逐步渗入人类社会生活，深刻地影响和改变着人类的生命行为。同时，智能医学工程以现代医学与生物学理论为基础，融合先进的脑认知、大数据、云计算、机器学习等人工智能及相关领域工程技术，研究人的生命和疾病现象的本质及其规律。这些新的生命医疗行为，极大地改变着当代的价值观、伦理观与法律观，并开始逐步形成一种新型的调节生命社会关系的伦理、法律知识体系。它是我们需要亟待加以认真研究和规范的特殊医疗行为。

第1节 安 乐 死

 案例 16-1

患者，男，62岁，医生。因胃窦癌术后复发住院。患者3个月前因胃窦癌住院手术，术中发现有淋巴转移，故行根治性手术，手术顺利，术后进行1个疗程的化疗后出院。现又因腹部肿块第二次住院手术，术中发现腹腔内肿瘤广泛转移，肿瘤与腹主动脉粘连无法切除而关腹，术后伤口愈合良好。不久，患者出现血便、血尿，而且少食、呕吐，疼痛难忍。患者要求主管医生给予安乐死，而患者儿女认为父亲一生挽救了不知多少患者，故要求主管医生不惜一切代价进行抢救。

问题：鉴于我国对安乐死的立法规范，在案例中，你认为主管医生应如何决策？

安乐死立法是个争论已久的问题，一直困扰着立法机关、司法机关。随着人类文明的进步，人类把对生死的选择视为自我的一项基本权利，并逐步将其纳入人权的核心内容。通过对安乐死本质及其相关的法律问题的探讨、论证，可解决对安乐死立法的需求，完善法律制度本身，并有效地指导实践。

一、安乐死的概念

（一）安乐死的概念

安乐死是指对无法救治的患者停止治疗或使用药物，让患者无痛苦地死去。"安乐死"一词源于希腊文，意为"无痛苦地或愉快地死亡"。安乐死有广义和狭义之分。广义的安乐死是指它不是为了惩罚某人，或者为了保护他人而牺牲某人，而是作为对当事人的一种慈爱的行为来结束生命，是纯粹的解脱式的死亡方式，其中包含了自杀。狭义的安乐死是指，对于现代医学无可挽救的逼近死亡的患者，医生在患者本人真诚委托的前提下，为了减少患者难以忍受的剧烈痛苦，可以采取措施提前结束患者的生命。或者定义为对患有不治之症且有极端痛苦的患者，在不违背真实意愿的前提下，出于对其死亡权利和个人尊严的尊重，为解除患者痛苦而由医务人员实施使其加速死亡的一种医疗行为。

（二）安乐死的立法意义

实施安乐死对于缓解绝症患者的痛苦、节约医疗资源和减轻患者家庭的经济负担有一定的现实意义，对于促进器官捐赠体系的建立也有推动作用。然而，死亡是一个严肃的话题，在中国，关于法律是否应该承认人有结束自己生命的权利，并能够将这一权利授予其他人行使还没有定论。目前，涉及实施安乐死的伦理问题和法律问题还未得到有效解决。

但是安乐死的存在的确有着积极的意义，也是社会发展的一种必然。结合其立法内容可以看到，只要法律在承认"安乐死"合法化的同时，对"安乐死"的操作程序等做出严格、细致的规范，建立起一套完整、科学的"安乐死"实行制度，完全可将负面影响控制在最小范围内。而立法者也应当在大量的调查研究和广泛、深入的理论探讨基础上，防止滥用，将重病患者的"安乐死"权利落到实处。

二、我国有关安乐死的问题

在我国，在法律未允许实行积极安乐死的情况下，实行积极安乐死的行为，仍然构成故意杀人罪；既不能认为这种行为不符合故意杀人罪的犯罪构成，也不宜根据《刑法》第十三条宣告无罪。当然，量刑时可以从宽处罚。

国家卫健委关于政协十三届全国委员会第一次会议第 0157 号提案答复关于安乐死问题：实施安乐死帮助患者结束生命，有助于免除患者临终难以忍受的痛苦，尊重患者选择死亡的权利，也减轻了患者家庭和社会的经济负担。但同时，相关医学、伦理学界对于安乐死存在较大争议。立法实施"安乐死"，需要社会伦理及前期相关立法支持，目前还存在较多困难。从医学、伦理学角度，有关专家提出以下几方面问题。

一是医学伦理问题。不伤害原则，是中国传统医学和现代医学均普遍遵循的医德原则。中国唐代名医孙思邈在《备急千金要方》中提到，"人命至重，有贵千金"；《希波克拉底誓言》是西方医学道德的规范，其中提到不伤害原则、保密原则等，已成为西方医德传统的核心。支持安乐死，与医务人员救死扶伤的神圣天职存在一定矛盾。

二是医学问题。一方面，医学科学在不断发展和进步当中，很多过去认为不可治愈的疾病，目前已可以治愈或基本能控制症状，维持较好的生存状态。如结核、肿瘤、艾滋病等，经过早期、规范治疗，可以达到稳定病情的目的。不排除目前认为属于"绝症"的疾病，在不久的将来被攻克的可能。另一方面，现代医学对于很多疾病的认识仍然十分有限，我国不同地区之间医疗卫生发展水平差异较大，对于实施"安乐死"的标准难以准确把握。支持安乐死，可能造成医生放弃努力攻克"不治之症"的责任和决心，导致一些患者错过转危为安的机会，也不利于医学科研。

三是公平性问题。一些患者，特别是贫困患者往往因经济原因，或出于为家庭、亲属减轻负担而寻求"安乐死"，并非"真正自愿"放弃生命。如对其实施"安乐死"则违背了医学伦理道德的公平性原则，一定程度上剥夺了贫困患者接受医疗服务的权利。很多时候，寻求安乐死也并非其家属的愿望。

另外，"人死不能复生"，死亡是不可逆转的过程，采用积极手段剥夺他人生命的问题，应当极其谨慎对待。不排除一些患者因痛苦"冲动"决定放弃生命，而"安乐死"过程一旦实施，则不可挽回。当前中国传统习俗、社会伦理道德，以及广大群众，特别是农村、基层群众整体上对于死亡的认识、对于"安乐死"的接受程度并不高。目前，行业内对于"安乐死"的有关政策持相对谨慎的态度。

对于疾病痛苦难以忍受的问题，国家卫健委倡导积极采取措施，大力推进临终关怀工作。临终关怀，也称"安宁疗护""舒缓医疗"，主要是指为处在疾病终末期的患者，在临终前提供相应的医疗护理服务，减轻患者痛苦和不适，使他们能够平静、有尊严地离世。

我们应该把有限的医药资源尽可能合理地使用到有价值的地方，这样才有利于社会的稳定和发展，符合社会主义道德规范。而现代医德注重价值，是否符合医德，应该用价值观念来评判。

第2节　基因工程

基因工程是在分子生物学和分子遗传学综合发展基础上于20世纪70年代诞生的一门崭新的生物技术科学。基因工程具有极其深远的科学意义和社会意义，基因已被各国视为一项重要的战略资源，并被某些国家加以专利保护。我国具有丰富的基因资源，为了有效地保护我国的基因资源，立法者有必要对其实施专利保护。

一、基因工程的概念和立法意义

（一）基因工程的概念

基因工程是指运用体外重组DNA技术获取含有目的基因或其他序列全新组合的DNA分子的技术。狭义的基因工程仅指用体外重组DNA技术去获得新的重组基因；广义的基因工程则指按人们意愿设计，通过改造基因或基因组而改变生物的遗传特性。

（二）基因工程的立法意义

基因具有多方面的重要价值。它是一种资源和财富，其密码一旦被破译，便可被广泛应用于农牧业、食品工业、医药卫生、遗传鉴定等社会公益领域，并会产生巨大的经济效应和社会效应。

随着基因价值逐渐为人们所认识和重视，以及越来越多的人类基因被分离和确定，基因的法律保护问题已提上了各国的立法议程，利用知识产权法，尤其是专利法，赋予基因以专利，以实现对相关基因技术的独占性使用，已成为许多国家在保护基因问题上所倾向采用的一种重要策略。

二、基因工程的法律问题

面对风起云涌的生物高科技浪潮，我国有关基因立法的步伐并不算太慢。从1990年到目前为止，我国总共出台了基因及基因工程方面的法规十几部，我国在基因工程领域内的法律制度，主要包括行政法规《人类遗传资源管理暂行办法》，以及部门规章《人的体细胞治疗和基因治疗临床研究质控要点》《基因工程安全管理办法》《人基因治疗研究和制剂质量控制技术指导原则》《人胚胎干细胞研究伦理指导原则》等。其中较有影响的是1993年12月24日中华人民共和国国家科学技术委员会第17号令发布的《基因工程安全管理办法》。

《基因工程安全管理办法》是一部针对全国生物安全管理的法规，由六章组成，规定了我国基因工程工作的管理体系，按潜在的危险程度，将基因工程工作分为四个安全等级，并规定了审批权限，国家科学技术委员会是这一时期主管基因工程安全的部门，1996年7月农业部以此为基础颁布了《农业生物基因工程安全管理实施办法》。1997年10月1日开始实行的《中华人民共和国植物新品种保护条例》对植物新品种进行保护。1998年6月10日科学技术部、卫生部颁布的《人类遗传资源管理暂行办法》中规定，我国对人类基因研究中的成果授予专利。1998年9月，国务院批准实施《人类遗传资源管理暂行办法》，旨在运用法律手段对基因实行资源管制。2001年6月，国务院发布了《农业转基因生物安全管理条例》，不久，农业部又发布了与之相配套的《农业转基因生物安全评价管理办法》《农业转基因生物进口安全管理办法》《农业转基因生物标识管理办法》，并于2002年3月20日起正式实施，这些都表明中国生物转基因安全管理已初步纳入规范化轨道。另外值得一提的是1993年《中华人民共和国专利法》首次修订后，"用化学方法获得的物质"（通常被称为化学物质）被正式纳入我国专利法保护范围。

第3节 人工生殖技术

人工生殖技术已由科学实验走向临床应用，成千上万的人工生殖人口来到人世，这不仅涉及社会伦理关系，更衍生出一系列有关行政法、亲属法等诸领域的边缘性法律问题。对此，世界上许多发达国家已开展了较深入的研析和立法探索。我国则只是被动地规定暂停该技术的使用，在立法上呈严重滞后状态。但实际上，无论是理论还是实践，都迫切需要我们以积极的态度，去寻求如何合理使用的正确导向和法律调控原则。

一、人工生殖技术的概念和立法意义

（一）人工生殖技术的概念

人工生殖技术，是指用现代科学和医学的技术、方法改变性与生殖的联系或代替人类生殖过程中的某一环节或全部过程。人工生殖技术，从广义上说，包括控制生育技术和辅助生育技术两个方面。从狭义上说，就是指辅助生殖技术。控制生育技术是将性与生殖分离，主要解决人口数量问题；而辅助生育技术是将生殖与性分离，主要解决不育问题。辅助生殖技术是人类辅助生殖技术的简称，指采用医疗辅助手段使不育夫妇妊娠的技术，包括人工授精（artificial insemination，AI）和体外受精—胚胎移植（in vitro-embryo transfer，IVF-ET）及其衍生技术两大类。

实施过程要依照卫生部颁布的《人类辅助生殖技术管理办法》《卫生部关于修订人类辅助生殖技术与人类精子库相关规范、基本标准和伦理原则的通知》和《卫生部人类辅助生殖技术与人类精子库校验实施细则》等系列法规。《人类辅助生殖技术管理办法》规定，"禁止以任何形式买卖配子、合子、胚胎。医疗机构和医务人员不得实施任何形式的代孕技术"。

1. 人工授精 人工授精是指用人工方式将精液注入女性体内以取代性交途径使其妊娠的一种方法。根据精液来源的不同，人工授精分为夫精人工授精（artificial insemination with husband's semen，AIH），即使用丈夫的精子所进行的人工授精；供精人工授精（artificial insemination with donor's semen，AID），即利用精子库中所提供的精子标本，对女方进行人工授精的一种辅助生殖技术。

2. 体外受精 体外受精（in vitro fertilization，IVF）又叫体外受精—胚胎移植，是指从女性体内取出卵子，在器皿内培养后，加入经技术处理的精子，待卵子受精后，继续培养，到形成早期胚胎时，再转移到子宫内着床，发育成胎儿直至分娩的技术。由于受孕过程的最早阶段发生在体外试管内，因此俗称试管婴儿技术，生育出来的婴儿称为试管婴儿。体外受精主要解决女性不孕问题，对于开展人类胚胎学和遗传工程学的研究也具有重要意义。

（二）人工生殖技术立法的意义

人工生殖技术利用得当，造福人类，利用不当则危害人类。而通过立法可以促进其健康发展，造福人类，防止其异化对社会造成的危害。

1. 人工生殖技术应用，推广于社会，并不是一个单纯的、孤立的科技问题，它不可避免地会受到传统习俗与道德观念的强烈冲击。立法可以克服社会的某些阻碍，促进生殖技术与社会的协调。

2. 人工生殖技术的使用过程有时并不安全。例如，操作人员失误造成患者错孕，引发婴儿争夺战，患者因生殖技术而感染上艾滋病等。立法可以保障生殖技术的安全，并禁止生殖技术商业化，保证其纯洁性。

3. 人工生殖技术在一定程度上取代了自然生殖的环节，必然会引发一系列的伦理道德问题。立法可以明确有关婴儿的法律地位，父母子女身份，使生殖技术产生的复杂人际关系得到理顺，有助于家庭的和睦、社会的稳定，有助于充分保障公民的生育权利，促进计划生育。

二、人工生殖的法律问题

卫生部颁布了《人类辅助生殖技术管理办法》和《人类精子库管理办法》两部规章及《人类辅助生殖技术规范》《人类精子库基本标准》《人类精子库技术规范》《实施人类辅助生殖技术的伦理原则》。这些法规规章实施后，对促进和规范我国人类辅助生殖技术的发展和应用起到了积极的推动作用。提高了应用相关技术的机构设置标准、技术实施人员的资质要求及技术操作的质量标准和技术规范，并进一步对技术实施中的伦理原则加以明确和细化。为了防止片面追求经济利益而滥用人类辅助生殖技术，对控制多胎妊娠、提高减胎技术、严格掌握适应证、严禁供精与供卵商业化和卵胞浆移植技术等方面提出了更高、更规范、更具体的技术和伦理要求。

《人类辅助生殖技术和人类精子库伦理原则》规定，人类辅助生殖技术应用应当遵循以下伦理原则：有利于患者的原则；知情同意的原则；保护后代的原则；社会公益原则；保密原则；严防商业化的原则；伦理监督的原则。

对于利用辅助生殖技术所生育婴儿的法律地位等民事法律问题，我国尚未进行相关立法，1991年，最高人民法院在司法解释中指出：在夫妻关系存续期间，双方一致同意进行人工授精，所生子女应视为夫妻双方的婚生子女。

2019年8月，国家卫生健康委员会办公厅为加强辅助生殖技术（包括人类辅助生殖技术和人类精子库）管理，强化事中事后监管，根据《人类辅助生殖技术管理办法》《人类精子库管理办法》《国务院办公厅关于推广随机抽查规范事中事后监管的通知》等相关规定，制定《辅助生殖技术随机抽查办法》。

第4节 器官移植

为加强活体器官移植管理，确保活体器官捐献人和接受人的生命安全，根据《人体器官移植条例》，2009年12月28日卫生部发布《关于规范活体器官移植的若干规定》。为了进一步规范人体器官移植，保证医疗质量，保障人体健康，维护公民的合法权益，2020年7月国家卫生健康委员会对《人体器官移植条例》进行了修订，形成了《人体器官移植条例（修订草案）（征求意见稿）》。

案例16-2

根据《人体器官移植条例》第八条规定：捐献人体器官的公民应当具有完全民事行为能力。公民捐献其人体器官应当有书面形式的捐献意愿，对已经表示捐献其人体器官的意愿，有权予以撤销。

问题：未成年人的器官不可以捐献，那么未成年人需要器官移植的该怎么办呢？

一、器官移植的概念

根据《人体器官移植条例》，人体器官移植，是指摘取人体器官捐献人具有特定功能的心脏、肺脏、肝脏、肾脏或者胰腺等器官的全部或者部分，将其植入接受人身体以代替其病损器官的过程。

（一）准入制度

医疗机构从事人体器官移植，应当在具备下列条件时向所在地省级卫生主管部门申请办理人体器官移植诊疗科目登记。

1. 有从事人体器官移植相适应的执业医师和其他医务人员。

2. 有满足人体器官移植所需要的设备、设施。

3. 有由医学、法学、伦理学等方面专家组成的人体器官移植技术临床应用与伦理委员会，该委员会中从事人体器官移植的医学专家不超过委员人数的 1/4。

4. 有完善的人体器官移植质量监控等管理制度。

（二）执业原则

医疗机构及其医务人员从事人体器官移植，应当遵守伦理原则和人体器官移植技术管理规范；应当对器官捐献人进行医学检查，对接受人因人体器官移植感染疾病的风险进行评估，并采取措施，降低风险。在摘取活体器官前或者尸体器官捐献人死亡前，主管医师应当向所在医疗机构的人体器官移植技术临床应用与伦理委员会提出摘取人体器官审查申请。该委员会应审查器官捐献人的捐献意愿是否真实；有无买卖或者变相买卖人体器官的情形；人体器官的配型和接受人的适应证是否符合伦理原则和人体器官移植技术管理规范等主要内容，经 2/3 以上委员同意后，方可出具同意摘取人体器官的书面意见。

（三）主要义务

医疗机构及其医务人员摘取活体器官前，应当向活体器官捐献人说明摘取手术的风险、术后注意事项、可能发生的并发症及其预防措施等，并与活体器官捐献人签署知情同意书；查验活体器官捐献人同意捐献其器官的书面意愿、活体器官捐献人与接受人之间关系的证明材料；确认除摘取器官产生的直接后果外不会损害活体器官捐献人其他正常的生理功能；保存活体器官捐献人的医学资料，并进行随访。

医疗机构及其医务人员对捐献人、接受人的个人资料应当保密，对摘取尸体器官应当在依法判定捐献人死亡后进行，但从事人体器官移植的医务人员不得参与捐献人的死亡判定。摘取尸体器官应当尊重死者的尊严，对摘取器官完毕的尸体，应当进行符合伦理原则的医学处理，恢复尸体原貌。

二、器官移植的法律问题

（一）刑事责任

根据《人体器官移植条例》规定，有下列情形之一，构成犯罪的，依法追究刑事责任：

1. 未经公民本人同意摘取其活体器官的。

2. 公民生前表示不同意捐献其人体器官而摘取其尸体器官的。

3. 摘取未满 18 周岁公民的活体器官的。

（二）行政责任

1. 国家工作人员参与买卖人体器官或者从事与买卖人体器官有关活动的，由有关国家机关依据职权依法给予撤职、开除的处分。

2. 医疗机构未办理人体器官移植诊疗科目登记，擅自从事人体器官移植的，依照《医疗机构管理条例》的规定予以处罚。

3. 实施人体器官移植手术的医疗机构及其医务人员违反《人体器官移植条例》规定，未对人体器官捐献人进行医学检查或者未采取措施，导致接受人因人体器官移植手术感染疾病的，依照《医疗事故处理条例》的规定予以处罚。

4. 从事人体器官移植的医务人员违反《人体器官移植条例》规定，泄露人体器官捐献人、接受人或者申请人体器官移植手术患者个人资料的，依照《医师法》或者国家有关护士管理的规定予以处罚。

5. 违反《人体器官移植条例》第二十一条规定收取费用的，依照价格管理的法律、行政法规的规定予以处罚。

6. 医务人员有下列情形之一的，依法给予处分；情节严重的，由县级以上地方人民政府卫生主管部门依照职责分工暂停其 6 个月以上 1 年以下执业活动；情节特别严重的，由原发证部门吊销其执业证书。

（1）未经人体器官移植技术临床应用与伦理委员会审查同意摘取人体器官的。

（2）摘取活体器官前未依照《人体器官移植条例》第十九条的规定履行说明、查验、确认义务的。

（3）对摘取器官完毕的尸体未进行符合伦理原则的医学处理，恢复尸体原貌的。

7. 医疗机构有下列情形之一的，对负有责任的主管人员和其他直接责任人员依法给予处分；情节严重的，由原等级部门撤销该医疗机构人体器官移植诊疗科目登记，该医疗机构 3 年内不得再申请人体器官移植诊疗科目登记。

（1）不再具备《人体器官移植条例》第十一条规定条件，仍从事人体器官移植的。

（2）未经人体器官移植技术临床应用与伦理委员会审查同意，做出摘取人体器官决定，或者胁迫医务人员违反《人体器官移植条例》规定摘取人体器官的。

（3）有《人体器官移植条例》第二十八条第（二）项、第（三）项列举的情形的。

（三）民事责任

违反《人体器官移植条例》规定，给他人造成损害的，应当依法承担民事责任。

第5节 脑 死 亡

一、脑死亡的概念和立法意义

（一）脑死亡的概念

临床上所指的脑死亡，是指包括脑干在内的全脑功能的不可逆性丧失。脑死亡有别于"植物人"，"植物人"脑干功能存在，昏迷只是由于大脑皮质受到严重损害或处于突然抑制状态，患者可以有自主呼吸、心跳和脑干反应，而脑死亡则无自主呼吸，是永久、不可逆性的。不少国家过去一直把"心跳停止"和"呼吸消失"作为死亡的标准。但随着医学科技的发展，患者的心跳、呼吸、血压等生命体征都可以通过一系列药物和先进设备加以逆转或长期维持。但是如果脑干发生结构性破坏，无论采取何种医疗手段均无法挽救患者生命。因此，与心脏死亡相比，脑死亡显得更为科学，标准更可靠。

世界上许多国家已将脑死亡作为死亡标准。规范开展脑死亡判定工作对节约有限的医疗资源、降低医疗费用、减轻患者家庭负担、维护广大人民群众利益具有积极意义。目前，我国已经建立了科学、规范的脑死亡判定技术标准和流程。从技术上讲脑死亡判定不存在障碍，但是，脑死亡立法还涉及社会、伦理等方面。医疗实践中也不乏虽然医生已告知家属患者脑死亡，但是家属仍然坚持治疗的案例。因此，二元的死亡判定标准更符合我国国情。目前，在具体医疗活动中，患者经判定脑死亡后，临床医生告知患者家属判定结果，由其选择心死亡或脑死亡。

（二）脑死亡的立法意义

死亡时间的判断具有重要的法律意义。通过立法将"脑死亡"认定为死亡时间，对合理配置医疗资源、降低医疗费用、减轻患者负担具有一定积极意义，部分发达国家也已经对脑死亡进行了立法。《民法典》第十三条规定："自然人从出生时起到死亡时止，具有民事权利能力，依法享有民事权利，承担民事义务。"第十五条规定："自然人的出生时间和死亡时间，以出生证明、死亡证明记载的时间为准；没有出生证明、死亡证明的，以户籍登记或者其他有效身份登记记载的时间为准。有其他证据足以推翻以上记载时间的，以该证据证明的时间为准。"关于"死亡"的判断标准，存在不同的学说，有呼吸停止说、脉搏停止说、心脏跳动停止说、脑死亡说等。民法总则对此没有规定具体的判断标准。

脑死亡不仅涉及死亡现象和死亡标准的技术性问题，而且与人类社会的承受力和接受力有着密切的关系，还受到宗教和文化的密切影响。实践中，具体如何判断"死亡"，还涉及公众接受度、医学伦理和医学实践发展等问题。当前我国社会公众接受的死亡概念主要是心死亡。同时，脑死亡的诊断标准一定要结合中国的国情，不能照搬国外的标准。

确立脑死亡作为死亡标准的社会意义和价值在于如下方面。

1. 减少医疗资源的浪费，减少患者家属与社会的治疗压力　我们活在一个现实的社会中，资源总是有限的。抢救脑死亡者的医疗资源消耗要比医治普通患者的医疗资源消耗多得多。毫无疑问，脑死亡标准的确立能减少相当数量的医疗花费。确认脑死亡观念和实施脑死亡法，可以适时终止无效的医疗救治，减少无意义的医疗资源消耗，合理使用有限资源。

2. 为器官移植开辟广泛的前景　如果在法律上承认脑死亡为人的死亡，那么，医生就可以摘除脑死亡患者的心脏等主要器官，用于器官移植的目的。虽然随着人类医学的进步，器官移植手术得到了极大的发展，但是，由于心脏器官的特殊性，体内移植医学还不能将从心脏死亡患者体内摘除的心脏器官用于移植受体。如果承认脑死亡，实际上就大大提前了确立死亡的阶段，将心脏仍然可能处于跳动状态的脑死亡患者宣布为死亡，从而可以摘除跳动的心脏进行移植，而且，包括眼角膜在内的其他器官的存活和新鲜状态也将大大改善。可以说，脑死亡标准的确立，将为器官移植开辟广泛的前景。

3. 减轻了患者家属等待和无望的痛苦，让患者"死"得有尊严　死亡是我们所有人都必定要经历的，如何看待死亡其实取决于我们如何看待生命。要理解死亡，先得认识生命。生命的可贵就在于只有一次，在价值上，所有的个体生命都同样宝贵和无价。医疗的根本目的也是以有限的价值呵护无价的生命。拯救每一个可挽回的生命是所有医生的共同理想，但生死总是相伴而来。当死亡降临时，我们应勇敢地承认和面对，这是对死亡的尊重，也是对生命本身的敬畏。此外，死亡还是个法律概念，科学、准确地判断一个人的死亡时间，在司法工作中具有极其重要的意义。

二、我国脑死亡的判定标准

1968 年，美国哈佛医学委员会提出了脑死亡的概念和标准，世界上许多国家医学界相继支持并采用了这个标准。20 世纪 80 年代，我国开始了脑死亡判定的理论研讨与临床实践，许多医学、法学、伦理学专家为在我国推广脑死亡概念，建立、推行脑死亡判定标准做了大量有益的工作，医学界、法学界、伦理学界对脑死亡概念取得了越来越多的共识。目前，我国已经建立了科学、规范的心脏死亡与脑死亡判定技术标准和流程。2012 年 3 月，卫生部成立脑损伤质控评价中心，组织知名专家开展脑损伤的评估研究，进一步完善了我国脑损伤临床判定规范流程，对原脑死亡判定标准进行修订，先后制定了《脑死亡判定标准与技术规范（成人质控版）》《脑死亡判定标准与技术规范（儿童质控版）》。同时对全国各有关医院的相关专家进行了分批次培训与考核，相关工作将在今后继续广泛展开。2016 年，脑死亡判定质量控制工作已纳入我国医疗质量控制体系，进一步加强了对脑死亡判定技术和人员培训的规范管理。2017 年，国家卫生健康委员会将根据近年来的临床实践及国际标准，进一步修订完善我国脑死亡判定标准和流程。可以说，我国医学界已从技术层面明确了临床实施脑死亡判定的标准及流程，从临床技术上判定脑死亡不存在障碍。

自 测 题

1. 我国《人体器官移植条例》正式颁布实施的时间是
   A. 2007 年 6 月 1 日
   B. 2007 年 5 月 1 日
   C. 2004 年 10 月 1 日
   D. 2004 年 5 月 1 日
   E. 2007 年 10 月 1 日

2. 什么是人工授精
   A. AID
   B. 体外授精
   C. 代孕妈妈
   D. 人工生殖技术
   E. 胚胎移植

3. 我国生殖技术法律规定不包括
   A.《人类辅助生殖技术管理办法》
   B.《人类辅助生殖技术规范》
   C.《人类精子库技术规范》
   D.《实施人类辅助生殖技术的伦理原则》
   E.《人类精子库管理办法》

4. 下列哪项不属于我国对于脑死亡立法的意义
   A. 减少医疗资源的浪费
   B. 减少患者家属与社会的治疗压力
   C. 为器官移植开辟广泛的前景

D. 人终有一死，死亡是不可避免的
E. 减轻了患者家属等待和无望的痛苦

5. 脑死亡的立法标准不受影响的是
   A. 文化
   B. 身份
   C. 宗教
   D. 科学技术
   E. 社会承受力

6. 我国"安乐死"问题不涉及的方面是
   A. 年龄
   B. 医德
   C. 伦理
   D. 经济
   E. 文化

7. 医生李某未经患者本人同意，在手术进行中摘取病患的活体器官，应当承担的责任是
   A. 责令改正并归还
   B. 行政警告
   C. 罚款 1 万元以下
   D. 刑事责任
   E. 吊销其医师执业证书

（万　婷）

实训指导

实训 1　卫生法律关系情景剧模拟课

通过实训，让学生明确卫生法律法规是以保障现代社会个人生命健康利益为最高价值追求，是调整卫生法律关系的法律规范。要学习和掌握卫生法律法规，必须全面正确认清卫生法律关系的基本构成。

实训情景

婴儿丢失医院有责吗？

某婴儿，出生 20 个月，高热不退，其母亲抱着患儿到市儿童医院急诊科就诊。经值班医生诊断，确诊为肺炎并入院治疗。护士为其静脉点滴左氧氟沙星。其母因连日劳累趴在床边睡着了。醒后发现婴儿不在。经过几个月的全国各地寻找无果。婴儿父母以医院疏于管理为由，起诉至法院，要求医院承担丢失孩子的责任和赔偿损失。

问题：1. 婴儿父母的要求是否合法？

2. 本案中卫生法律关系的类型和构成是怎样的？

【实训目的】

1. 了解卫生法律关系的类型；熟悉卫生法律关系的概念；掌握卫生法律关系的构成。

2. 通过情景模拟，让学生掌握卫生法律关系的构成要素与类型，培养学生透过现象认识事物本质的能力。

【实训准备】

1. 角色准备　指定医生和患者扮演者（2 人或者多人）。

2. 场地准备　本班教室或者实训室。

3. 道具准备　病床和医疗器械。

【实训操作】

1. 各组按照上面的实训情景排练一个情景剧。也可以分别准备一个其他模拟情景剧（情景剧内容可以是门诊故事、住院故事、抢救故事等）。

2. 合理展开情景剧内容，要求真实演练。

【实训评价】

考核按以下标准进行评分。

1. 人人参与，个个关心。

2. 情景模拟真实，角色表演自然。

3. 卫生法律关系要素表达准确。

【注意事项】

1. 将学生按 10 人一组分成小组，每组确定一名组长。

2. 每小组自己设置和模拟一个真实情景剧，课前做好准备工作。

3. 每组分配角色，组织排练和表演。人人有角色，组长做好记录。

4. 各组情景表演汇报，小组长代表本组发言，指出情景剧中的卫生法律关系要素，老师评分并记入成绩。

【实训作业】

市民吴某因身体不适，到甲医院就诊，被医生诊断为非淋菌性尿道炎。此后，吴某在该医院接受治疗一个多月。治疗期间，吴某多次应用了氟康唑和胸腺素两种药物，药价共计 2061.60 元。一个月后，吴某又被该医院诊断为前列腺炎。得到这个消息，吴某感到很诧异。吴某到南京某大医院就诊，被确诊为前列腺炎。吴某认为，甲医院存在误诊，耽误了自己的治疗，并让自己多支付了医药费用，应当赔偿经济损失和精神抚慰金，于是将该医院告上法庭。

问题：本案例中卫生法律关系的类型和构成是怎样的？

（李志强）

实训 2　卫生法律责任法庭审判观摩课

通过实训，让学生了解卫生法律责任的基本概念、基本特征和基本类型；熟悉各卫生法律责任（行政责任、民事责任和刑事责任）的承担形式；掌握卫生法律责任的基本概念和基本类型。

实训情景

某产妇，38 岁，公司职员。因胎儿有宫内窘迫先兆，住院行剖宫产术，手术顺利。术中输 A 型全血 400ml，术后 10 天出院，术前查乙肝 HbsAg 阴性。术后 23 天产妇出现疲乏、尿黄、巩膜黄染等症状，逐渐加重，专科医院诊断为急性黄疸型丙型肝炎。甲以输血引起丙型肝炎为由联合提起诉讼，状告该医院和某中心血站，要求分别给予经济赔偿。

该市医疗事故鉴定委员会对此进行了调查和鉴定，鉴定结果认为：该医院和某中心血站不存在医疗行为过失；丙型肝炎病毒的检测客观上存在一定比例的假阴性，产妇输血后发生的丙型肝炎属目前科学水平难以避免的并发症，不属医疗事故。

问题：1. 医院及中心血站是否有责任？是否可以要求免责？

2. 医院及中心血站如果有责任，那应该承担什么样的责任？

【实训目的】

通过以上庭审案例的观摩学习，让学生理解医疗卫生法律责任的基本概念、基本特征和基本类型，增强法律意识，增强法制观念。

【实训准备】

1. 选择参加庭审法院　一般可与学校辖区内的区法院或者市中级人民法院进行联系，申请参加医疗法律纠纷或者医疗损害赔偿法律纠纷的案件庭审活动。

2. 组织学生旁听庭审　组织所在班级学生前往庭审现场，参加旁听法庭调查和辩护过程。

【实训操作】

1. 组织学生提前进场　法庭审判是很严肃的司法活动，必须组织学生提前半小时进场，务必保证开庭以后不再有学生随意进出的现象。

2. 按照事前分好的小组入座　学生在老师的带领下有序进场，在法院指定的地方，分小组入座。加强现场管理，庭审中不得交头接耳。

3. 做好庭审记录　要求学生认真听讲，做好庭审笔记，回校以后开展讨论。

【实训评价】

考核按以下标准进行评分。

1. 要求人人参与，个个关心。

2. 认真听讲，做好笔记。

3. 遵守法律纪律，维护法庭秩序。

4. 回校积极参加讨论，踊跃发言。

【注意事项】

1. 将学生按 10 人一组分成小组，每组确定一名组长。

2. 以小组为单位开展讨论，每组再挑选一名代表进行小组之间交流。

3. 评选优秀案例讨论辩手 3 名进行表彰。

4. 老师进行最后点评。

【实训作业】

田某因感冒去医院就诊，经医生诊断后，开具口服感冒中成药并注射青霉素的处方。田某经皮试后，没有过敏反应。医生又询问田某以前是否有青霉素过敏史，田某回答没有，并催促医生赶紧注射以便结束后去办事情。后医生为田某注射了正常剂量的青霉素。注射完毕后，田某出现头晕、恶心、耳鸣等不良症状，随即开始出现呼吸困难，面色苍白，上唇微绀，双眼球上翻固定，双侧瞳孔扩大，并出现颈动脉搏动消失、休克等现象。医生立即进行抢救，但终因田某过敏反应严重，3 小时之后在医院死亡。后经尸检分析，田某的死亡原因为青霉素注射过敏性休克导致的循环呼吸衰竭。田某家属以医院处理不当导致田某死亡构成医疗事故为由，向法院起诉要求赔偿。

问题：田某的死亡医院负有责任吗？田某的死亡是医疗事故还是医疗意外？

（李志强）

实训 3　《护士条例》知识竞赛课

通过实训，使学生明确《护士条例》等相关法律法规与护理人员执业活动的密切联系。通过法律知识竞赛的方式，使学生熟悉相关法律条款，增强法制观念，学会在执业活动中学法、懂法、用法。

实训情景

组织学生在学院或者学校会议室或者礼堂进行知识竞赛。每个教学班级分 6 个小组，每小组派 3 名同学组成 6 支参赛队伍，参加"学卫生法规、展护士风采"卫生法律法规知识竞赛。

问题：1. 护士的权利和义务有哪些？

2. 如何成为一名合格的护士？

【实训目的】

1. 以知识竞赛的方式增强学生学习卫生法律法规知识的积极性。

2. 使学生熟悉《护士条例》相关条款规定；掌握护士执业资格考试与注册制度；掌握护士的权利与义务，做到依法执业，维护自身合法权利。

【实训准备】

1. 分组准备　教学班级按班级人数平均分成 6 组。

2. 竞赛题目准备　竞赛题目出题范围限于教材涉及的相关卫生法律法规内容，试题分为必答题、风险题、抢答题。

    3. 场地准备　本班教室或实训室。

    4. 道具准备　多媒体试题显示设备、积分牌。

    5. 奖品准备　奖状或者证书及奖品若干。

【实训操作】

    1. 必答题　必答题每题 10 分；每组必答，共进行 2 轮，每题答对加 10 分，答错不扣分。在主持人读完题目后 30 秒内答题并说"回答完毕"，超过时间作不答题处理，不予记分。必答题进行过程中，当一位队员回答时，本队的其他队员不得有任何形式的提醒或补充；违者此题作废，不予记分，不予补题。

    2. 风险题　风险题设 10 分题、20 分题和 40 分题三个档次，进行 1 轮。由各队任选一个档次，答对加相应档次的分数，答错或不回答扣相应档次的分数。风险题必须在主持人读完题目的 60 秒内答题并说"回答完毕"，如遇特长的风险题，答题队员对答如流另当别论。回答时同队队员可以相互提醒和补充。

    3. 抢答题　抢答题每题 10 分，进行 1 轮。由各队进行抢答，每答对 1 题加 10 分，答错扣 5 分。抢答题必须在主持人读完相应题目并示意"开始抢答"后才能进行抢答，否则属于违规，剥夺该小组本次抢答资格。

【实训评价】

    本次比赛设一等奖 1 名，二等奖 1 名，三等奖 1 名，优秀参赛个人 2 名。获得名次的小组颁发荣誉证书，并在课程期末考核评价中获得相应的加分。

【注意事项】

    1. 注意分组的公平性。

    2. 注意课堂纪律和比赛秩序维持。

【实训作业】

    整理本次比赛的所有题目，进行分析讨论和记忆。

（何晓彬）

实训 4　医疗损害赔偿案例分析辩论课

    通过实训，让学生明确医疗损害的构成要件以及医院损害的赔偿原则、赔偿项目和赔偿标准等知识内容。要学习和掌握医疗损害赔偿制度，必须全面认知医疗事故的鉴定、医疗侵权责任确定以及医疗损害赔偿等方面的法律法规。

实训情景

    怀孕 36 周的陈某，因胎膜早破入住某妇幼保健院。医院医生经过一系列检查后，认为孕妇没有达到剖宫产的指征，不需要进行剖宫产，希望孕妇先尝试顺产，但是陈某要求医院为其进行剖宫产。后在分娩过程中，因胎儿过重导致孕妇难产，胎儿不能自主呼吸，虽然医院尽力抢救，但是最终婴儿还是身体受到损害，鉴定为八级伤残。陈某向当地法院起诉该医院，认为医院存在医疗过错，要求赔偿各项损失费共 50 万元。

    问题：1. 被告医院是否存在医疗过错行为？被告医院是否应该承担赔偿责任？如须承担责任，赔偿费用如何计算？

        2. 从原告、被告以及法院的角度，分别阐述自己的观点及相关理由。

【实训目的】

1. 了解医疗损害的原则和构成要件。

2. 通过案例分析，让学生掌握医疗损害赔偿的项目和标准。

【实训准备】

1. 角色准备　确定 2 个小组，一方为正方，另一方为反方，开展辩论。

2. 场地准备　本班教室或者实训室。

【实训操作】

1. 两方进行实质辩论分析。

2. 分析要求有理有据。

【实训评价】

考核按以下标准进行评分。

1. 人人参与，个个关心。

2. 情景模拟真实，角色表演自然。

3. 有关医疗损害赔偿法律规定表达准确。

【注意事项】

1. 将学生按 10 人一组分成小组，每组确定一名组长。

2. 每小组课前做好准备工作，组织排练和表演。

3. 小组长代表本组总结发言，老师评分并点评。

【实训作业】

余某因腹痛到广州市某医院就诊，被诊断为肠梗阻。医院对余某实施了手术治疗。出院后，余某感觉下肢疼痛，于是到手术医院复诊。经检查，医院诊断余某右下肢静脉栓塞，随即进行了药物注射治疗，但是病情没有好转。余某因此向当地法院提起诉讼。经鉴定，医院存在行为过失，与余某右下肢静脉栓塞存在一定的因果关系，医疗责任与余某病情的参与度为 50%；另鉴定余某为伤残九级。

问题：1. 被告医院是否应该承担赔偿责任？为什么？

　　　2. 余某的伤残赔偿金按照什么标准进行计算？

（姚中进）

主要参考文献

李建光，2011. 卫生法律法规. 2 版. 北京：人民卫生出版社.

李志强，2017. 卫生法律法规. 2 版. 北京：科学出版社.

李志强，姜丽芳，2014. 卫生法律法规. 北京：人民军医出版社.

刘义兰，李志强，2014. 护理伦理与卫生法律法规. 北京：人民卫生出版社.

王利明，2010. 中华人民共和国侵权责任解读. 北京：中国法制出版社.

谢锦灵，2012. 卫生法律法规. 北京：科学出版社.

杨立新，2020. 中华人民共和国民法典条文要义. 北京：中国法制出版社.

自测题参考答案

第 1 章
1. C   2. A   3. B

第 2 章
1. B   2. E   3. D   4. D

第 3 章
1. C   2. C   3. D

第 4 章
1. D   2. D   3. A   4. B   5. D

第 5 章
1. D   2. B   3. A   4. C   5. A

第 6 章
1. D   2. B   3. C   4. A

第 7 章
1. B   2. D   3. D   4. B   5. C

第 8 章
1. A   2. D   3. D   4. B   5. E

第 9 章
1. D   2. C   3. B   4. D   5. D

第 10 章
1. A   2. B   3. D   4. D   5. B

第 11 章
1. B   2. A   3. A   4. D   5. C   6. D   7. C

第 12 章
1. D   2. D   3. C   4. D   5. A

第 13 章
1. D   2. C   3. A   4. A

第 14 章
1. C   2. A   3. D   4. B

第 15 章
1. D   2. D   3. E   4. B   5. E

第 16 章
1. B   2. A   3. E   4. D   5. B   6. A   7. D